imaginist

想象另一种可能

理
想
国
imaginist

IDOLS
OF
THE
TRIBE
Group Identity and Political Change
Harold R. Isaacs

群氓之族
群体认同与政治变迁

[美] 哈罗德·伊罗生 著

邓伯宸 译

广西师范大学出版社
·桂林·

IDOLS OF THE TRIBE: Group Identity and Political Change

by Harold R. Isaacs and Foreword by Lucian W. Pye

copyright © 1975 by Harold R. Isaacs

foreword © 1989 by the President and Fellows of Harvard College

published by arrangement with Harvard University Press

through Bardon-Chinese Media Agency

Simplified Chinese translation copyright © 21015

by Beijing Book Paradise Culture Co., Ltd.

ALL RIGHTS RESERVED

本书译文由立绪出版公司简体字版出版发行

图书在版编目(CIP)数据

群氓之族：群体认同与政治变迁 / (美) 伊罗生 (Isaacs,H.R.) 著；邓伯宸译. — 2 版. — 桂林：广西师范大学出版社，2015.1 (2023.4 重印)

ISBN 978-7-5495-6304-3

Ⅰ. ①群… Ⅱ. ①伊… ②邓… Ⅲ. ①群体社会学 – 研究

Ⅳ. ① C912

中国版本图书馆 CIP 数据核字 (2015) 第 008162 号

广西师范大学出版社出版发行

　广西桂林市五里店路9号　邮政编码：541004

　网址：www.bbtpress.com

出　版　人：黄轩庄

全国新华书店经销

发行热线：010-64284815

山东韵杰文化科技有限公司

开本：787mm×1092mm　1/32

印张：11.75　字数：220千字

2015年1月第2版　2023年4月第8次印刷

定价：58.00元（精装）

如发现印装质量问题，影响阅读，请与出版社发行部门联系调换。

目 录

中译本序

本书对族群本质提出新的解构

乔　健[1]

《群氓之族》初版于 1975 年，迄今已将 30 载，可以说是一本"老书"了，然而却一直刊印不断，目前这部中译稿所根据的便是 1997 年的英文第 4 版。"族群"是当今社会越来越受人关注的一个议题，而这部书确是笔者所见迄今对这议题讨论最周详、文献与调查资料最充实的论著，难怪其能历久不衰，成为有关这议题的重要经典。

　　笔者并不识 Harold R. Isaacs 其人，然而从白鲁恂（Lucian W. Pye）在本书序中对他的介绍以及作者在序中的自叙，知

1　台湾东华大学教授，资深人类学家。

道他原从事新闻采访，足迹踏遍全球，对亚洲与非洲着力尤深。他从实地采访中认识到族群问题在新兴政治运动中的主导地位，更预见到这问题在以后世界中将越来越重要，决心对之作一彻底探究，因而改向研究与教学发展。难得的是他那种虚怀若谷的涵养及追根究底的精神。他在序中自承虽然一生研究政治，特别是政治变迁，但对于"族群"问题还是了解不够，需要从头学起。他说："我发现，对于基本群体认同的本质……最佳的途径莫过于从基本处着手，从它的源头起步。"作者于是从10个不同的方向对族群的本质作一根本探究。从一个专业人类学者的观点看来，笔者认为他所采取的路线与获致的成果都是"非常人类学的"。

作者首先从族群的原初形态——部落（tribe）说起。他用肯尼亚基库尤人（Kikuyu）的说法把部落比作所有族人所自出的女性共祖的子宫，即"姆庇之家"（House of Muumbi）。从这里出发又有更多同一属性的群体：部落之外或称氏族（clan）、种族（race）、民族（nation）、族群（ethnic group）。名称纷杂，而属性更难界定。究竟什么才是族群、族群性（ethnicity）或族群认同（group identity）的基本特质？学界，特别是美国学界，都在纷纷追寻，正像他们寻找雪人一样，虽然明知雪人的存在，却不知道他长成什么样子。作者自己深信这些特质就植根于我们自己的身体、语言、历史、宗教与民族性中。这些都是我们久已熟知的种种面向，然而，作者在重新检阅它们时，却提供了他自己采访的实地数据以及兼采不同学科后所建立的新的理论观点，因而对族群本质能提出一系列新的解构。在笔者看来后者到现在仍然是适用的。

　　1995年夏，笔者从香港中文大学退休，应邀返台为东华大学创设"族群关系与文化研究所"。当时台湾的族群问题方兴未艾，这个所还是华人世界中第一所针对这问题的教研机构。近10年来，我们确实做了不少有关的研究，培养了不少相关的人才。然而面对台湾越来越严重的族群对立的情况，我们深深感到"道高一尺，魔高一丈"，有沉重的无力感。稍可告慰的，应该正是作者在序中所说，我们现在至少能比过去更好地了解到：为什么一个时代又一个时代，深藏于我们身体与精神中的那些东西，一再阻挡住我们最深沉的希望——引导出一个更人性化的人类存在。

2004年10月11日于花莲

原版序

族群认同的先知

白鲁恂[1]

族群意识可以建立一个国家，也可以撕裂一个国家，《群氓之族》这本书可谓洞烛先机，早已看到了这股力量历久不衰的重要性；同时，这又是一本文采斐然的大作，旁征博引，巨笔如椽，而这种得天独厚、与时俱进的能力，却又不失学术的严谨深思，正彰显出作者的与众不同。他一人身历两种生涯，先是一名杰出的新闻记者，后来又成为卓越的作家、学者，二者相得益彰。

作者足迹踏遍世界，尤其是在亚洲采访报道期间，对于

1　美国麻省理工学院教授，著名中国研究学者。

民族主义方兴未艾、终将改变世界的政治面貌，早已率先发出警讯。同时，他也看到，在民族主义煽风点火的言论后面，一股环绕着宗教、语言、种族与地域的风暴正在不断扩大。族群意识为什么能够历久不衰，对历史井然有序的开展形成一种逐渐升高的挑战，作者在改换跑道、投入学术研究的领域之后，决心一探究竟。当时绝大多数知识分子都乐观地认为，宗教、种族与部落妨碍进步与启蒙的力量即将成为明日黄花，作者却独排众议，坚信那种乐观只是"国王的新衣"，深信原乡情怀仍将持续酝酿，新的族群认同，在科技于各个层面变本加厉肆虐的同时，也将撼动世界的政治。

　　从各个面向，作者开始追踪这个高度棘手而又扑朔迷离的现象，用他自己的话来说，亦即一个"狰狞的雪人"（abominable snowman）。他警觉到，"姆庇之家"（House of Muumbi）那种民族的原乡情结，内涵之丰富远超过"族群意识"，使人们甘愿诅咒发誓，不仅为自己的种族、部落献身，而且为自己的语言、乡土与国家卖命。作者的整个概念撷自埃里克松（Erik H. Erikson）的"群体认同"（group identity），两人异曲同工的地方是，埃里克松从弗洛伊德那儿抓住一个句子，建立了一套"个人认同"（individual identity）的理论，作者则以埃里克松有关群体认同的论述为基础，在族群意识的研究上更上层楼。对于族群认同的观念，埃里克松颇不以为然，视之为启蒙的障碍，是"虚拟物种"（pseudo species）的基础，与人类的"种性"站在对立面。但对深谙人情世故的作者来说，个人认同与群体认同之间却仿佛有着极深的关联。因此，群体认同不可能轻易地予以排除或故作不见，反而更应该注入埃里克松在个人认同问题中所感受到的强烈感情与复杂心理。

　　个人的认同问题常会受到缺乏安全感的催化，并以不同的方式与族群认同的感情交互作用；深入探讨这种交互作用之后，对于所谓民族意识的情绪动能，作者认为他已经发现了源头。谈到族群意识，大多数学者都先入为主，认定那是一种本然的现象，然后再探讨它对政治、司法与整个人际关系所造成的影响。本书作者却是从一个更根本的层面着手，亦即针对这些变化万千的现实，从它的人性基础面去做了解。为了了解族群认同，从身体（包括肤色）到名字、语言与口音的重要性，到历史、起源的神话与宗教的角色，以及最后——民族主义的根本，所有这些因素对人的意义，作者都一一探索，每个主题自成一篇博大精深的论文，且各有其时代的意义。

因族群认同而造成的冲突，曾为历史带来极大的浩劫——自1945到1967年，已经导致750万人死亡，而且迄今未止——作者对此举证历历，绝不感情用事。同时，对于人类是否能够更进一步"去部族化"（detribalized），并共冶于一炉而趋于同质化，作者也不抱太大的希望。他认为，纵使能够如此，问题依然存在。因为，他所看到的是，人们都自以为已经摆脱了族群意识，其实仍然在向民族感情借壳，为自己建立新的姆庇之家，从而引起更残酷的冲突。除了实事求是使他必然导出这种悲观的结论，他不同意埃里克松的想法也是部分原因。埃里克松认为，人只要能够解决自己的个人认同问题，就可以不再需要群体认同的保护。但是，令作者印象更深刻的却是完全相反的情况，亦即，只有通过族群认同的感情投资，人才能找到自己的个人认同。

马克思主义者与自由主义者，各以不同的方式承诺，能够早日终结族群与种族问题。对于这种大言不惭的乐观想法，作者同样不屑一顾。对马克思主义而言，族群动乱只是阶级冲突的一个函数，消灭资产阶级的目标一旦达成，族群问题自然迎刃而解。自由主义同样假设经济的不平等才是族群紧张的根源，只要达成更大的平等，种族与族群的紧张就会得到平息。但是，作者所看到的却更为根本，因此，问题绝不可能在可见的未来消失。在作者的认知里面，在政治上，由于权力关系的无常，在谁上谁下的斗争中，动员支持者最有效的基本法门仍然有赖族群认同这块基石。

除了有关人类未来的问题，对当今某些最棘手的问题，《群氓之族》也提供了了解之道。此书问世10年之后，作者的分析似比过去更加得到验证，令人痛心的是，在这个国家以及其他的地方，决策者始终未能在意他所传达的讯息。举例来说，美国的领袖们依然昧于伊斯兰基本教义的精神，而印度总理甘地夫人与她的儿子拉吉夫·甘地，虽然力图解决锡克族的问题，结果却适得其反。族群认同的力量，使决策者处理起来困难重重，这只是最明显的两个例子而已，至于未来，问题还会更多，殆无疑义。读者将不难发现，今天许多政治问题的症结，将可以在随后的篇章中真相大白，同时也将表明，许多我们的作为，明知其为"非理性"，事实上却是人之所以为人的关键因素。

自序

政治变迁压力下的族群认同

哈罗德·伊罗生

　　为撰写本书，我进行了一系列的调查工作，在小石城待了一段时间。当时，联邦军队进驻该城，9 名黑人学生，每天上学都遭到一群愤怒的白人追打，美国社会正要进入一个新的历史时期。时间是 1957 年的 10 月。这个星期，1974 年 10 月，有关基本群体认同的研究，我刚好告一个段落，波士顿街头爆发了暴民与警察、黑人与白人的冲突，引爆点是种族隔离学校解禁，以巴士载送学生上学的计划正式上路。也是同一个星期，10 月 8 日，《纽约时报》电视新闻版上刊出一则这样的报道：

卫生、教育暨福利部赞助一项电视现场播出的公共服务活动,该项活动一反之前族群关系运动"熔炉"与"同胞之爱"的主题,强调……族群与种族之间的差异不容否认,少数族群并未"融入"一个同质性的社会,差异虽然是当前的问题,但绝对有其正面的价值。

本书所要探讨的正是这些差异,以及这些差异所呈现出来的问题;而这些引起敌对的问题也正是导因于这些差异。先前主张"同胞之爱"的电视节目,显然未能弭平造成敌对的差异,新的电视节目无异于又在火上加油。这种情形充分反映了今天的现实,解开美国社会的分歧之谜,我们全都责无旁贷。

3年前的一个晚上,我出席的一个小型聚会,也反映了相同的问题。与会的一位意大利裔美国人,来自纽瓦克(Newark)。当时,黑人占多数的纽瓦克市刚选出一位黑人市长,意裔美国人一夕之间沦为在野的少数,变成了纽瓦克的新"黑鬼"。不再由白人治理的街头,这位经由选举产生的年轻政治人物,再也看不到攘臂嘶吼的场面,而那正是他的政坛前辈惯用的手段。跟那些新的丛林之王打交道,他必须学会谈判。那天晚上他谈起，在一次电视座谈节目中碰到一位黑人好战领袖。那位仁兄二话不说，冲着他就竖起一根指头说："你他妈的种族主义者！"这位意裔美国人不甘示弱地顶回去说："没错，你也好不到哪里去，你他妈的种族主义者！"两人互瞪了一阵子，意裔美国人打破僵局，说道："好吧，我们总算有一致的看法了，看看还有没有其他事情，看法也能一致的。"就这样，当着现场双方各自带来的他妈的种族主义人马，两位发言人继续讨论起问题来。这一幕充分说明，都市里面新的族群政治正在打造市政的新组合。

　　本书所谈的，正是族群认同在政治变迁压力之下的自我打造与塑造。同样的情形不只发生在纽瓦克、在美国，而是发生在每个地方，在世界的各个角落。我之所以会研究群体认同的本质，可说是一种机缘。由于工作的关系，我曾经接触过各式各样的人，他们全都生活在变迁的政治环境中。最早，我所从事的是报道二次世界大战期间美国军人在印度与中国的所见所闻。数年之后，那一次的经验让我兴起一个念头，想了解经过一段时间之后，他们对印度人与中国人的最初印象是否有所改变。从那里出发，我继续探讨世界事务所造成的冲击，尤其是 1950 年代非洲的崛起、美国社会的种族关系，特别是与美国黑人相关的部分。1957年我在小石城所做的调查就与此有关。接下来的7年，我又针对历经变迁之痛的尼格罗（Negro，黑种美国人）展开一系列更广泛的密集访谈，从中我了解到，在这个世界的其他地方，还有很多人同样在这种经验中打滚。于是我走出去，去探索以色列的美籍犹太人、印度的贱民、半岛马来西亚受英国教育的华人、脱离美国殖民的菲律宾人，以及从战后灰烬中站起来的日本人。

全心投入了解政治的某些本质，尤其是历经政治变迁之后，我发现，对于基本群体认同的本质，我还需要下更多的工夫，而最佳的途径莫过于从基本处着手，从它的源头起步。唯有如此，我才能够看清楚，族群认同这个因子是如何在政治中穿梭往来，又是如何使我们全都身陷其中。我所知道的，全都写在这本书中。为了举证说明，我大量引用自己过去做的功课，大都是在不同地方所做的个人访谈。注释的用意是要加强说明这些事例，确认引用文句的出处，以及建议有兴趣的读者对相关主题做进一步研读，毕竟本书在许多地方只是蜻蜓点水而已。

我的探索，让我有机会在旧的土地上走过新的道路，用新的眼光去看旧的景象，用不同的音阶去听旧的声音，为一些老问题找一些新的答案。谈起我们的身体、语言、历史与起源、宗教、民族，其实并没有太多的"新"可言，除非正如我现在所做的，我们尝试去了解它们是如何凑到一块，用不同的方式，在不同的环境，纠纠缠缠地扭成一团，以致我们以各自的形态变成今天这副模样。一路走来，可以说饱尝艰辛，也不知跌倒过多少回。但对我来说，这是一趟发现之旅，希望对于别人也能收到同样的效果，尽管每个人的出发点和目的地都不尽相同。再怎么说，"族群"一词今天已经是大家耳熟能详的字眼，看过本书，至少可以比以前多了解一点它的概念。或许读者也会像我一样体会到，为什么一个时代又一个时代，深藏于我们身体与精神中的那些东西，一再阻挡住我们最深沉的希望——引导出一个更人性化的人类存在。

写作本书的过程中，有人助臂，有人献智，有人不遗余力，在此我要一一致上最诚挚的谢意：

——新世界基金会已故的 Vernon Eagle 先生，正是他在财务上的支持，才使本书得以完成，我尤其要感谢他的耐心与信任。

——麻省理工学院国际研究中心已故主任 Max Millikan 及其继任者 Everett Hagen 与 Eugene Skolnikoff，由于他们的开明作风，在他们的领导下，多年来我得以栖身于中心，从事自己的研究。

——多位同事与好友于百忙中审阅本书的篇章，并提出宝贵意见，特别要感谢麻省理工学院的 Bruce Mazlish 与 Walter Dean Burnham、前同事 Ai-li Chin、布朗大学的 Jacob Neusner、芝加哥大学的 John Hope Franklin、马来西亚大学的 Chai Hon-chan、洛杉矶加大的 Hiroshi Wagatsuma、费斯克大学的 Eric Lincoln、伦敦大学的 David Lowenthal、俄亥俄州大的 William Peterson、华盛顿大学的 Margaret Hollenbach、宾州的 Robert De Witt 神父与麻省理工学院的 John Crocker 爵士。

——哥伦比亚大学的 Fritz Stern、斯坦福大学的 Charles Ferguson、华盛顿大学的 A. A. Lumsdaine 及麻省理工学院的白鲁恂，特别感谢他们对我百般优遇，提供宝贵协助。

——美国犹太委员会的 Irving Levine 及芝加哥大学美国多元主义研究中心的 Andrew Greeley，过去 6 年来，他们在不同的会议场合针对本书主题提出不同意见，惠我良多。

——Harper & Row 的编辑 Jeannette Hopkins，多蒙她的

专业与用心，使本书增色不少。

——Cecilia Dohrmann，3 年来搜罗文献、整理档案、录入文字，以及内外打点与鼓励；这方面相同的协助，也要感谢 Frances Von Merterns，以及后来加入的 Ann Craig Cornelius。

——麻省理工学院政治研究所多届的研究生，多年来，在我 1956 年所开的"变迁中的认同与世界事务的展望"课程中，分享我的心得并提供协助。

——多位编辑在过去几年中惠允本书各章在下列刊物刊出：*Daedalus*、*Survey*、*Foreign Affairs*、*Washington Monthly*、*Bulletin of the International House of Japan*、*Ethnicity*；以及曾经刊载本书部分文字的各种刊物，包括：*Color and Race*（John Hope Franklin, ed. [1968]）、*Racial Influences on American Foreign Policy*（George W. Shepherd, ed. [1970]）、*Ethnicity in Our Time*（Nathan Glazar and Daniel P. Moynihan, ed. [1975]）。

另外尚有多人惠我，在此不及一一致谢。最最要感谢的是爱妻 Viola R. Isaacs。在本书调查与撰写的整个过程中，她包容、合作、分享，既是良师益友又是工作伙伴。还要带上一笔的是，她和我携手打造一家人的群体认同，包括我

们的 5 个子女与我们的孙辈 Jenny、Katy、Bobby、Laura 与
Jonathan，以及将来可能会加入这个小圈圈的每个人，我将
此书献给他们，希望有朝一日，他们都能善择善用先人的遗
泽。同时，对于未来的展望，由于力有未逮，不尽之处，唯
有寄望来兹。

1974 年 10 月 14 日于马萨诸塞州牛顿城

第一章

姆庇之家

动荡称王，宙斯逊位。

——阿里斯托芬

（公元前 445—前 368?，雅典喜剧作家）

今天的世界，无数的族群 [1]——部落的、种族的、语言的、宗教的、民族的——正在进行一场激烈的抢人行动，规模之大堪称是全球性的。因为大家都认为，这种把人串联起来的大动作，可以改善、确保或扩大每个族群的力量或地盘，并使自己的族群更能免于其他力量的威胁或敌意。很明显的，这种情形并不新鲜，反而是人类历史中最常见的老故事，只不过最近又死灰复燃而已，它是人类试图寻找共存之道、免于彼此撕裂的行动失败之后，重演以撒（Isaac）与以实玛利（Ishmael）的冲突与决裂，[2] 各自再度退缩到自己洞穴中去的结果。

肯尼亚独立（1963 年）后，国内政局因部落之间的紧张而陷于纷扰，掌权的基库尤族（Kikuyu）召集族人举行宣誓仪式，誓约："誓死固守姆庇之家（House of Muumbi）。""姆庇"是基库尤人共同的母亲，姆庇之家即孕育基库尤人的子宫与养育基库尤人的家园。族人以此宣誓效忠部族，并以此为最

1　groups，一般译为群体或团体，但作者在本书中用到 group 时，有时是指中文里狭义的团体，有时则指广义的群体，但更多的时候是指"基本群体"（basic group），亦即族群（ethnic）。关于 group 一字的多义与含混，在本书的第二与第三章，作者也有所说明。——译注

2　事见《圣经·创世记》。——译注

大的责任。事实上，不止是在肯尼亚，今天的世界上，到处都有这样的姆庇之家，住在里面的人，比过去更紧密地靠在一起，也更紧密地结合成一体。过去到外面世界另寻出路的人回流了，仍然留在外面追求广天阔地的也停了下来，何去何从正拿不定主意。四面八方，许多已经趋于分崩离析的姆庇之家又在新的地方重建，而新的政治压迫蓄意鼓动、挑起群体分裂，造成匮乏与恐惧，也迫使人们重返各自的姆庇之家。

人类社会的这种割裂，不仅寻常可见而且自古已然，只不过于今尤烈，形成一种讽刺、痛苦而又危险的吊诡：人类的科技越来越全球化，政治却越来越部落化；人类的传播系统越来越普及化，对于该传播哪些东西却知道得越来越少；人类离其他的行星越来越近，对自己这颗行星上的同类却越来越不能容忍；活在分裂之中，人类越来越得不到尊严，却越来越趋于分裂。面对世界资源与权力的前所未有的激烈争夺，人类社会正把自己撕裂，撕裂成越来越小的碎片。

但是，族群的各个洞穴之间，今天却是声光联机的。人类登陆月球的现场画面，通过电视的荧光，打在各个姆庇之家的墙上，呈现在10亿人的眼前。这种情形意味着，人类无从逃逸于天地之间，彼此间不相往来的族群虽然越来越多，彼此间的互动却越来越频繁；对于自己的存在与抗争，每个族群都想方设法要让世人知道，以强化自己的合理性；对于自己的生存与活命，每个族群都争相抓住世界的眼睛与耳朵，企图争取到更多的支持。如此一来，当今人类社会裂解与再裂解的过程，不仅在每天的新闻里面历历如绘，而且可以随时随地无限制地复制，不论它们是发生在南非、南棉兰老岛（Mindanao）或南布朗克斯（Bronx），北吕宋或南新泽西，北爱尔兰、阿拉斯加或锡兰（Ceylon，今斯里兰卡），比利时、比夫拉（Biafra）或苏格兰，以色列、威尔士或苏丹、乌干达，塞浦路斯（Cyprus，地中海东面岛屿，1960年独立）或马来西亚，圭亚那（Guyana，南美洲唯一的英语国家）或基辅，还是克里夫兰、孟买、贝尔法斯特。

所有这些新闻，报道的都是斗争与冲突，血腥一如斑斑史册，甚至犹有过之。拜现代进步科技所赐，族群之间的屠杀不发生则已，一旦爆发就是超大规模的，速度与范围也都史无前例。清单如下：在印度，印度教教徒与伊斯兰教教徒互相屠杀；在尼日利亚、刚果、乍得、苏丹，部落之间内战不已；在阿萨姆（Assam）的东北部，印度人杀那加人（Nagas）；在马来西亚，马来人杀华人；在布隆迪（Burundi，非洲中东部一小国），图西人（Tutsis）杀胡图人（Hutus）；在阿尔斯特（Ulster，爱尔兰与北爱的一部分），天主教教徒与新教教徒互杀；在塞浦路斯，是土耳其人与希腊人；在伊拉克，则是库尔德人与伊拉克人；在新几内亚，巴布亚人（Papuans）对抗印度尼西亚人；在中东，有以色列人与阿拉伯人；在印度，有泰南迦那人（Telanganas）与安得拉人（Andhras）以及其他各族群；在菲律宾，有基督徒与穆斯林……可说是罄竹难书。1945 到 1967 年之间，这类"种族或文化的杀戮"，一一数算下来，"重大的"共有 34 次，小规模的多达数百次，死亡人数估计有 748 万。

到了 1974 年，据保守估计，死亡总数确定已经超过1000 万人。1970 年，美国与南越军队攻入高棉，高棉人杀害数十万越南人。1967 到 1970 年，比夫拉内战，将近 200 万人死亡。1971 年，在孟加拉国内战中，浅肤色的伊斯兰族群旁遮普人（Punjabis）与帕坦人（Pathans）——均为巴基斯坦人——杀害近 50 万深肤色的伊斯兰族群东孟加拉人。1972到 1973 年，估计有 10 多万胡图人在布隆迪遭到杀害。1973到 1974 年，在乌干达，阿明（Amin）为了巩固自己的地位与族人的政权，有 9 万人据称遭到枉死。撇开公然为之的战争与大规模的屠杀不论，因种族或文化冲突而不时发生的炸弹事件、暴动或其他暴力事件，为数同样惊人。在世界各地新的政治版图中，族群之间的紧张与拉锯造成的暴力事件，事实上多到难以计数。因为，只要政治秩序处于变迁阶段，每个国家都必须在族群（部落的、种族的、宗教的、民族的）冲突间找到新的平衡点，而这也正是各大洲每个国家必须面对的切身问题。

这种权力与族群关系的大洗牌，就幅度上来说，是全球性的。过去很长一段时间以来，较大的组合曾经试图以一个优势族群或族群整合进行控制，把分裂的各个族群维系成一个整体，但这些权力体系却都先后式微。这些体系曾经运用本身的向心力，营造出某种程度的秩序，使内部的分歧不致太泛滥，而所谓的向心力，包括物质的、经济的、文化的与——最重要的——心理的，并把游戏规则融入信仰与行为的神话与迷思——亦即文化与种族优秀或低劣的主张——将之内化到每个人的意识中，使统治者与被统治者、加害者与被加害者都视为当然，然后再整合到制度里面以维持其运转。这种体系运转一段时间后，为统治者及其从较低阶层中挑选出来的一群人制造了经济上的特权，有时候甚至产生了相当可观的文学与艺术作品。其所以能够运转，关键在于外在与内在的现实与迷思都能够维持不坠；其所以能够存活，关键在于它能够克服外来的挑战或保持均势，而内部的主要族群又能各安其位并接受现状。

记录显示，这类体系各有不同长度的寿命，没落可能费时极久，崩溃可能拖延漫长，但一律都不可能无限制地维持下去。在外在或内部的压力之下——通常是二者俱至——权威遭到削弱，合法性受到挑战，引发战争、失序与革命，权力体系随之瓦解。这一类的例子，本质各异，如奥斯曼（Ottoman）、哈布斯堡（Hapsburg）与罗曼洛夫（Romanov）等帝国，曾经统治过的地区包括大部分的中欧、东欧、西亚，以及大部分的北非，时间长达 500 余年；又如一些欧洲人在亚洲与非洲建立的帝国，曾经控制过世界的大部分地区，有的为期不到 1 个世纪，有的则长达 300 年。

奥斯曼的统治，始自 1453 年土耳其人攻占君士坦丁堡，于 1918 年寿终正寝，统治的巅峰时期，幅员从亚得里亚海到波斯湾、从西地中海到红海，以俗称的"小亚细亚"（Asia Minor）为中心，包括今天所谓"中东"（Middle East）的全部。统治期间，自阿尔及利亚到伊朗的边界，无数的部落、民族与种族均在其管辖之下；欧洲部分的幅员则自博斯普鲁斯海峡与黑海西岸，横跨希腊、巴尔干、匈牙利，直逼维也纳。

奥斯曼的欧洲领域，后来落入哈布斯堡王朝的奥匈帝国（Austro-Hungarian Empire）之手。1918 年之前的半个世纪，奥匈帝国巅峰时期，统治范围内有日耳曼人、匈牙利人、波兰人、捷克人、斯洛伐克人（Slovaks）、罗塞尼亚人（Ruthenians）、乌克兰人、塞尔维亚人（Serbs）、克罗地亚人（Croats）、斯洛文尼亚人（Slo-venes）、波斯尼亚人（Bosnians）、马其顿人（Macedonians）、罗马尼亚人、意大利人，以及不下数十种——如果数不及百的话——较小但绝不相同的其他族群或次族群（subgroups）。

哈布斯堡之东、奥斯曼之北则是俄罗斯帝国，在将近 400 年的发展中，它的幅员向西与西南进入欧洲，并逐渐向东扩及亚洲。同样是在关键性的 1918 年之前，这个帝国至少统治 20 个不同语言的族群，每个族群的人口都超过 100 万，小的族群更是不计其数。苏联（Soviet Union）继起之后，号称自己是一个拥有"百个民族"的邦联，根据 1920 年代的资料，总数达到 189 个。

同一时期，历史的潮汛另有出路，西欧挟贸易与军事的力量进入亚洲与非洲。根据格罗弗·克拉克（Grover Clark）1936 年的研究，在他的《太阳大地》（*A Place in the Sun*）地图上所列举出来的，欧洲人 1492 年统治地球的 9%，到了 1801 年，增加到 1/3，1880 年又增加了 1/3，第一次世界大战之前——1913 年——再增加近 1/5，到 1935 年第二次世界大战的前夕，达到了 85%。当时，世界上 70% 的人口是在西方国家的统治之下，单单英国就占有世界 1/4 的土地，统治地球 1/4 的子民，总人数超过当时的中国，也比俄罗斯、美国、法国与日本加起来的人数还多；1820 年代之前，西班牙占有南美洲；19 世纪末期到 1918 年短短的期间内，德国也在亚洲与非洲分一杯羹。但还不止于此，第二次世界大战之前，不列颠帝国之外，还有荷兰之于东印度群岛，美国之于菲律宾群岛，比利时之于刚果，法国之于东南亚，以及英国与葡萄牙之于非洲。欧洲人对世界这种大规模的占领，幅员之广或许只有蒙古人的征服差堪比拟，但在影响上前者远远地超过了后者。

就像远古时代希腊人与罗马人建立的大帝国，这些强权加诸各民族的统治并不止于烙上政治的印记。长期以来，它们通过各种方式与手段，或者干脆完全诉诸武力，把真真假假的优越迷思强加于整个文化体系，不仅深入生活与统治方式，而且代代相传，及于语文、艺术、宗教与哲学等精神层面，以及行政与司法的制度层面。在许多地区，对于被统治民族的精英阶层，这种影响尤其深远。欧洲君主与贵族的遗风虽然大都消散了，但在某些方面，例如西班牙人与天主教对于拉丁美洲的影响，却是难以磨灭地存留了下来。在存有多语言的印度，英国人留下了大量的语言遗产；同样的，在非洲，英国人与法国人也不遑多让。在以色列，政治与行政模式以及其他许多东西，都是犹太复国主义（Zionism）的先驱从东欧原封不动搬过来的。而标榜欧洲式社会主义的政权，在国内，宗教权威的地位居然凌驾于大部分内政事务，很明显也是奥斯曼教区体制（Millet system）的遗绪，是英国在后奥斯曼的过渡时期中所保留下来的。因此，大批所谓"东方犹太人"（Oriental Jews）从奥斯曼与阿拉伯继承过来的遗产，又与来自欧洲的遗产面对面地碰上了。这么多亚洲与非洲文化的重塑会带来什么结果，或许还需要更多的时间去观察，但是，现代欧洲的印记深印其上却是不容否认的。20世纪所有重大的战争与革命阵痛，19世纪所有改变全球政治生态的民族主义（nationalism）运动，都可以在西欧过去300年的政治、社会与哲学演变中找到根源。所有这些历史与发展，不论其情境如何，也不论其形态如何，都是一种变迁的趋势、理念与技术——由欧洲孕育的工业化、现代化与通讯技术形成，并由这些移动、扩散、竞争的权力体系无比盲目与宿命地带到各个大陆——的结果。它所造成的冲击，使得全世界的所有国家都不可能回头再去重塑自己的过去了。

　　1918 年之后与 1945 年之后，这些权力体系先后崩溃或消失，使世界上大部分的民族陷入了政治的离心状态而各自运转。帝国没落之后，没有较大的整合力量有效取代其地位，剩下的则是新兴的核子强权，但直到目前为止，新的强权却又无法建立并维持相互间的平衡，以致也没有足够的力量对各行其是的民族进行平衡的控制。总之，新的整合力量丝毫无能为力。代表欧洲资本主义赢家的《凡尔赛和约》与国际联盟（League of Nations）固然虚有其表，其基础扩大后所组成的联合国，也沦为主要强权——事实上只有两个——之间权力斗争的政治场域，面对数量大增的小国之间的冲突，照样束手无策，而小国内部与外部的摩擦与冲突，其症结正在于民族的、种族的、部落的与宗教的歧义。1945 年之后才出现的苏维埃与美利坚集团，之所以脆弱不稳，真正的原因在于民族主义的卷土重来，自主与自尊的要求势不可挡。像旧帝国那样能够让附庸国服服帖帖听话的局面，两个集团尽管手操核子武力，却也是力有未逮。

相反的，不论是在内政或外交的竞技场上，超级强权追求国家与战略的利益时，面对人类此起彼落要求分家的大趋势，如果不能勉为其难或礼让三分地予以尊重，根本就是寸步难行。因此，美国不得不抛下白种人的优越感，苏联则必须收起斯大林主义（Stalinism）集体恐怖的极端血腥。在世界的竞技场上，两个集团都发现，整个地球已经失控，必须寻求新的解决之道。它们大可以在太空中展开竞争，也可以设法限制彼此不断升级的武器竞赛，以避免造成相互之间的灾难。但是，拿19世纪的规则大玩20世纪的权力游戏，它们却不可能取得19世纪的成果。两大集团的舰队在各大洋上横冲直撞，互别苗头，火力之大足以毁掉100个阿加迪尔（Agadir）[1]，但它们却也必须紧张地竖起电子眼睛与耳朵，提防更致命的冲突发生。诉诸有限的"传统"武力，不论是俄罗斯式的短暂"奏效"（如在捷克与匈牙利），或美国式的长

1　摩洛哥西南海港，1960年毁于地震。——译注

期消耗（如在越南与高棉），到头来都是徒劳无功。隐身在小冲突（如越战、阿以战争、印巴战争，以及塞浦路斯局势等）的背后，两大强权的巨大影响力都未能产生具体的结果。

没有稳定的势力范围，没有听话的附庸或任人摆布的工具，没有永远处于被动的牺牲者——在东欧没有，在古巴没有，在埃及没有，在印度没有，在中国或北越尤其没有；在西欧没有，在日本没有，甚至在小小的圣多明哥（Santo Domingo）也没有，在南越尤其没有。而手执新月弯刀的阿拉伯国家，以足可造成经济瘫痪的高价石油对抗西方核子强权，更与 19 世纪的权力互动关系形成了最强烈的对比。很明显的，人类社会新一波的呐喊太过高涨，任何事务都已经不再可能长久持续下去——即使只是几十年——更不用说回到过去那种强权与征服、屈服与温驯的老模式了。

1945 年出现的两极化权力体系，不出几年就卷入了新的态势，既有始料未及的三角问题，又有扭曲变形的四角关系。西欧从失落的帝国中复原，德国与日本也以令人想象不到的速度自灰烬中再生，而中国有如一座长期熄灭的火山醒了过来，或者应该这样说，久未听到的雷声已在对岸隆隆响起。19 世纪艰难的岁月中，那种持久不变的结盟已经是明日黄花，

20世纪呢？整个世界无非是一个权力重组的过程，本质性的动荡把大部分的时日塞得满满的，而且可以确定的是，在可预见的未来，情形仍将如此。重建新的世界强权体系，即使只是在半个地球或1/4个世界上，或许还是可以产生新而较大的整合。然而，就整个情况来看，就算拥有强大的核子武力，那显然也是最不被看好的指望。

　　新的结构架设在赤裸裸的武力上，如果不被看好，那么要寄望于当前主要的政治或信仰体系，大概也是缘木求鱼了。以所谓中东地区（亦即西亚、西南亚与北非一带）过去数十年的情形来看，伊斯兰教的整合力量显然太弱，不足以把任何政治组合或结盟长期维系起来；不同的阿拉伯国家与穆斯林族群，无法组成长久的联盟，即使在对抗共同敌人以色列时也是如此。阿拉伯人一贯的政治风格，以及历历在目的事迹——例如西巴基斯坦（West Pakistan）对东孟加拉国（East Bengalis）的残酷攻击——在在显示其与基督教一样，可以在某时某地把别人——即使这个人是同一族群——当成兄弟，但绝不会是在此时此地。就世事的脉络来看，由基督教信仰所创造出来的罗马天主教会（Roman Catholic Church），就在不久之前还可以说是一个普世性的机构，但在诸多现成的事例中，它却提供了一个最有力的证明，显示再怎么大规模的整合也已经无力聚零为整，甚至维持其信仰体系的完整。至于俗世的梦想，例如马克思所怀抱的新社会主义或无产阶级国际主义，这半个世纪下来，也已经完全落空。这个梦想曾经被欧洲的社会主义民主打破，在1914年的大战危机中，民主的欧洲分裂成一块块碎片，于是俄罗斯的十月革命再度唤起这个梦想。但是，当摩擦布尔什维克这盏"神灯"时，跑出来的却是一个新瓶旧酒的精灵——俄罗斯民族共产主义，结果，梦又碎了。最后，社会主义解放的残梦终于消失在斯大林的集中营与牢狱之中。希特勒德国在欧洲，以及日本在亚洲，也都曾经妄图把自己的那一套整合加诸世界，但都旋起旋灭，徒然造就了它们所挑战的强权体系。最后只剩下美国式的大整合模式，但今天同样被证明无效。相较于其他模式，美国式的整合虽然大不相同，也还没有到失败的地步，但1945年之后，它才进入最严酷的考验阶段，而考验正在进行中。

我们今天所经历的世界，不是新的整合正在形成，而是破碎成小块小片，有如大大小小的星球，自爆炸中的银河系里爆裂出来，每个星球都以离心的自转离开，同时也都紧紧抓住各自的碎片，使其不致因自身的旋转而被甩离。这幅景象，就算我们图文并茂地凸显其中较大的特征，想要看得清楚，仍不是一件容易的事。

后殖民时代：1945 年以来，已经成为过去的帝国，在亚洲与非洲被切割成 80 个左右的国家，大的如印度，小的如阿曼（Oman），最小的如瑙鲁（Nauru），最新的如几内亚比绍（Guinea-Bissau）。新国家之所以有如雨后春笋，原因不外是外来政权已经无以为继，被统治者再也不甘屈居人下。在少数几个地方，如国大党（Congress）领导的印度与共产党领导的北越，撑着民族主义的大旗，争取独立的斗争持续了好几十年。在更多的地方，例如非洲部分地区，则是帝国主义仓皇离去的结果（如刚果）；有些地方——法属非洲多属此例——甚至是外来统治者心不甘情不愿地承认，即使游戏不改，名字也该换一个了。在英属非洲，例如加纳（Ghana）、肯尼亚与其他几个地方，民族主义的不满情绪早已存在；但是，那些 1957 年之后在非洲新兴国家中具分量的政党或团体，大部分在 1948 年之后才出现。在葡属非洲，则是经过另一个 10 年的民族主义游击战争才获得独立，并迫使最早也是最小的帝国——葡萄牙——最后一个撤离非洲。在亚洲，西方帝国只保留了香港与澳门诸岛，原因无他，过去一向吃瘪的中国不想动它们而已。[1]

亚洲与非洲的民族主义胜利，姑且不论其来龙去脉，都来得太迟了。民族国家作为一项政治工具，过去对经济发展与社会变迁都有其贡献，但在当时，其能量早已消耗殆尽。摆脱外来统治者的负轭——或者说它是自行脱落的——充其量只是满足了殖民地人民重获自尊自信的强烈需求。就这一点来说，新的民族主义者也只是用一批本土的无赖取代了外来的坏蛋，并将帝国主义最恶名昭彰的象征与核心迷思——外来文化与种族的优越——扫地出门。在这个他们从未出力打造的世界，他们甚至别无所图，就只是要建立一个新的国家而已。但是，这些民族一旦脱离了外来的统治，面对经济发展与社会变迁排山倒海而来的问题时，新的国家所能提供的机会又是最有限的。

在亚洲与非洲，民族主义所用的说词充满了浪漫色彩，不脱前一个世纪欧洲民族主义那一套崇尚自由之说。但是，

---

1 香港与澳门分别在 1997 年与 1999 年回归中国。——译注

新的自由并未带来新的平等，更不幸的是，甚至没有带来同胞之爱。在黎明的曙光中，新的日子是灰暗的。这些新的国家，过去从未以个别的国家形式存在过，也从未以目前的形式存在过；几乎所有的国界都不是从远古继承下来，而是从殖民时代沿袭下来；国界划定时，住在那儿的是些什么民族，根本从来没有考虑过。今天大部分的非洲国界，完全是殖民列强擅自做主划定的，例如在1884年欧洲的柏林会议。殖民地只是一个政治或行政单位，居住其间的民族通常多达十余、数十甚至数以百计，而这些民族之间，因地域、种族、宗教、语言、部落的不同，原本都互有区隔，甚至是互相对立的。这种固有的区隔，从殖民地转型成主权国家时，被完整保存下来的只有一两个，其余的全是多元混杂，不仅成为这些新国家数十年来重大的政治问题，而且制造了不断的冲突。反抗殖民主义的民族自决（self-determination of nations）圣杯，到了后殖民时代，变成了族群冲突、分裂、叛变与压迫的毒药。

同一时代中，以不同方式受到西方列强影响的国家，倒是有少数几个能免于这种情况。日本并未被殖民过，虽然也有少数民族，但族群的同构型基本上极高。另一方面，重新站起来的中国却有相当复杂的"民族问题"，整个边疆地区，沿南部的山区，经过西藏、新疆到内蒙古，世居的非汉人少数民族，论面积，约占中国领土之半；论人口，约为总人口数的 1/10 弱。这些少数民族，无论对中共、国民党政府或之前的清王朝，都是内政上极大的困扰，以后也仍将是汉民族的中国统治者得伤脑筋的问题；以目前中国与苏联的关系来看，北部与西部的压力尤其大，甚至可能成为外交上的危机因素。

总之，绝大多数的前殖民国家都是多种族群的混合，多数民族与少数民族的分布，各种可能的状况都有，相互之间或是相持不下，或是不对等的多元。无论哪一种情形，都存在着不同形式与不同程度的矛盾。

印度—巴基斯坦就是一个活生生的好例子。一开始，印度的多数族群印度教教徒（Hindu）与少数族群穆斯林就已经是壁垒分明，1947 到 1948 年发生大规模屠杀与逃亡潮，终于使双方决裂分家，此后又发生过 3 次战争。除了仍然留在印度的 4500 万穆斯林，印度境内还有其他人数更少的少数民族，包括锡克教教徒（Sikhs）、耆那教教徒（Jains）与基督徒，此外还有一些更小的族群，在内部所造成的紧张、分裂与冲突更深更大，其中包括约 12 个顽强的地方主义团体、15 个主要的以及 50 个较小的语言族群、数十个主要的种姓（caste）及数千个次等种姓（subcaste），种姓体系之外更有为数 8000 万的贱民（untouchable）。再谈到西巴基斯坦，其内部已有旁遮普人、帕坦人、信德人以及其他族群之间的紧张与宿怨，又对东巴基斯坦的自己人大肆屠杀，结果以东巴基斯坦独立为孟加拉国收场。为了隔离穆斯林与印度教教徒，它不惜血流成河与印度分治；为了割裂穆斯林兄弟，它也照样不惜血流成河。

类似的情况，在不同的地方以不同的方式发生，几乎没完没了。第二次世界大战结束后的 30 多年之间，可以说是暴力充斥，包括内战、叛乱、镇压、灭族式的政变与反政变等。在这些冲突中，绝大部分浮上表面的嫌隙，早在前殖民时代即已存在，全都是根深蒂固的宿仇与旧怨。

当然，有些冲突是殖民时代的移民造成的。移民，包括自愿的、诱骗的或强迫的，例如大量非洲人沦为奴隶；契约劳工潮，尤其是来自印度的；以及来自中国、印度与地中海东部诸国的新旧移民，大量移往东南亚、非洲以及大西洋、太平洋诸岛。移民潮带来新的混合族群，例如锡兰的僧伽罗人（Sinhalese）与泰米尔人（Tamil）；拉丁美洲的美洲印第安人、非洲人与欧洲人；马来西亚的马来人（Malay）、华人与印度人；在圭亚那、特立尼达、牙买加，印度人——有时候是华人——与非洲人混合，在斐济与大洋洲其他地方又与美拉尼西亚人（Melanesians）或波利尼西亚人（Polynesians）混居；另外在东南亚，华人有为数庞大的移民，在加勒比海地区也有，但规模小得多。此外还有比这些更边缘的族群，例如英裔印度人（Anglo-Indians）、英裔缅甸人（Anglo-Burmans）与其他欧裔亚洲人（Eurasians），以及大部分的欧裔非洲人（Eurafricans），弃民般屈居于高度阶层化的殖民社会中。这些族群，包括生意人与劳工，例如东南亚的华人、缅甸与东非的印度人，在后殖民时代各国独立后，于当地社会的族群紧张中，经常成为孤立无援的斗争对象或替罪羔羊。然而，有时候由于人数众多，虽然仍属少数，却非任人宰割，例如在马来西亚，占总人口数40%的华人，就能与强势的马来人维持一种微妙而不安定的平衡；又如在圭亚那，实际上属于多数的印度人，与非洲裔圭亚那人也处于类似的关系。在这两个国家，此种情形导致群众暴力与流血事件不断重演，也始终是后殖民时代重大的权力难题。

　　总之，在这些体质脆弱的新国家中，掌权的新人为了确立新国家的主权，不得不面对新国家的认同问题，在设法自卫、免于强大反对势力的打击之外，又要发展经济，克服严重的贫穷与落后，最后，更必须设法消弭内部族群之间长期的敌对与分裂，以营造一个长远的整合社会。

后帝国时代：西欧一向以世界的中心自居，自其地向东，而有近东、中东、远东之分；格林威治是时间与经度的起点；马克思主义者一直预言、帝国主义者也一直担心的崩溃与革命，到了后帝国时代并没有发生。相反的，欧洲人发现，卸除了白种人的负担，其实是一种解脱而非灾难。战后，在美国人的协助下，欧洲人发现，自己大可另起炉灶，英国的表现虽然比不上法国、比利时或荷兰，但也不差，所有这些国家，加上以惊人速度从灰烬中站起来的德国，比起旧欧洲丝毫不逊色。事实显示，纵使没有坚船利炮踵其后，生意还是可以做得很好。好几年下来，法国在印度支那（Indochina，包括今越南、缅甸、老挝、泰国等国）与阿尔及利亚，继续为它的伟大奋斗——比对抗纳粹更卖力也更锲而不舍——戴高乐也始终念兹在兹，有如杜莎夫人蜡像馆（Tussaud）中的一尊蜡像。英国，费了九牛二虎之力稳住国内，马上又得清理帝国留在苏伊士以东与地中海的几个烂摊子。失去了世界强权的舞台布景，在世界权力的竞争中不再扮演决定性的角色，欧洲人必须图存；换句话说，在欧洲西边那块巴掌大的半岛上，他们必须重新调整彼此的关系，一些小国开始推动"新欧洲"诞生，想要整合其间活力十足的民族分离，并使之理性化。尽管这股风潮弥漫，不论将会弄出什么样的整合，放眼未来，合的力量仍将弱于分。[1]

更重要的是，就欧洲来说，"分"的情况比过去更为显著。帝国与强权的没落，对欧洲人来说，形成了一种始料未及的发展，亦即欧洲社会中某些次民族（subnation）族群，好几个世纪以来一直安于被动附庸的地位——或者看不出来有什么不满——如今这个由准许、同意或臣服所构成的结构体却开始松动，以致阴魂不散的分离主义（seperatism）重新浮现；新的"民族"运动或风潮再度抬头，基于地域、语言或政治的理由，争取失落已久的自治（autonomy）；有些则是激进的

1　欧洲的发展显然出乎作者之所料。欧洲的整合始于 1957 年欧洲共同市场的《罗马条约》，1986 年以欧洲经济共同体为基础，签署单一欧洲法，1992 年签订欧盟条约《马斯特里赫特条约》[Maastricht Treaty] 成立欧洲联盟，并于 1998 年实施单一货币欧元，至 2004 年，欧盟会员国增至 25 个。——译注

新文化复兴运动，虽然不是来势汹汹，但也绝不可等闲视之。在这种情况下，出现了不同面向与强度的摩擦：在大不列颠，有威尔士人、苏格兰人，甚至马恩岛人（Manx），在阿尔斯特有天主教教徒与新教教徒重启争端；在比利时，有佛兰德人（Flemish）与瓦龙人（Walloon）的冲突；在西班牙，有巴斯克人（Basques）的骚动；在法国，有布里多尼人（Breton）与其他的地域族群；瑞士则有汝拉人（Jurasians），并且扩及北美洲，在加拿大有魁北克民族主义。

后帝国经验的另一个结果，是殖民者在殖民地所生的后代大量移入他们的母国，包括印度人、巴基斯坦人、非洲人与西印度人移往大不列颠，阿尔及利亚人移往法国，印度尼西亚的欧裔亚洲人与安汶人（Amboinese）移往荷兰。在过去，这一类人都是由殖民体系挑选出来、送往母国接受教育、准备予以吸收的少数精英；如今却大不相同，这些为数众多的移民，几乎全是为了改善生活条件、不得已踏上黄金之路的劳动人口。由于旧的权威关系已经瓦解，这些教育水准不高的人，明白自己属于新来的阶级，是要来落地生根的异乡人，而不是别人可以忍受的过客，加上人数众多，以致形成新的内部紧张、冲突与街头暴力。过去出于自负而包容种族差异的态度因此也有了转变，在法国尤其明显。这些文明较盛、文化较高、过去大肆向外扩张的国家，因为这种经验产生了新的问题，对于本身的社会特质以及多元主义的形式，也提出了新的质疑。

后革命时代：马克思主义的社会主义理论，承诺一个国际社会主义的新秩序，以取代资本主义的无政府、帝国主义的压迫，以及民族主义对抗所导致的战争。在苏联，布尔什维克所承诺的，正是这样的一个社会与政治体制，全国的100多个民族，有些享有领土的独立，但全部都享有文化与语言的自主，同时又能在中央权力机构享有某些代表权。但是，所有这些承诺都破灭了，而问题正好就出在"民族问题"上。民族问题，在共产主义理论中始终是个中心议题，在共产党的政策里也始终是个棘手的议题。

苏联会变成一个民族的共产主义政权（national-Communist power），开始的时候是身不由己，到了斯大林的手上，则是出于故意。基于自己的民族战略目标与政策，苏联甚至出卖了其他地方的革命运动，这在德国、中国、西班牙与法国所造成的后果尤其重大；在 1920 到 1940 年之间，这些国家如果没有苏联的介入而能走自己的道路，可能早已大幅改变世界历史的进程。这一段历史，后来又直接导致苏联民族共产主义与中国民族共产主义的决裂——今天在苏联，"黄祸"之说言之凿凿，其威胁远甚昔日之美国或霍亨索伦日耳曼（Hohenzollen Germany）。

在苏联国内，共产主义承诺的新秩序同样是空话一句。共产主义在苏联一党专政了 60 年，在东欧也有将近 30 年的历史，无论是国家内部或集团内部的政策，大部分仍然是围绕着古已有之的对抗在打转，组成这些国家的数十个民族之间，过去未能解决的问题今天依然存在。各自分立的共和国是建立了，处理民族问题的相关机构也成立了，政治上与文化上的民族自主玩得有模有样，但是，理论上尊重民族与文化的那条线，仍然与中央集权那条威权主义的线纠缠不清，不论在哪一方面，都落入一套设计好的环节，不是配合权力行使的需要，就是迎合当权者的基本教义。民族问题不仅在苏联未能解决，甚至斯大林长达 30 年的统治也无能为力——斯大林本人是格鲁吉亚人（Georgian），也是"民族问题"理论专家——在他当权期间，一声令下，有的民族整个遭到连根拔除与放逐，被处死的人数以百万计。另一方面，1945 年掌握东欧与东南欧以来，帝国权力所能达到的民族，苏联同样无法有效控制。至于各个附庸国政权，对内部的民族问题也是束手无策。在捷克，捷克人与斯洛伐克人仍然闹得不可开交；[1]苏联 1968 年挥军入侵这个国家时，就是充分利用了这种内部的矛盾。在南斯拉夫，年老的铁托（Tito）迟暮之年仍然费尽心思，防堵塞尔维亚人、克罗地亚人、黑山人（Montenegrin）、波斯尼亚人以及其他寻求分家的民族把这个国家撕裂。[2]罗马尼亚与匈牙利之间，仍然为了特兰西瓦尼亚（Transylvania）争缠不休，双方都利用对方的少数民族——阿尔巴尼亚人（Albanian）、马其顿人、匈牙利人或其他族群——作武器，从外部施压或进行反制。这种模式不仅见于俄国的西缘，同样也出现在东边。

不论诉诸空泛的信念、或大规模的工业化与都市化、或世代交替、或高度中央集权、或集体压迫、或精致的理论、或体系完备的规划，在苏联共产党政权统治下，许许多多民族或族群的分离倾向，不仅至今不息而且根深蒂固，显然无

1　斯洛伐克已于 1993 年脱离捷克独立。——译注

2　1991 年，克罗地亚、斯洛文尼亚、波斯尼亚、马其顿等先后独立，大南斯拉夫瓦解。——译注

法遏阻。[1]社会主义的国际主义，与基督教的四海之内皆兄弟一样，仍然只是被现实嘲笑的一个虚幻神话。反大俄罗斯（或大捷克、大塞尔维亚、大匈牙利、大罗马尼亚）的情结仍然在点燃冲突的火种，跟共产主义当权之前的各个世代比起来，行为模式也依然如故，没有什么太大的改变。

后幻想时代：在美国，1945 年之后，随着白人的世界霸权体系崩溃，对美国社会所抱持的幻想也一个接着一个像气球般被刺破，有关"美国人"的认同问题，也以新的方式与新的尺度升温，并进入一个新的时代。社会中所有的族群关系都处于剧烈的改变中，每个族群内部也面临同样剧烈的自我反思。

之所以造成这种情况，部分原因是美国黑人长期争取民权（civil right）的努力在最高法院终于到了决定性的时刻；另一个因素则是世界局势所带来的压力。总之，事实摆在眼前，对于旧的游戏规则，美国黑人不再接受也不再让步，而社会的脚步显然已经准备改变，于是，就这样动起来了。过

1　1991 年苏联解体，境内各共和国纷纷独立。——译注

046

去一直忽视黑人而活在幻想中的美国社会，终于不得不正视这个问题。民间鼓吹自由思想的黑人与白人，经过50年的奋斗，总算赢得最后胜利，将名义上对全民开放、实际上却把黑人排除在外的公民权从法律上扭转过来。接下来，对于自己长期忍气吞声所造成的一切后果，黑人继续提出挑战，对习惯成自然的歧视高墙展开冲撞，对长期以来使他们在社会上与经济上寸步难行的障碍进行跨越。但是，最痛苦也最困惑的，可能是他们必须重新发现自己并重新定位自己，这个过程引导一些美国黑人去寻找自己的"姆庇之家"，希望能够在陌生的新环境中发现一些东西，不仅认同自己是"黑人"，并且认同自己是"美国人"。于是，他们又以最尖锐的方式提出这样的问题：1945年之后终于开放、开始包容长期以来完全或部分被排除的族群的美国社会，是否会开放得更宽更阔，以过去接纳其他族群——天主教教徒、犹太人、华人、日本人，等等——的相同基础包容黑人，让所有的人都享有相同的权利、地位与机会？

"黑人"与"美国人"的认同危机，本身又足以成为另一种危机。在这些年中，它所产生的效应对社会上其他的族群造成了重大的改变，就像在沿路不同的车站，有的族群

"进"，有的则是"出"。对于某些一向被其他族群视为"进"的"族群"，这种效应不仅改变了别人对他们的看法，也改变了他们对自己的看法。例如信奉基督新教（Protestants）、系出北欧的白人，一直被视为社会上优势的多数"族群"，如今却变成一盘散沙，被贴上带有贬义的标签"黄蜂"（Wasp，即 WASP，White Anglo-Saxon Protestant 的简称）[1]，至于其他大多数的非白人族群——墨西哥裔美国人，以及西班牙语族群、华裔美国人与日裔美国人——却有一点类似黑人的模式，开始有样学样，以激进边缘族群的姿态站出来，对全体居民普遍存在、深有同感的感受做出响应，并且随时表达出来，使他们在社会中的地位以及他们对本身的印象都随之改变。

　　白人里面自成一格的次族群（subgroupings）间，这种倾向却比较不明显，反应通常在两可之间，因此变动所引发的效应也是多重的。然而，在美国此一趋势与环境的重大转变中，"进"得最深的却是一个白人的次族群——爱尔兰天主教教徒（Irish Catholics）。1960 年，一位爱尔兰天主教教徒当选美国总统[2]，对爱尔兰裔美国人与反天主教情结而言，都是

1　特指祖先是英国新教的美国人。——译注
2　指约翰·肯尼迪。——译注

历史的一座分水岭。对于社会风气的改变、神职人员内心的挣扎、天主教的教育，以及天主教教徒在信仰上的坚持与实践，天主教会逐渐采取开放态度，这对爱尔兰裔美国人及所有的天主教教徒来说，都是眼界上了不起的重大改变。

至于犹太人，虽然不可能那么快就入主白宫，但早在1945 年左右，他们已经跨越了一直高高竖立在他们面前的障碍。新的包容经验使某些犹太人担心他们的姆庇之家难以保存，在圈内他们经常告诫以及非常努力地维持犹太人的团结。但另一方面，对于这种团结的士气，不久却出现了明显的阻力；过去数十年在民权运动上一直携手合作的黑人，这时与犹太人产生了裂痕，黑人好战的激进派以及某些温和派转变成了死硬的反犹太主义（anti-Semitism），其情况与 1960 年代所谓新左派（New Left）反犹太复国运动及反以色列的立场极为类似，对于那些过去自认是"老"左派，以及在美国政治中一直支持自由运动的犹太人来说，此一发展无疑产生了极大的排斥作用。1967 年之后，尤其是 1973 年的十月战争（the October War）[1] 之后，在对待以色列的问题上，各方面都

1　第四次阿以战争，又称"赎罪战争"。——译注

出现了模棱两可的态度，在政府的政策上如此，在基督新教与天主教等宗教团体方面亦复如此。因此，在 1960 与 1970 年代，对许多犹太人而言，不确定感再度袭来，不安全感则突然浮现，对于既为"犹太人"又是"美国人"那种再清楚不过的认知，再度出现了困惑，很难想象库尔特·莱温（Kurt Lewin）[1] 所谴责的"归属的不确定"又阴魂不散地回来了。总之，在美国这一波改变的过程中，跟所有其他族群一样，犹太人也发现，他们的认同其实是美国本身的认同尚未成型的一部分。

由欧洲天主教移民的第二代及第三代所构成的美国白人族群，在这一波冲击中所受到的影响仍然看不太出来。这些过去被称为"白种人"（white ethnics）的族群，占美国"中产"与"蓝领"阶级的极大部分。关于这些族群的不满，很多已经见诸文字，其中尤以 1960 年代黑人在东北部工业大城对工作与社区点燃新一波的攻势，亦即所谓的反扑（backlash），最令他们感到害怕；这些选民的诉求，在 1968 与 1972 年的全国性政治活动中，也促成了乔治·华莱士(George

---

1 德国社会心理学家（1890—1947）。——译注

Wallace）的参选。这些族群的大部分人，所认同的仍然是他们原来的民族，他们的父祖辈都是意大利人、波兰人、捷克人、斯洛伐克人、乌克兰人、斯洛文尼亚人、匈牙利人、亚美尼亚人、希腊人，以及其他近30年来的移民族群。在黑人新一波高姿态的气焰刺激之下，强调族群（ethnic）的文章与言论也开始在这些地区出现，大部分这类作品，不是出自对族群深信不疑的老一辈，就是出自那些被黑色爆炸逼退到角落的新一代种族狂热分子。在这些年里，这些高度分歧的族群，深受经济与社会压力之苦，在他们的情绪与感受中，人种因素到底占多大的分量，由于缺乏足够的数据，还很难说得准。但很明显的，就像其他的族群一样，他们当时暴露在新的环境中，同样感受到美国社会并不如他们以前所想的那样融洽，什么是"美国人"这个问题，并不如他们以前所认知的那样清楚，其他人所面对的重新定位，他们同样也面对着。

对某些人来说，这是认同的危机，如同黑人的例子，或者至少是认同的问题，如同许多其他的族群。但就整体而言，随之而来的是美国生活中一系列的矛盾与危机，而且在同一时间都达到了某个顶点。持续的贫穷及其所产生的后果，堕落的贫民区及封闭的中心都市、毒品、污染的环境，以及突然发现工业时代有其限度，不是每样从工厂烟囱里出来的东西都是进步的，所有这类的困惑都跟这些矛盾和危机脱不了干系。它们也与越战深创巨痛的经验有关，这场战争使人们对平常深信不疑的终极价值产生疑问，更甭说美国在世界上使用武力是否正当的问题了。在水门丑闻中，面对弹劾的压力，一个总统破天荒地辞职下台，也让美国政治制度的本质被打上了问号。20 年之间，在美国生活的主要领域中，所有这些乱象纷呈的事件，使许多昔日的幻想为之破灭，或降到了最低点。这些幻想包括：美国是一个"熔炉"；美国制度存在着真正的自由与民主，尤其是在对待非白人的少数族群方面；科技进步日新月异的价值；以及在国际事务中美国扮演角色的虚拟价值。身为"美国人"的意义何在？在过去，每个人都自以为自己再明白不过——或者想当然地以为自己知道——如今却茫然以对，或者越来越抓不到头绪。这种情形普遍见于各个年龄层，但在 1960 年代末期，一股不满的情绪，却在最激进、最不爽的年轻人中间，以最极端的方式爆发开来，利刃般朝所有的人切割下去，既深且广。

如果许多人、许多族群都开始认为，真正的安全，只有在部落族人紧紧围成的圈子中才能找到，只有在自己美国式的姆庇之家才能找到，那么，在我们为美国新多元主义追寻新定义与新形式的路上，我们跌倒了，那是一点也不会令人意外或惊奇的。

种种情势引发了新的问题，也提高了新问题的层次，在在需要投入新的探讨，并要求我们重探以前匆忙走过的来路，重探过去我们以为是阳关大道的旧途。由于空间那样辽阔，样貌那样繁多，其间不免物换星移，地球上，与人类每个族群有关的空间已经有所变动，人类看自己或看别人，光线、角度、阴影与映像也都不复从前或正在改变。所有的姿势与风格都已经有别于旧态，也或多或少地改头换面。由于旧权力体系崩溃，新的体系又脆弱不稳，所有的族群关系都陷入动荡不安，于是乎，新的巨大的困扰乃在我们周遭升起。为此，我们牢牢抓住过去某个比较安全的残迹，寻找那些不知为什么会在某个地方丢失的东西，一头栽回到部落的洞穴，栽回到姆庇之家。重回可以满足某些需求的环境，退回再度把自己封闭起来的高墙后面，这种冲动如此强烈，在他们的心里，仿佛真有那样一个地方，他们能够找到归属感，在那儿，只要能与同类相聚相守，就能够在肉体上与精神上重拾某种程度的安全。

　　正因为如此，在安排政治与社会事务上，我们正在把自己再度割裂，把自己再度部落化，而且动作之快，超过我们追求更有人性的人际关系。在这个大变动的时代，人类应该何去何从，可以何去何从，现在还没有答案。因为，实在很难描绘一个超级巴尔干化（super-Balkanized）[1]的世界如何能够解决这个地球上最迫在眉睫的任何问题；除非有某个更大的新整合出现，或许还有一点机会。后核子时代的一片安静可能是一种方式，到那个时候，什么都解决了。或是回到过去，亦即出现一个新的集权体制，用武力去贯彻与维持整合；反正所有的证据都显示，一个人之于其他的人，始终都是一只狼而不是别的。不过话又说回来，有人还是相信，人也可能是别的什么东西，而且这种想法从来没有改变过。总之，相当可能的是，目前这种大分裂的发作或许会引导新的多元主义形成，并在某种程度上，比较能够让人在新的环境中满足以前的需求。

1　指严重的分裂。——译注

如果我们还有任何机会朝这个方向行动，依我看，就得先问一个老问题：为什么人类大部分共同的需求都只能在他们最褊狭的族群中得到充分满足，在其他更广阔的——不用说什么如同手足般的——政治体系或团体中就难以甚至无法满足？200多年来，西方世界最有智慧的人都相信，凭着科学的进步、知识的增长、对自然的控制，理性将获胜，而人类早期所有的落伍都会一去不回。所谓落伍，包括各种迷信——其中包括许多宗教——以及那些阻碍人类精神扩充并使人类存在无法更人性化的部落格局。科学进步了，知识增长了，自然受到了控制，但是，理性并未胜利，部落主义（tribalism）并未消失。这就好像奥斯卡·哈默斯泰因（Oscar Hammerstein）[1]的暹罗国王（King of Siam）所说的，是"一个谜"。最糟的是，当前的再部落化显示，连幻想都已经破灭。从最好的一面来看，目前各种事物所呈现的乱象，无非是出于人类各个族群的要求，亦即每个人在社会中都应该享有受人尊重以及自我尊重的地位。问题是，而且这一直都是个问题，除了我们随时随地都要维持非常态的恐怖平衡之外，还有没

1　奥斯卡·哈默斯泰因（1846—1919），剧作家兼剧场经营者，犹太人，1864年自德国移民美国，为纽约"时代广场"创建人。——译注

有其他方法能够使族群之间互相尊重。

为了更明白我们的艰难处境，对于基本群体认同（basic group identity）的核心本质与功能，有必要做一个新的审视。正如我们所了解的，族群认同正在帝国的废墟上抽芽滋衍，在各种新文化与新政治的墙缝中探头，使理想主义者与理性主义者忧心不已，因为他们始终相信，这条道路之外，一定还有更好的途径让人类的故事继续发展下去。

第二章

雪 人

典型的超抽象主义者最忌讳具象实体，

在其他方面亦复如此，他肯定只偏爱没形没影的东西。

如果真有两个世界的话，

他一定选择那个虚无缥缈的而不要那个厚重真实的。

后者才是更纯粹、更清晰、更高贵的。

——威廉·詹姆斯

人类当前的态势，摆明了大家都生活在各自的姆庇之家里面，部落主义已经在生存的条件中根深蒂固，并且从覆于其上的任何东西里面不断吸取养分，有如群树之根穿岩夺路，沿山直上数里。正因为如此，尽管有各种天下一家的梦想，人类却只能梦想天堂，在那儿，所有的人都在上帝面前合而为一，也就是说，大家都不再是人类；要不就只能梦想强权体系，在其中，各个部落的差异都置于一个高高在上的部落之下，也就是说，所有的人都沦为奴隶。

有人认为人类社会的层次应该可以更高，将根深蒂固的部落主义视为一种退化的功能。的确，继保罗·麦克林（Paul McClean）[1] 的"分裂生理学"（schizophysiology）之后，阿瑟·凯斯特勒（Arthur Koestler）[2] 又主张，人类的理性行为与情绪行为之所以出现落差，科技成就与社会或人际关系之所以不成比例，全是肇因于演化上的"失误"，亦即在去今 50 万年左右，使人类进化到今天模样的新皮质（neocortex）——人类独有的"思想皮层"（thinking cap）——形成之后，在物种发生过程中，大脑内原来属于爬虫类或低等哺乳类的成分仍

1　美国神经学家。——译注
2　匈牙利裔英国政治家。——译注

然残留。由于这两个部分一直未经整合，所有困扰我们的矛盾乃随之而生。正因为这样，人类明知自己必死，却拒绝接受死的观念，把这个世界弄得魅影幢幢，又是鬼又是巫的，一堆虚灵幻魂，崇而敬之。再加上身处的这个世界，到处是既迅且猛的敌人，人类长期以来特别依赖长辈与族人的保护，以致部落的团结成为力量的来源，"自我对部落、民族尤其是信仰体系的强烈归属感与认同感也油然而生"。

当然，问题绝不那么单纯，因为这些东西都是存在大脑旧有的边缘系统里面，而不是在新皮质中——众所周知，对爬虫类或低等哺乳类而言，科学与知识根本不存在——但可以确定的是，科学人与知识人对自然界虽然已经有所揭露，并非常精确地掌握了它的特质，但对人类经验的界定却仍然是模糊的、含混的，即使是在最简单的层面，相关的定义依旧不清不楚、各说各话。在字典、百科全书以及触及这类主题的学术论述中，像"部落"（tribe）、"氏族"（clan）、"国家"（nation）、"民族"（nationality）、"种族"（race）、"族群"（ethnic group）、"族群性"（ethnicity）这些字眼，至今依然难以清楚界定，每个作者所下的定义都是各适其意、各取所需，或者各按各的学科，要不然就是或多或少地反映自己与姆庇之家的关系。甚至在新兴的跨学科整合中，有关族群与多元族群社会（multiethnic societies）的文献纵使汗牛充栋，这种情形依然可见。特别是最近，这方面有不少学术团队，尤其在美国，试图追寻"族群"的雪人（the snowman）；时至今日，大家都相信雪人的存在，而且认为其重要性远超过多数人的认知，但却没有人能确定它长得什么样子，更无法确定它是否真的很狰狞（abominable）。[1]之所以如此，可能是没有几个人认真地找过，也可能是寻找的路上障碍重重，遇到的困难太多。另外一部分的原因则要归诸这些名词所代表的现实其实是不精确的，充满矛盾与不确定，在表面上、经验上与形式上都存在着分歧。充其量只能这样说，对长期以来的模糊与过去的那些混乱，今天总算弄得比较清楚，也开始在寻找一些新的秩序了。

1　在这方面，最近的研究显示："研究族群关系的学者，很少有人为族群下过定义。为了了解社会科学家在实证研究中明确使用族群定义的情形，我们检查了 65 篇社会学与人类学的相关论文，其中只有 13 篇有族群的定义，52 篇则完全没有。"另外，"又检查了 27 个有关族群的定义，虽然这些定义都是出现在理论性的作品中"，但一般最常被提到的族群属性——共同的起源、文化、宗教、种族、语言——却只有不到半数的人提到。Wsevolod W. Isijiw, "Definitions of Ethnicity", *Ethnicity*, 1, 111-124 (1974)。（雪人，又称为 abominable snowman，作者在此处以"雪人"这个概念比喻族群最初的原型。——译注）

在这条暗影沉沉的道路上，首先遭遇的几乎都是"认同"问题，而且毫无例外，其形式是众多的，意义是分歧的，用法也是多元的。更重要的是，"认同"与"群体认同"之间的关联性仍然是最混沌的，所谓的"群体"通常是指，人在其中自我表现与定位的各种集合。这种含混，从查理·库利（Charles Cooley）的"初级团体"（primary group）到塔尔科特·帕森斯（Talcott Parsons）的"集体"（collectivities）或阿里·马兹鲁（Ali Mazrui）最近提出来的"全体认同"（total identity），一路下来都未曾间断过。至于在社会心理学方面，尽管以不同观点所产生的文献已经大幅增加，将近20年前戈登·奥尔波特（Gordon Allport）所谓的"群体心理的大奥秘"，时至今日，其奥秘却是有增无减。[1]布鲁斯·马兹里西（Bruce Mazlish）说得悲观但也说得很好，历史学家"想拿群体心理

---

[1] William L. Eilers, "The Uses of Identity", unpublished ms. thesis, M.I.T., 1966; "Primary Groups", in Broom and Selznick, *Sociology*, text with readings, New York, 1963, pp. 135-175; Parsons and Shils, eds., *Toward a General Theory of Action*, Cambridge, 1951, pp. 192-195; Ward Goodenough, *Cooperation in Change*, New York, 1963, chaps. 8, 9; Ali A. Mazrui, "Pluralism and National Integration", in Kuper and Smith, eds., *Pluralism in Africa*, Berkeley, 1969; Gordon Allport, "The Historical Background of Modern Social Psychology", in Lindzey, ed., *Handbook of Social Psychology*, Cambridge, 1954, vol. 1, pp. 31-40.

学 (group psychology) 与群体行为 (group behavior) 来做说明"的饥渴，直到今天仍未得到满足，"群体心理学及其与历史的关系所面对的挑战，既严酷又苛刻，今天也仍然冷酷地摆在我们面前"。[1]

冷酷，的确是的。试想一堆学者写了些东西，大谈他们自己与生于斯长于斯的姆庇之家之间的关系。如果我们去考察一下他们的生涯，那会有什么结果。有些人，从来没有离开过姆庇之家一步，因此不论他所写的是什么主题，这一点一定会反映在里面。另一方面，在科学人或知识人里面，一定有相当高的比例，变成了真正的科学人或知识人，只因为他们推开了姆庇之家的百叶窗，或者走了出去，寻找更宽阔、更开放的空间，在那儿，他们取法新皮质而非缘脑 (limbic-brain)，找到更多的东西满足他们自己。一旦走了出去，就可以加入另一群人，一群经过现代化的多重洗礼，在文化、知识、国家、民族、道德、宗教方面见多识广，是已经去部落化 (detribalized) 的人。在塑造个人的心理与人格上，基本群体认同尽管是一种强而有力的因子，但一旦与它分道扬镳，

1 Bruce Mazlish, "Group Psychology and the Problems of Contemporary History", *Journal of Contemporary History*, 3:2, 1968, p. 163.

在写出来的东西里面就一定会反映出来，即使写的不是这类主题，在处理这类问题时也会表现出来。这或许正好说明了一个长久以来的普遍倾向：把基本群体认同弄得面目不清，并与其他所有的初级团体混为一谈，或者把基本群体认同视为是天生的，只看它所产生的效果，而不考察它的本质——甚至为了这个缘故，完全予以忽视。

正因为如此，我们或许更应该与精神分析学者携手，开始正视基本群体认同，一探它的成分与功能。这方面的努力将引领我们走向埃里克松，提到"认同"一词，他可是拥有国际性的版权的，而且在处理个人与群体、儿童与社会、独我（lonely ego）与群众之间的关系上，超越了他的老师弗洛伊德，有其独到的一面。

但是，在埃里克松身上，我们同样发现似曾相识的含混，有时候是故意的，有时候是精心设计的，而且几乎全都不着痕迹，但终究还是含混。埃里克松这种刻意的失准——或许根本就是预谋——提醒我们，他的风格既表现出高超的功力，也有着极大的局限，他所处理的东西既千头万绪又难以捉摸。甚至"认同"一词，在他的著作里也从来不是从一而终，而是如他所说的，是视不同的内涵而予以自圆其说；它一直都是某种东西，"深不可测一如它的无所不在，它存在各种不同的环境脉络中，二者之间有着不可分割的关系，只有把这种关系建构起来，才能把它搞清楚"。依我的看法，由于我们都置身于这种毫无例外的含混之中，对这种本质性的无秩序状态予以尊重有其必要，但除此之外，它还有更多的作用。当埃里克松在不同的地方，用"社会"或"社会组织"、"历史"或"历史变迁"，或仅仅用"群体"，当成个人认同注定会形成的场合时，在无可避免的模糊之外，还得到了某些东西。

在"家庭对儿童发挥影响力的社会场合"这个问题上，埃里克松告诉我们，一开始，他就想比弗洛伊德"干出更了不起的大事"。社会源头对个人发展的影响，弗洛伊德只不过蜻蜓点水似的照顾了一下。当然，可以确定的是，他把这个问题放在双亲的超我（superego）之中，而双亲的超我则是"传统与终生价值的载体，它本身就是这样一代接一代……从过去、从种族与民族的传统，一路传下来的"。弗洛伊德又写道："个人心理学只有一小部分无涉个人与其他人的关系……因此，打从一开始，个人心理学同时也就是群体心理学。"接着他又谈到，"因此"，群体心理学"所关心的还是个人，只不过这个个人是一个种族、一个国家、一个阶级、一个行业、一个机构或一群群众的成员，这个个人是在某一特定的时间，为了某种目的而被纳入群体的组织之中"。[1] 在别的地方，我们也注意到，在谈到某些特定的群体时，弗洛伊德照样采取这种宽松的全包式观点。即使是在比较严谨的地方，相对来说，他仍然是比较宽松、比较粗糙的。在他的《群体心理学与自我的分析》（*Group Psychology and the Analysis of the Ego*）中，被翻译成"群体"（group）的那个字，正如译者所注，实际上是 masse，在德文里相当于 Le Bon 的 foule，亦即"群众"（crowd）或"民众"（mob）；更何况弗洛伊德在这本书中讲到"群体"时，通常都是在讲大众。[2] 整体看来，弗洛伊德为属于家庭的个人与属于大众的个人所做的区分相当粗糙，而且在这方面进展得很慢也不是很远，他留给追随者的，充其量只是偶尔仪式性地承认"社会因素"在个人发展过程中的影响。事实上，作为弗洛伊德中心概念的"群体"，与各种群体特征的本质无关，他所谈的只是个人认同领袖并

---

1 Sigmund Freud, *Group Psychology and the Analysis of the Ego*, Anchor edition, pp. 169-170.

2 Ibid., p. 194.

借此找到相互认同的过程。他只不过把人是一只"牲口"的主张"修正"为人是"一大群牲口中的一只，是由领袖带领的一大群人当中的一个个人"而已。[1]

事实上，也就是循着弗洛伊德这条领袖的线索，埃里克松比弗洛伊德更进一步地强调"社会"或"历史"在个人的发展中所扮演的角色，他的《路德传》[2]是如此，他的《甘地传》亦复如此。他的心理传记研究锁定某个特定的领袖，告诉我们，他们是如何获得并发展能力，使他们能够在适当的地方与适当的时候成为一群人的领袖。

"社会"、"群体"或"历史"如何形塑个人的发展，埃里克松谈到这个问题时，我们将会发现，自己正置身于一个极为模糊的领域。有关这个主题，一篇早期的重要论文《自我发展与历史变迁》（*Ego Development and Historical Change*）——初稿成于 1946 年[3]——开宗明义的一句话就是：

1　Ibid., p. 196.

2　宗教改革家马丁·路德。——译注

3　Included in Erik Erikson, "Identity and the Life Cycle: Selected Papers", *Psychological Issues*, 1:1, 1959, pp. 18-49; also in same selection, "The Problem of Ego Identity", pp. 101-164. Other sources by Erikson used here include *Childhood and Society*, New York, 1950, and *Identity, Youth and Crsis*, New York, 1968.

"共处一个族群领域、历史时代或经济追求的一群人，全都接受共同的善恶形象的引导，在每个人的自我发展上形成决定性的具体力量。"在这里，我们看到的是，"群体"纳入了"族群"，一个大家共处的时代／历史——所有的人都参与其中，例如一次战争或一同度过的一次不景气——以及最后，把我们一把拉入其他各种群体经验的"经济追求"。他的目的无非"是要画一幅（个人）生命周期与社会历史交织出来的图画"，并号召社会科学加入这项精神分析的工程。但是，问题马上来了，他要如何挑出这一类的群体组合，在那么多不同的种类中，他又该如何去区分它们，或者真的想到要去加以区分？打个比方来说，1960 年的密西西比黑人，或 1900 年一个上层社会的英国人，同他们的社会所产生的交织，与某一个活过大萧条及第二次世界大战的泥水匠或律师的经验，一定是大不相同的。

　　在讨论生命周期的核心著作中，提到"群体"或"社会"，埃里克松通常都以概括性名词待之。"社会生活随着每个人的诞生而开始。"儿童的教育就是"一个群体基本组成经验（亦即我们所谓的认同）的传承"。生命各阶段的发展"在社会现实中产生一个明确的自我"等等。又如："认同一词……

既包括自我内在不变的一致性，也包括某种不变的、与他人共有的重要特征。"在一篇论述这种关系的短文中，他谈到"社会风气（ethos）与自我互补，群体认同与自我认同互补"。这一点可说超越了弗洛伊德，但也显示，在"群体"与个人自我认同的关系上，埃里克松不免武断，而其宽松的全包式风格则与弗洛伊德如出一辙。在他以传记的眼光考察萧伯纳时，他认为萧伯纳之所以拥抱社会主义，是为了取得群体认同，以及共同拥有一种意识形态与政治运动。在别的地方，他谈到"负面群体认同的形成"，说负面的群体认同正对年轻人敞开，"帮会组合丛生，从乡里混混、爵士狂欢到毒品帮派、同志团体与犯罪集团"。但这些高度异质性的社会组合，尽管各有各的不同面向，彼此之间却显然有所关联——在不同的时间、不同的场合，人其实是属于各种各类的群体，也才有社会学家安塞姆·施特劳斯（Anselm Strauss）所说的"多重认同"（multiple identities）。这样看来，埃里克松想要完成"更了不起的大事"显然未竟其功，尤其是在厘清群体认同的种类上，而其中最特别的，又推族群认同或基本群体认同的相对意义与定位。

　　"认同"一词，弗洛伊德就只那么提到过一次——用来谈他自己的犹太认同——埃里克松谈到这一点时，说："'认同'一词在这里指的是某个个人与某种独特的价值之间的联系，这种价值是由某种独特的历史孕育出来的，是属于他自己那个民族的……认同的是那个族群一以贯之的内在精神……"身为犹太人，弗洛伊德描述自己的认同所用的字眼是："……有许多隐隐约约的情绪力量，越强烈便越难用文字表达，同样的，能够清楚意识到的内在认同，以及深藏不露的内在心理结构也是如此。"埃里克松特别着重这些文字的深层意义，他强调，弗洛伊德用的那些字眼，真正的深义几乎无法以英文翻译转达。他说，弗洛伊德所讲的认同，"是一种最核心的族群意识，指的是一种深沉的拥有感，只有身在其中的人才感应得到，也只能用比较神秘而非理性的字眼才能表达出来"。在这里，他所讲的认同，"既是在个人核心里面的一个'安顿'过程，也是在他的民族文化核心里面一个'安顿'的过程，事实上，正是这个过程，对这两种认同的认同才得以建立"。[1]

　　我们不妨以这里作为起点，通过个人生于斯长于斯的群体，重新来检视一下这些力量的本质、角色、功能及其对

1　Erikson, *Identity, Youth and Crsis*, p. 22.

个人的影响。弗洛伊德与埃里克松为这些力量所用的强烈字眼，像"独特的历史与价值"、"内在一以贯之的精神"、"共同拥有的一致性"、"隐隐约约的情绪力量"、"深藏不露"、"内在心理结构"，等等，所有这些东西都重重地压在每个个人的生命上面，而且自有历史以来就对整个人类的经验具有深远的效应，包括正面的与负面的。不幸的是，埃里克松并没有带领我们更深入地走下去，对于这些人类的基本群体，他后来所提大都偏离过去的论述，在用词遣字、层次与角度上都大幅变调，所谈的东西不再是概括性的、艰涩的理论，绝大部分是从各个方面去指认族群只是虚拟人种（pseudospecies）——有别于人类的种性（the specieshood of man）——每个族群都认为自己是被拣选的，而"其他的族群乃是某个不相干的神祇异想天开所创造出来的"。每个族群也都把别的族群视为"投射负面认同的银幕……并以此作为相互屠杀的理由"。这一套"生灵割裂"（mortal divisions）的系统，"一再强调自己那个虚拟人种的优越性，并广泛地将之强加于别人身上……于是，这个虚拟人种乃成为所有群体认同里面更为邪恶的一面"。在埃里克松的论述中，这个主题一再地被强调，迫切呼吁全球性的普世改革，亦即了解

"人类种性的真相与责任"，并以之形成一种环境，创造一种"更具有普世性与包容性的人类认同"，而这也正是现代科技赖以立足与存在的条件。

从埃里克松的作品——例如他的《甘地传》，有关年轻人与黑人的论文，以及前前后后他对美国人的认同所做的反思[1]——任何读者都不难发现，作为一个意识形态的先知（宗教的普世主义者）与历史—政治—种族的学者，跟作为一个生命周期内在世界的分析者与探索者，埃里克松是截然不同的人。这两个不同的层面[2]都值得重视，但这里指的是对埃里克松这个人的研究，而不是指有关群体认同的研究。埃里克松告诉我们："人类之所以需要别人的与社会的认同，很重要的一个因素就是……想要与众不同。"他也告诉我们，这

---

1 See Erikson's chapter on "Reflections on the American Identity" in the 1963 edition of his *Childhood and Society*, and a late work, *Dimensions of a New Identity*, New York, 1974.

2 埃里克松空想式的一个例子："不久的将来，不同部落与民族的人们将会合成一体认同的一群人，发现一种应用于科学与科技方面的新语言，使他们看穿传统道德的迷思，甚至让他们飞跃进入一个历史性的时代，届时再以一种新民族主义的超越认同取代过度滥用历史认同的观点。但是，他们也必须把眼光放得更远，超越'新'世界的意识形态。首要之务绝不在于创造新的意识形态，而是要制造一种普世性的伦理，一种由普世性的科技文明所产生的新伦理（而其考验则是）……它本身所能激发的关怀。"*Identity, Youth and Crisis,* p. 260.

一点之所以重要，主要是因为它代表一种虚假的解决方案，是要把人割裂，而不是促成他追求终极的一体性（oneness）。除此以外，他更无多言，以致我们只得到这种负面的与"邪恶的"认知；如此一来，什么事情都是正负相混，让人很难想象埃里克松一向是一个是非分明的人。的确，在他的著作里，很多迹象显示，每当面对"生灵割裂"的现实，他就感到强烈的不安。这种不安既表现在他有关美国黑人的论述中，在《甘地传》里面，对印度教"本一"的崇高性，他表现出强烈的推崇，但对印度教种姓制度（caste）的恶质现实却刻意回避——仅仅偶尔附带提及——也充分说明了他的这种心态。在探索社会风气与自我的关联上，埃里克松为我们设下的门槛显然太高了一点，但在基本群体认同的了解上——长久以来人类已经为之付出了够多的代价——他毕竟留下了"更了不起的大事"，有待我们去完成。

另一位心理／政治分析家，意识形态上倾向当代社会主义的弗洛姆（Erich Fromm），在这条道路上走得就远得多了。他也希望看到"个体化的人"（individualized man）"通过自发性的行动、爱与工作，与所有的人进行主动的整合，使自己再度与世界合一，但不是依靠初级连带（primary ties），而是以独立自主的个人身份"。[1] 在个人人格的塑造上，他也把家庭视为"社会的代理人"，认为"本质上，历史决定人性"，人的"社会性格"（social character）在个人发展中居于关键——比弗洛伊德所指出的更为关键。对于"初级连带"，他认为会阻碍人的正面发展，对理性与关键性的能力都是一种妨害——"初级连带只能使人通过自己的或团体的接口——如加入帮派、社会性或宗教性团体——去认识自己，而不是以人类的身份去认识自己。"

　　另一方面，弗洛姆承认，个人不希望被孤立的倾向极深也极强，对于巴尔扎克所谓的"道德孤立"（moral aloneness），亦即"与价值、符号、样式脱节"而造成的孤立，尤其避之唯恐不及，并需要有所归属。弗洛姆说，初级连带阻碍人发展"成为一个自由的、自主的、有创造力的个体"。但他也明白，这种事情有其强烈辩证的一面。与其他的人整合、结伙、团结可以增加力量，但也会导致"孤立、不安全感的增加，以致对自己在这个世界上所扮演的角色与生命的

1　All quotations here are from Erich Fromm, *Escape from Freedom*, New York, 1941.

意义产生疑虑，并因此加深了自己身为一个人的无力感与无足轻重感"。与此相对的是，初级连带也提供另一种正面的作用："对自然、帮派、宗教的认同，为个人带来安全感，他属于也根植于一个结构化的整体，在里面，他有一个位子，而且安稳可靠。他可能会因为饥饿与压迫而受到痛苦，但他却可以免于最严重的痛苦——彻底的孤独与迷惑。"初级连带给人带来的是"真正的安全感以及自己知道何去何从的归属感"。

对我而言，这就触到问题的核心了：漂泊不定、无岸可依的人，不知道到哪里才能找到一个"安稳可靠的位子"好让他们有所归属，如今正如爱德华·席尔斯（Edward Shils）所说的，满怀"难以言喻的虔敬"，身不由己地四处寻觅"原乡情感"（primordial affinities）。

在检视群体研究与理论的过程中，席尔斯提出这样的描述，虽然并未详细说明，他却十分看重初级连带与其他连带之间的区别，并认为，他与帕森斯在初级团体与集体（collectivities）方面的研究，若能将这些区别纳入现实的考量，将会大有助益。[1] 继席尔斯之后，人类学家克利福德·格尔茨

1　Edward Shils, "Primordial, Personal, Sacred and Civil Ties", *British Journal of Sociology*, 8, 1957, p. 139.

(Clifford Geerttz) 考察后殖民时代政治局势的演变，提出了更详细的说明。他说，这种原乡的依附感与认同感构成了社会得以存在的"先天条件"，他确信"这种人亲土亲的联系随时可以接续起来，源自于呱呱落地就具备的先天性，可以延伸进入信仰某种宗教、说某种语言，甚至只是一种方言，以及遵行某种社会规范的社群……也正是从这种连带，直接输入无数绝对性的东西"，形成一种有别于阶级、政党、企业、工会、行业的组合，之所以有别，因为后者所形成的群体不会成为"民族的候选群体"（candidates for nationhood）。对于"民族的候选群体"，格尔茨提出了几个简单的条件：某种血缘关系、种族、语言、地域与风俗。[1]

差不多同一时间，在处理相同的主题上，[2] 我把这种连带称为"基本群体认同"，并列出其本质性的特征，作为本书的主题。在研究的过程中，我的重点并不是放在群体认同如何影响新的政治局面上，而是放在新的政治局面——变迁中

1 Clifford Geertz, "The Integrative Revolution, Primordial Sentiments and Civil Politics in the New States", in Geertz, ed., *Old Societies and New States*, New York, 1963.

2 "Group Identity and Political Change", adapted from a lecture at the International House, Tokyo, December 6, 1963, *Bulletin of the International House*, April 1964.

的权力关系——如何影响各个认同有别的群体。通过长长一系列的具体个案研究——全都在其他地方做过详细的报告[1]——这方面的体验又直接引导我产生一种需要，对"基本群体认同"做更贴近的考察。

在目前众说纷纭的用法中，最常碰到的就是"族群认同"（ethnic identity）或"族群"（ethnic group）。而在一堆模糊含混的词汇里面，"族群"一词的含混偏偏更甚。但在这里，我所处理的认同，是埃里克松取自弗洛伊德只用过一次的那个字眼，亦即核心族群意识里面的认同，也就是席尔斯与格尔茨所指的原乡感情或依附感所形成的族群认同。

在后面的篇章里，我将尽量爬梳并描绘这种原乡的情感与依附，并说明如何把它们在形成个人的基本群体认同上串联起来。我也将尽量说明这些连带与联系为什么会如此深入

1　For details of these studies and related treatments, cf. *Scratches On Our Minds: American Images of China and India*, New York, 1958（paperback as *Images of Asia*, New York, 1972）; *Emergent Americans*, New York, 1961; *The New World of Negro Americans*, New York, 1963; *India's Ex-Untouchables*, New York, 1965（paperback edition, 1974）; *American Jews in Israel*, New York, 1967; "Group Identity and Political Change: The Role of Color and Physical Characteristics", *Daedalus*, Spring 1967; "Group Identity and Political Change: Nationalism Revisited", *Survey*, October 1968; "Color in World Affairs", *Foreign Affairs*, January 1969.

人心，它们履行了哪些功能，满足了哪些需求，它们在人类的经验中为什么始终如此强烈。然后，我将举例说明，许许多多各不相同的族群，经历了当代政治中触目皆是的权力起伏，在这种经验中，基本群体认同的这些特色又是以何种面貌呈现。总之，我将尽量为"雪人"描绘一幅完整的面貌，使他不再神秘，而是一个我们熟悉的人物，不再是陌生人，甚至就像住在我们家里。狰狞，或许吧，但却有一张脸孔，是母亲——天下所有的母亲——一直钟爱的。

　　到头来，如果族群认同的本质竟然是我们一向都知道的东西，可能的原因之一是，我们下过了工夫，总算发现复杂的东西竟是如此简单；另一个可能的原因则是，对于这种现象，我们过去不够关注，对于它在生活中所扮演的形式与角色未能充分认识；而我认为最重要的是，我们一向以为族群意识是"与生俱来"的,今天总算可以跳出这个窠臼了。现在，就当我们从未正眼看过它一眼，好好地正视它，一切从头开始。

第三章

部落偶像

部落的偶像立基于人性之中，

立基于人类的部落与种族之中……

所有的感官与心识都只是按照个人的尺度，

而非根据宇宙的尺度。

人类的理解有如一面扭曲的镜子，

把万事万物的本性与它自己的本性相混，

予以变形，予以变色。

——弗朗西斯·培根（Francis Bacon）

让我们就从族群认同开始吧。族群认同是由一组现成的天性与价值组成。出于家庭的偶然，在某一时间，某一地方，从每个人来到这个世界的那一刻起，他就与其他人共同拥有了那一组天性与价值。

首先是这个新生儿的身体（body）。通过双亲的基因，这副躯体得到了族群共有的身体特征——肤色、发质、面部特征，全都经过漫长的选择过程，又经过勒内·迪博（René Dubos）所谓"往事的生理记忆"，再加上来自祖先的其他东西——还有多少其他东西，目前仍然未定——为每个新人赋予了他的（his）或她的（her）独特自我。[1]

1　关于"他的"（his）或"她的"（hers）这件事，这里有两点要加以说明：(1) 在英文里面，第三人称单数所有格代名词，除了 his 与 hers 外，就只剩下一个中性的"它的"（its）。当使用 his 时，意思是包括 his 与 hers ——就如同使用"男人"（men）时，指的是"人类"（human being）或"男人与女人"——如果不换个用法或衍生其意涵的话，乍看之下，颇有男性性别歧视的傲慢。这种情形就好比使用"黑人"（black）那个字眼，难免予人另有深义的感觉。因此，这种语言大有修正的必要。另一方面，如果换成一个女权主义者，认为不分性别的中性用法和性别沙文主义（男性或女性）一样，同样是一种大不敬，那么在我写到这些事情的时候，就只好尽量分清楚，或尽可能地不咬文嚼字。(2) 一般女人的特征与条件，跟许多其他文化的女人并无二致，但这并不表示她们就共同拥有身为女人的基本群体认同。男人之身为男人也是如此。我在这里提到的基本群体认同完全是另一回事。男人与女人之间，身体与其他方面的差别尽管很大，却不会使身为男人与身为女人变成不同的民族。在族群里面，基本群体认同是不分男女的，并以特定的要求、规范、条件定位他们之间的关系。随着社会与政治制度革新的大潮流，女性争取地位平等的努力，在不同社会已经获得程度各异的成功，但正如在美国社会中为争取种族正义所做的奋斗，在诸多切实可行的方案中，如何解决区隔的问题似乎仍然付诸阙如。

　　从吸第一口气，听到第一声声响，感觉到第一次触摸，斯时斯地，在那个等待它来临的家里，新生儿就成为族群的一分子，开始继承族群共同拥有的一切社会特征，亦即埃里克松所谓的"共同一致性"，而它们也以错综复杂的方式开始打造个人的自我认同。这些全都是先天的原汁原味。

　　接下来是身体特征的延伸。新生儿的诞生之地，也就是他的故乡（birthplace），从第一天开始，就在打造他的生活视野与方式，而且就大部分情况来说，一直会影响到他的未来。新生儿取了一个名字，包括家姓（family name）与族群姓（group name），于是孩子有了第一个语言符号，并通过语言开始去认识世界。斯时斯地，出生在这个家里，他已经是历史与起源（history and origins）的后裔，并成为继承人。从家庭与族群那儿，他又自自然然地得到了宗教，立刻成为一个被认可的同类，具备了民族性（nationality），亦即他的族人在国家、地域或部落方面所拥有的属性。

　　这些遗产，加上所有分门别类依附其上的习俗、价值、伦理、审美，以及混杂其间派生出来的其他东西，在他的家庭接纳他时，就一股脑地印到孩子的身上。在他几乎还没有任何意识之前，所有这些已经形塑了他所存在的现实，现在也变成了他的一部分。出生之后没多久，这种过程就已经行礼如仪地进行了，例如接受洗礼、割礼，以及其他类似的仪式，由此加入了族群，然后在童年的教养之后，再经过青春期的某些仪式或入门礼，年轻人便成为族群所认可的一分子。

族群的新成员不仅继承了过去，也置身于当下打造他的环境之中。随着遗产而来的身份、家庭的贫富、自己在所属族群中的相对地位，以及在整个大环境中——所有足以影响家庭与族群的政治、社会、经济环境——自己的族群相对于其他族群的地位，对个人的人格塑造与人生成就，在在形成内在与外在的影响。在这些因素里面，最关键的就是族群认同赖以产生的政治条件，亦即评断族群是否有权力的那一把尺。个人所属的族群是有权有势的还是卑下顺从的？这种情形是静态的还是变动的，以及，相对于其他人，自己是否能有所指望并活得下去？这个问题非同小可，是统治的大问题，也是各个族群之间在同一个屋檐下权力拉扯的问题。

正是这些资产，构成了基本群体认同。它们所受到的重视与歌颂，在在说明，它们为我们所熟悉的历史、神话、民间故事、艺术、文学、宗教信仰与习俗提供了大部分的素材。至于其他族群的这些资产，则为人类经验中人我之间的对抗提供了大部分没完没了的悲惨。也正是这些东西，高高举起或低低放下，都是我们整个部落的偶像。

基本群体认同的这些要素，每一项都有待重新检验。然而，每项要素并非单独存在，而是互相绞扭成串，无法分割，彼此形成紧密的关系。此外，这种丛集（cluster）并非定型的东西，而是活的，随不同的情况会改变形状与大小。我们今天所经历的，就是一个各种情况都在剧烈起伏改变的时代，每个人的生活与环境都受到它的影响。任何权力关系的改变，都会使族群的自我认知以及族群间的互动关系发生改变，以致在打造各自的基本群体认同上，出现一种扭曲变形的新安排。当这种过程在许多不同的地方发生时，我一直尝试进行更贴近的观察。这些个案研究的素材，以专访身历其境的特定人士为基础，对象包括美国黑人、美国犹太人、印度过去的贱民、在英国受教育的马来西亚华人、菲律宾人与日本人。这些研究结果写成的短文，大部分都已发表过，并将不时出现在后面所举的实例当中。本书所举的其他例子，则取材自公开发行的刊物，都是地球上各个地方每天发生的点点滴滴，也都是当代人类才有的特殊经验。

每个个案，到最后都会发展出各自的形式、各自的动能，以及各自特有的质地。有关基本群体认同与政治变迁互动的研究，很少能够化约成单一的公式或对称的排比。因为各个要素之间呈现出不同的关系，所占的比重也不大相同。对美国黑人来说，肤色与身体特征可能是族群认同丛集的核心，但对肤色更黑的非洲黑人而言，这些特征反而处于边缘的地位，部落的属性才是他们族群认同的核心。对某些族群来说，例如有着光辉历史的华人，历史与起源是值得大书特书的认同，但对以前曾为贱民的印度人而言，这却是最令人不堪回首的记忆，他们毋宁希望所有的过去都彻底消失。在阿尔斯特，不是"罗马天主教"就是"基督新教"，历史与宗教混合构成认同的内容；对生生死死都在这个国家的人而言，这方面的影响可说是无所不在的。同样信奉伊斯兰教并对印度教既惧又恨、促使东孟加拉加入远在西边的穆斯林，同旁遮普人、帕坦人、信德人共同组成一个国家；但30年后，地理位置、身体差异、语言、历史等因素，却又使他们在人类当代史上一次血腥的截肢手术中割裂。

尽管不同的个案有各自的特性，但我相信，在所有的个案中，与基本群体认同的功能最密切相关的，是每个人的人格与生活经验中两个关键性的成分，亦即他的归属感（sense of belongingness）与自尊心（self-esteem）。归属感与自尊心的建立有多种途径，并因各自情况的不同，以不同程度的正面手段与负面手段满足其需求，进而塑造群体成员大部分的行为模式。

很显然的，这些需求通常在核心家庭（nuclear family）里面就能得到满足——在相关主题的学术文献中，"群体"之所以含混，其关键正在于此。这种现象不仅见于较为单纯的人际关系，也发生在其他许多多元性的次级团体中，亦即人们在各自所属的不同集合中，包括阶级的、社会的、教育的、工作的、职业的甚至休闲的，从各自的生活过程里面取得的个人认同。个人在这类场合中所找到的归属，以及享有的某种尊重与自尊，也正是心理学与社会心理学所处理的东西。[1]

---

1 马斯洛（A. H. Maslow）将"归属感"与"自尊"分别列在五项基本需求的第三位与第四位，列在前两名的是心理需求与安全需求，第五项是自我实现。Cf. *Motivation and Personality*, New York, 1954, See also Frank Goble, *The Third Force: The Psychology of Abraham Maslow*, New York, 1970, chap 4; for studies that try to relate Maslow's narrowly based treatment of these needs to broader cultural and political settings, see especially Jeanne Knutson, *The Human Basis of the Polity*, New York, 1967, especially pp. 51-80. On "belongingness", see also Leonard Doob, *Social Psychology: An Analysis of Human Behavior* (1952), Westport, Conn., 1971, pp. 230-236. Some political consequences of feelings of "homelessness" are discussed by R. E. Lane, *Political Ideology*, New York, 1962, pp. 179-181. On "anomie" as a state of normlessness in society, see Knutson, op. cit., pp. 145 et seq.

但是，只有在基本群体认同未介入时，这些归属感与自尊心的次级来源才有其作用。在同构型群体的圈子里，基本群体认同是现成的，是全体共有的，并与其他群体产生区隔。在某些多元群体或异质性的场所，在某一点上，认同虽然也会发生——在美国社会即如此，而且今日尤甚昨日，但也只有在某一点上——可是在混合性的社会里，不论"圈内人"身在何处，"圈外人"仍然近在咫尺，一旦离开圈内，与其他群体的成员打交道时，不论对方较强或较弱，都必须面对"归属的不确定"，以及自尊心遭受挑战。这时候，这类需求是否能得到满足，基本群体认同与某种社会位阶（pecking order）的条件就再度成为决定性的因素。

个人之归属于他的基本群体，说到透彻处，就是他在那儿不是孤立的（alone），而除了极少数的人，孤立正是所有人都最感到害怕的。在基本群体中，一个人不仅不是孤立的，而且只要他选择留下来并归属于它，就没有人能够否定或拒绝。那是任何人无法予以抹杀的一种身份，即便他自己想要掩饰、放弃或改变，也属徒然。套用弗罗斯特（Robert Frost）的诗句，那儿就是家，是那个你已经置身其中、别人也已经接纳了你的地方——是姆庇之家，是子宫，是童年的感情支柱，有时候甚至就是这个物质世界本身。[1] 而在这个大迁徙的时代，许许多多的人东飘西荡，身体与文化都离乡背井，归属感就成了他们随身携带的方舟，是远祖所奉持的神殿，是"传统"，是"道统"，是某种形式的信条或信念，对于无法回答的问题，自成一套解答。

　　把自己包覆到这种归属感里面，事关尊严与自尊，亦即自己如何被别人看待，以及自己如何看待自己。有些人不假外求，单凭自己的人格特质，就能取得足够的自尊。大部分的人却非如此；在人格上，他们有所不足的地方，就有赖所属的群体提供支撑。大部分的需求，他们都可以从各种资源中取得。源自群体认同的自尊，有如健康与金钱，本身并不是问题；族群认同及其所产生的自我接纳（self-acceptance）是一种天性，是一个生而具有的前提，它本身并不是一个矛盾的来源。在一个紧密结合的同构型社会或群体中，或是在一个层级分明、各安其位的社会里，情况就是如此。所有的人，从最上层的统治团体到最下层的低阶群体——例如印度

1　For an essay on some current aspects of the need of people to have, hold, or regain their homes, see Ferdinand Mount, "The Sense of Dispossession", *Encounter*, December 1972, pp. 9-16.

教种姓制度中的贱民——大家都接受既定的安排，接受信仰体系为他们所设定的人生条件；如此一来，主从与优劣关系就此确立。群体提供给个人的归属感与自尊心，其必要的条件未必需要来自上层；只要接受既定安排的人承认并相信这种现实，不提出质疑，下层照样能够提供。就心理学的层面来说，在各种社会里面，不论其种族、信仰、肤色或民族渊源，都有所谓"快乐的"奴隶；这种冻结的社会位阶（frozen pecking orders），在不同的地方、不同的时代，始终都是存在的。至于在当今的时代与世界，这种冻结的位阶已经在过去几个世代中分崩瓦解。在我们这个时代，追求更高或至少是平等的自尊，以及对这种需求的触、受、爱、取、有，颠覆了所有这类形式的位阶，并成为政治火山的主要动能之一。这种动能所强调的族群尊严，点燃了民族主义的运动之火，冲决了帝国主义的统治，也为民族与种族的沙文主义加添了燃料，在俄罗斯与中国革命的前后扮演过决定性的角色；更重要的是，它所产生的力量，打破了美国社会白人的优越性。

对侵略者的认同，其间不乏自我否定（self-rejection）与自我厌憎（self-hate），是强势族群把负面群体认同强加到弱势族群身上所造成的结果。但是，一旦弱势族群不再屈服，对加害者与受害者来说，族群认同都将成为一个问题，而且迟早会爆发成为社会与政治的冲突和危机。也就是在这一点上，基本群体认同与政治相遇。许多值得大书特书的人物与历史，尤其是我们这个时代的历史，正是从这个起点上出发的。

研究的早期，[1] 我发现，这些要素根本无法予以确认并分门别类地安排，面对实际上一团混沌的本质，往往只能得出某种似是而非的表象规则。事实上，心灵、人格、个人与群体认同，从来就不是一套分门别类的存档，在我的心目中，我之看待族群认同，有如看待一个没有固定形体的活体细胞，它是一个细胞丛集的一部分，这个细胞丛集构成自我认同，又与其他隐而不显的素材，亦即个人的人格，分享元素，共拥护膜。在其中，四处漂浮流窜的则是斑斑点点、条条片片、或大或小的东西，它们相互缠绕，或松或紧，有的散在边缘，有的靠近中央，有的在周边辽阔的轨道上运行，有的则限制在深层活动，但都彼此牵引，同时也都受到一个重力核心的吸引与驱动，为那些沿着神经网眼传送出去的讯息定型、定调。随着细胞的不同，不仅这些要素的安排与互动关系有所

1　Cf. "Group Identity and Political Change", loc. cit., pp. 24-25.

不同，核心的本质也各个相异，而且都会在细胞内部产生变化。而所有这些互动的特征就是变动不居，并随着外在环境加诸它们的压力而改变。

我认为，深入族群认同的核心，对于个人与其族群的互动，以及他所处时代与世界的大趋势，我们将能够了解得比现在更多，因此，对我们共有的当代经验的本质，也能够了解得更多。有待解答的问题何止千百，一堆相关的题目正在等待有心之士。在后面的篇章里，我也只是浅尝，而且仅止于少数问题。

第四章

身　体

灵魂不多于肉体……

肉体不多于灵魂。

——沃尔特·惠特曼（Walt Whitman）

身体是创造认同——个人的与族群的——最显而易见的要素，毫无疑问的，它也是唯一起源于生物的成分，其大部分的关键性特征，都来自基因的遗传。相对于身体的原初性，构成族群认同的其他东西都是可以改变的。一个人可以改名字，可以习得新的语言，可以忽视或掩饰自己的出身，漠视或改写个人历史，放弃祖传的信仰或改信其他宗教，入籍另一个国家，也可以接受新的风俗习惯、道德伦理、哲学理念以及生活方式。但是，对于他的身体，他能做的改变却不多。

文化的改变可以导致某些身体的改变，例如，由于饮食的改变，日本人变得比较高了。身体外表的某些地方，也可以经由化妆或其他方法予以改变，这种把自己变得"漂亮一点"或"不那么丑"的用心，可以说司空见惯，其用意通常也是要摆脱某个族群的身体识别，或取得另一个族群更能认同的特征。头发可以染色、弄卷、烫直，体重可以增胖或瘦身，肌肉可以锻炼或放松，皮肤可以晒黑，胸部可以隆、可以削，单眼皮可以变成双的，鼻子或其他的部位，用整形手术都可加以改变。但是，大体上，对大部分人来说，身体仍然是无法彻底改变的。皮肤、头发的颜色与质地，五官的形状、大小以及彼此间相对的配置，从我们出生到老死，始终如一。

打从一开始，我们如何看自己，如何看别人，别人又如何看我们，身体就是最亲密、最私密的地方，也是最明显、最外向的部分。

许多口耳相传的道理与宗教理论都主张，人的灵魂或精神只是暂厝在身体里面，当肉身耗尽，仍然继续存在——其实是最后获得解脱——并悠游于另外的世界，一个为了满足永生需求而被创造出来的地方。古印度宗教，一概把身体视为一个受苦的过渡；一部古老的佛经这样说，身体是骨骼架构起来的堡垒，"覆以血肉，里面住的，无非老、死、痴、慢"。佛教传到中国，禅宗说得更辛辣也更具体，说身体只是"一副臭皮囊"。身体的形象如此，于是又有了苦行以忘身的理念，凡此种种，在印度人的宗教虔诚中都有其重要的地位，但到了中国，却行之不远。在中国，正如在许多其他地方，入世的观念还是更胜一筹。日本的中村元（Hajime Nakamura）[1] 引述中国古典中的一段话："身体发肤，受之父母，不敢毁伤，孝之始也。"[2] 对柏拉图来说，爱达到一定的高度时，身体就可

1　国际佛教研究权威。——译注

2　Hajime Nakamura, *Ways of Thinking of Eastern Peoples: India-China-Tibet-Japan*, Honolulu, 1964, pp. 162-163, 180.

有可无了，这时候，人的精神已经提升到超越身体，超越世界，进入完美的境界。亚里士多德则带着几分中国的味道，认为心灵与身体共存于一个可知的世界，在那儿，完美——完人——是不可求的。再往后，甚至始终他思故他在的笛卡尔也一度承认："我不仅只是安厝于我的身体，（一如）水手之于舟船，而且同它紧密相连，融之合之，仿佛生而一体。"[1]

"生而一体"的说法，到了现代更进一层，认为"灵魂"、"精神"、"心灵"或"人格"都是植根于一个复合体上，自我与身体在那儿合而为一，再往前推，又与个人所属的社会是不可分割的。一位研究这方面的学者，提出这样的说法："在我们与素未谋面的'同胞'之间，存在着一种客观的社会认同"，（身体）"在这里面，扮演着一个基本的角色"。然后，他又语带挑衅地举出证据说："把社会比喻为'政治身体'（the body politic）[2]，乃是天经地义的。"并指出，柏拉图、亚里士多德、圣多马（St. Thomas）、霍布斯（Hobbes）、黑格尔与斯宾塞都这样用过，扬言"民间社会的功能可以反映我

1　Quoted by Samuel J. Todes, "The Human Body as the Material Subject of the World", PhD thesis, Dept. of Philosophy, Harvard University,1963, p. iv.

2　正式译法应为"政治实体"，在此为凸显 body 的原意，故以字面直译。——译注

们身体的功能"。[1]沿此一路下来,在另外一个完全不同的领域,精神分析学家保罗·席尔德(Paul Schilder)把"世界、身体与人格"结合起来,认为要了解每个人的状况,一定要看三者之间的相互关系。"身体是一种社会现象,我们的体相(body image)不是孤立的,是始终与别人的体相相随的。"或者又如海伦·林德(Helen Lynd)[2]所做的引申:"一个人对自己身体的观照,有助于他对世界的观照,对世界的观照也会影响一个人对自己身体的观照,二者都极为重要。"[3]

身体之为一种认同标记,比任何一种东西都更显著,谁是"我们",谁是"他们",一目了然,视情况可以立即产生一体或对立的反应。肤色通常最为显眼,但却不是唯一最有效的身体差异。1962年脱离比利时独立以来,在卢旺达与布隆迪相互屠戮的图西人与胡图人,彼此肤色无异,主要的身体差异在于一方高瘦,另一方矮壮,此一认同标记,在族群

---

1 Quoted by Samuel J. Todes, "The Human Body as the Material Subject of the World", PhD thesis, Dept. of Philosophy, Harvard University,1963, p. 7.

2 美国社会学家。——译注

3 Helen Lynd, *On Shame and the Search for Identity,* New York, 1958, p. 137. Cf. Paul Schilder, *Image and Appearance of the Human Body* (1935), New York, 1950, pp. 212, 240-241.

的厮杀当中，几乎万无一失。[1]

美国军人在日本、朝鲜与越南生而不养的孩子，身体的特征使他们在当地社会遭到排斥，面对一个几乎充满敌意的世界，身体的特征有时候也成为使他们团结起来的唯一连带。[2]

"他们"——那些威胁族群整合的非我族类——的概念，在许多文化中，多少都有抹之不去的不洁意味。不洁的人，在圣经时代，是要在营地外面用石头砸死的。在其他地方，例如信奉印度教的印度人与某些别的文化，不洁的人是受到诅咒的贱民，永世不得翻身。在某些比较不那么严厉的地方，例如美国社会与其他文化，这种族群之间的偏见照样触目皆是：他们是"肮脏的"——肮脏的黑鬼（niggers）、肮脏的犹太人、肮脏的外国佬（wops）[3]、下流的杂种，不一而足——要不然就是，他们都有股难闻的异味。几乎跟这种偏见一样平

1　"一位双手都被开山刀砍断的妇人……来到医院。又是一桩寻常可见的寻仇个案，矮小的胡图人一逮到高瘦的图西人，一律是齐膝断其双腿。"《纽约时报》，1973年6月17日。

2　"在西贡的一家收养中心，一个名叫蕾（译音）的半黑女孩说，露西之所以是她最要好的朋友，是因为'她长得像我，眼睛像，鼻子像，头发像，又跟我一样黑。'……接着又说：'我不喜欢詹水（译音），因为她没有鬈发。'" David K. Shipler，《纽约时报》，1974年8月30日。

3　尤指意大利人，有强烈的贬义。——译注

常的，是一种充满嫉妒与惧恨的想法，他们都有特大的生殖器以及超强的性能力；西方文化对黑人与犹太人常有这种想法，中国人与日本人对欧洲人与黑人也是如此。[1]

说真的，身体特征的明显差异实在好用，以致某些族群，没有什么特征足以让他们与其他族群区隔开来，便故意制造了一些。如此一来，就有了割包皮、文身、刺青、编牙、穿鼻，或改变鼻子、耳朵、舌头、嘴唇的形状，这些无一不是要制造标记，借以识别哪些是自己人，哪些是外人，有时候还真能产生高度复杂的效果。[2]

比较不是那么永久性，但鉴别度绝不亚于上述差异的，是在身体的延伸方面所做的改变。先从头发说起，例如某些

1　See Mary Douglas, *Purity and Danger, An Analysis of Concepts of Pollution and Taboo*, London 1966. Cf. Hiroshi Wagatsuma, "The Social Perception of Skin Color in Japan", *Daedalus*, Spring 1967; also his "Mixed Blood Children in Japan, An Exploratory Study", ms., October 1972; Frederic Wakeman Jr., *Strangers at the Gate*, Berkeley（1966）, 1974, pp. 55-57.

2　试看莎士比亚让受过割礼的摩尔人奥赛罗在临终前说：

　　……有一次，在艾勒坡
　　一个裹着头巾的土耳其人，满怀敌意
　　殴打一个威尼斯人，诽谤我们的国家
　　那条割过包皮的狗，我一把掐住他的喉咙
　　就将他给宰了（以剑自刎）

北美印第安人蓄一绺长发、僧侣的削发、哈西德教派犹太人（Hasidic Jew）蓄鬓角、锡克人不剪头发与胡须、最近在欧美卷土重来的男士蓄留长发以示所谓的青年反文化（直到别人也如法炮制为止）、伦敦某些对抗反文化运动者则剃成光头，以及某些美国人崇拜印度教的行者也削去头发等等。至于在头发上改变认同标记最显著的例子，可能就属美国黑人回到"自然的"发式。过去，为了掩饰他们有别于白人的短鬈发，美国黑人多弄成直发，或以发夹束紧，最近则大幅回归本色；而所谓"非洲式"（Afros）的新发型——有时候是炫耀的蓬松，有时候是保留"本色"扎成辫子——在非洲，很快地就被认定是"美国式"的。总之，凡此都是一种强烈的表态行为，意在接纳自己的身体特征，并与别人有所区隔。

除了头发上的区别，身体表面也可以做下识别标记，在印度，阶级有识别标记，在部分非洲、大洋洲与美洲，印第安人在皮肤上刺青或绘上图案。最后，就是服装与衣服的款式，用来区别没有太大差异的身体特征。在这方面，每个国家各有各的"民族服装"，有时候，甚至各村有各村的花样，都是以示不同，达到认同的要求。当然，在所有的文化中，对形形色色的次级群体来说，服装更是认同标记。制服经久不变，各式各样，神职人员、非神职人员、传教士、法官、律师、警察、消防员、邮差、各行各业的专业人员，以及——或许是最具代表性的——军人，穿着自己认同的服装出征，去杀穿着另一种认同服装的其他军人。

除了当成认同标记，对所有的族群来说，身体也是审美的主要基础，而且在大多数的文化中，也是大部分艺术的主题。在任何族群里面，这都被视为与性吸引有关。在人类学的文献中就不难发现，在不同的地方，不同观赏者的眼中，人体都是从不褪色或凋萎的。但是，每个文化的美学都是由复杂的感受与价值所构成，作为艺术的对象，理想的人体形象则是整合于这些感受与价值之中。在不同文化里面，身体在艺术中的形象，有待了解的地方仍然很多，通过比较与检验，我们将可以明白每个文化的许多面向，以及它们之所以相遇或分道的关键。任何地方、任何族群，这些审美的感受与价值，夹杂于林林总总的经验中，以不同的形式出现，在他们的成员面对人体时，影响着他们的喜好——理想的或真实的——白皙还是沉暗、金发还是深褐发、高还是矮、典雅还是朴素、胖还是瘦、圆还是扁、细致还是粗糙、结实还是柔弱、多毛还是光滑、巨乳还是平胸、鼓腹还是缩腹、小臀还是丰臀。所有这些又形成一种偏好，左右着"我们"对自己的看法，并在面对非我族类持不同看法时，影响着"我们"如何对待"他们"视之为正而"我们"却视之为负的东西。[1]

族群认同所负载的身体特征，以相当不寻常的方式延伸，延伸到族群以语文、历史、神话紧紧依附的乡土、土地与泥土。到目前为止，我们或许很少想过，我们都来自于神话，正如伊利亚德（Mircea Eliade）[2] 所示，我们永远都在向神话回归；有乡土，我们才有自我认同，而神话则是与乡土密不可分的。循着伊利亚德的精神，帕斯（Octavio Paz）[3] 确认，"我们都是因有身体才有自我，对于这个身体，都有着一份怀旧的心情；对于身体之所自来，而死后又将回归的土地，也同样有着一份乡愁"。人类的孤独正是来自于这两种情怀。帕斯指出，乡土，在许多古人的眼里，是"世界的中心，是宇宙的脐眼"，是"死者灵魂所居的伊甸"，也是"族群现世的或传说中的发源地"。莱维—布吕尔（Lévy-Bruhl）提到过一则原始部落

1　A lively look at what has been done to the body and its coverings in various cultures can be had in Bernard Rudofsky, *The Unfashionable Body,* New York, 1971.

2　伊利亚德（1907—1986），罗马尼亚宗教史家、哲学家。——译注

3　帕斯，墨西哥诗人，1990 年诺贝尔文学奖得主。——译注

的信念，帕斯予以引述：非洲人的一项仪式显示，离开乡土就是死亡，只有随身携带故乡的泥土，每天进食，才能承受离乡之苦，并使族群的社会整体（social solidarity）得到"一种攸关存亡的有机特质"，使族群中的每一分子都真正成为一个"身体"的一部分。几乎所有与建城或入厝有关的仪典，"都隐含着寻根的意义，追寻我们出自的那个圣地"。所以，"伟大的庇护所——罗马、耶路撒冷、麦加——都是世界的中心，或者象征、预示终将成为世界的中心"。中国也是如此，"中国"意谓"中央之国"，与伊利亚德所提到的理念若合符节，亦即位于宇宙的中心，是"宇宙三大领域——天堂、尘世与地狱的交会之地"。[1]

这种支撑的力量，一开始，显然来自一份根植在每个人故乡意识中的感情：在中国，每个人对自己的认同，都来自于家族的发源地，一个他们可能已经暌违了好几个世代的地方。对当前所面临的存亡问题，时空远隔的故乡仍然可以是一种不可或缺的要素；重新定位自己身份与出身的美洲黑人，今天也在为重返非洲而挣扎。马丁·布贝尔（Martin Buber）

1　Mircea Eliade, *The Myth of the Eternal Return, or, Cosmos and History,* Princeton (1954), 1971, chap. 1; Octavio Paz, *The Labyrinth of Solitude,* pp. 205-206, 208.

就认为——他对犹太神国（Jewish state of grace）的关心远超过政治的犹太国——"身体与以色列土地的结合"对认同传说与历史至关紧要。传说与真实似乎越来越贴近，不论"圣地"是在沙漠之中还是群山深处，在远古时代，巍巍群山甚至不仅是诸神的故乡，而且根本就是诸神。甚至在无神论的俄罗斯，这种说法于某些地方也流传不辍。[1]

根据某些著作，族群对"地盘"的依附，是一种与动物共有的天性，为了保护或争夺地盘，毫无疑问的，在人类的历史中，不知写下了多少最不人道的篇章。在维持族群的区隔上，"领域"扮演关键性的角色；没有领域，"民族意识"（nationality）不足以成为一个"民族"（nation），一个"民族"也无法成为一个"国家"（state）。爱自己的"家国"（country），不只是爱国心就可以一语道尽的——爱国心有时候可歌可泣，有时候却令人不敢恭维——它是从祖先的原乡（*pays*, native heath）到祖国（*patrie*, fatherland）整个过程的

---

1 "中亚高原的吉尔吉斯共和国的党总书记，最近在一次有关意识形态的演讲中，针对国内诗人对境内山岳的歌颂，谴责他们'自以为能够造福吉尔吉斯人民，似乎忘了为吉尔吉斯人创造文化与财富的是共产党与苏维埃……诗人们以热情描写山岳，作为民族感情的象征，当然无可厚非……但是……对许多诗人来说，山岳已经变成偶像，变成当作神那样崇拜的东西'。"《纽约时报》，1973 年 7 月 15 日。

一部分，也是个人身体存在的延伸，其重要性绝不亚于身体的本身。特恩布尔（Colin Turnbull）写到刚果的矮人族，他们整个存在的中心，就是"全心全意爱护并奉献给他们的森林"。即使像 the Ik 那样，各种群居意识，"家庭的、经济的、社会的或精神的"，全都丧失了，却仍然紧紧抓住他们的山民（kwarikik, mountain people）身份，"宁愿饥渴至死，也不愿抛弃他们的山地家乡"。[1]

　　追根究底，生于斯长于斯的那个大环境，根本就是一群人身体存在的延伸；在形塑这一群人的性格、历史、道德与生活方式上，它是一个无可取代的因素。根深蒂固黏附于这一群人身上的特征，全是大环境所赐，而且全看他们今天或曾经是高山之民、平原之民或沙漠之民，湖民、河民或岛民，滨海之民或内陆之民，寒带、温带或热带之民，低地或高地之民，乡村或城市之民，三角洲或旱地之民而定。所有这些个别的特征，又以无穷的方式各自变化，形成基本群体认同的主要素材。

1　Colin Turnbull, *The Mountain People*, New York, 1972, pp. 157, 161-162.

在族群与族群的关系上，肤色与其他身体特征不仅辨别度极高，血缘上的效应也极强，因此在基本群体认同上扮演关键的角色。这些初级的标记，亦即向来所称的"种族"，是人类自尊的基础，也可能是他缺乏自尊的症结。肤色一向被用来当成主从、君臣、自由或奴隶的标示。在今天的政治大洗牌以及其他人际关系的重新安排中，所有牵涉其间的因素，说到敏感度、心理爆发度，或彼此相关的密切度，莫过于每个人都脱不了关系的政治变迁；而政治权力体系的改变，大体上来说，则受制于人口、地缘、资源、科技、军力、社会组织等等的考量。但毋庸赘言的，相较于这些政治的主要决定因素，种族因素———一种身体或历史的现象———却足可相提并论，[1] 虽然在不同的地方有程度上的差别而已，其重要性随情况而异，但不论在哪里，绝不会是不重要的。

　　在这方面，近代史上最恶名昭彰的例子，就属"白种人"与"非白种人"之间，有意无意制造出来的欧洲世界帝国与

1　For a fuller treatment than I am going to be able to give here of the place of "race" in current world affairs see my "Color in World Affairs", *Foreign Affairs*, January 1969, pp. 235-250, and other studies included along with it in George W. Shepherd, Jr., *Racial Influences on American Foreign Policy*, New York, 1970.

白人至上的美国社会体系。"种族"神话的诞生，肇端于欧洲白人利用肤色的差别作为主要权力工具，并以此统治非白种的亚洲人与非洲人。而将这个体系终结掉的那股力量，争取"褐"、"黑"、"黄"种人做人的价值，其来势同样不可小觑。1945 年以来，脱离西方帝国新成立的 80 多个国家，无一例外的，全都是将政权从白人转移到非白人的手上。为克服根深蒂固的主从习惯与结果，其间的需求千头万绪，绝不是很快就会结束的。

但是，这个问题绝不是只存在于"白人"与"非白人"之间，也不是只存在于两者之间过去的主从关系上。今天，白人优越的权力帷幕已经撤除，政治权力已经重新分配并给了"非白人"。但是，肤色与其他身体特征长期潜伏所形成的态度与行为，却沿着整个色谱，以不同的浓度，又在世界上不同的地方重现。在某些地方，某些前殖民地的被统治者将此归咎于白人，宣称这都是白人统治所留下的遗产。此说虽然不虚，但却有夸大之嫌。屈服于白种人的权力之下，的确使许多不同的民族内化于白人优越的迷思之中，并视其为事实而予以接受。过去的两三百年中，白人入主的每个社会与文化，在某些方面，特别是在殖民地的精英分子当中，美与价值都以"白色"标准为依归；这种肤色阶级（color-caste）所产生的"白色饥渴"（yearning after whiteness），也使得白色或浅色高高在上，而黑色与深色自然低低在下了。在这个过程中，受害最深的就是美国的黑人。殖民地主人在世界各地以不同的方式推行白人统治，对当地人民所造成的苦头，美国的黑人可说是全都尝到了。

举例来说，我就发现菲律宾人对肤色与身体特征极为先入为主。几乎日常生活的每一方面都如此，在约会与婚配、教养儿女方面亦复如此；在同各种群体与特定族群的人际交往上，这似乎也是大有关系的。在我们所做的访谈中，出现频率相当高的当地方言，有一大串字眼是："浅肤色"、"深肤色"、"高鼻"、"矮鼻"、"华客眼睛"（chinky eyes）[1]。单凭有限的调查访谈，我不敢妄下断语，说这种先入为主在菲律宾人的认同中有其地位，但它占有相当分量却也不容否认。菲律宾是个族群与文化混合的国家——马来人、华人、西班牙人与美国人的后裔——这种心态与他们看待这种混合有部分关系，也表现在他们的地域主义、宗教信仰、语言、社会关系、

1　chink 指华人，有贬义。——译注

民族意识与政治风格当中。他们对肤色与身体特征所持的态度，显然是从过去的种种经验沿袭下来的。

有不少证据显示，在现代菲律宾人当中，祖先为棕色皮肤马来人的，通常对浅肤色评价极高。西班牙人统治菲律宾将近300年，留下了为数不多的混血后裔，照西班牙的模式——颇不同于其他的欧洲殖民主义者——此一阶级在当地成为仅次于西班牙人的社会精英。具有西班牙人或西裔血统身体特征的菲律宾人，经历了美国半个世纪的统治，仍然拥有最高的社会评价，就好像华人——最近或更早期华人移民所生的混血——始终都是评价最低的。至于美国人的混血后裔则居于中间的地位，虽然同为浅色皮肤，但由于这一类的孩子多被认为是美国士兵与菲律宾底层妇女所生，社会地位相对较低。

1900至1945年美国占领菲律宾期间，可以说是一个例外时期。这期间，美国人所到之处，充斥着典型的美国种族优越心态，对菲律宾人，他们既友善又轻视，而这些"棕色的小兄弟"看待美国人，也极尽模仿之能事。一如许多其他的民族，菲律宾人也在为自己的身份与地位重新定位。在此一过程里，许多因素夹杂其中，但对身体特征的心态，就他们而言，可能并不是最重要的，却也不是最不重要的。近年来，菲律宾的某些知识分子，视"白色饥渴"为殖民时代的遗绪，出于自觉，想要消除社会上的这种现象。他们颇喜欢用一个上帝造人的故事来说明他们的观点，说最先出炉的，由于火候不够，仍然是石膏白的，直到第三次，才造出一个棕色的人，这种发亮的颜色，用他加禄语（Tagalog）来说，叫做 kayumanggi。在打造菲律宾的族群认同上，他们都希望棕色是最漂亮的。

在大英帝国统治期间，英国人的眼中，印度人是"黑鬼"（niggers），毫无疑问的，在某些印度人当中，由于臣民模仿主子的大势所趋，也形成了某种肤色阶级的心态。但是，这种与肤色有关的心态，在印度文化中其实早已相当普遍，甚至可以远溯到史前印度，新来的浅肤色征服者叫做"雅利安"（Aryans），而把深色皮肤的原住民叫做"达塞"（Dasyas）。

千余年来，印度社会对这种心态的认同，仍然把肤色与种姓（caste）织成一体。梵文中，大的种姓群体叫做 varna，意思就是颜色；种姓 caste，则源自拉丁文再转成葡萄牙文，意思是生物血统的纯粹，或某些颜色相近的东西。在印度教的古典经文里，颜色又与主要的种姓有关，最上层的婆罗门（Brahmans）是白色，最下层的首陀罗（Sudras）是黑色，红色或棕色与黄色分属中间阶层的刹帝利（Kshatriya）与吠舍（Vaisya）。虽然一般都否认这种色值的分派与肤色有关，但无论过去或现在，印度社会的种种现实在在显示，在印度教的体制中，肤色与社会阶层是密切相关的。

有关印度教的种姓制度，文献虽然汗牛充栋，却多未经细究。颜色在印度种姓制度中所代表的意义，显示印度社会是肤色阶级，但现代的印度学者对此却表示质疑。究其实，在审美标准与婚礼用色上——见于每个星期报纸上都刊登的结婚启事——规矩、要求都清清楚楚，充分说明颜色是有价值的，而沿着色谱一路下来，从浅肤色的北部人到深肤色的南方人，尽在其中，他们的选择、关系与态度也一览无遗。

这种价值在印度人的生活中随处可见，也反映在新的政治变迁所带来的新关系上。在非洲，印度人与非洲人之间的关系，就与印度人对颜色的态度大有关系。谈到这一点，又是欧洲人始作俑者的一项产品。在非洲（尤其是肯尼亚、乌干达与南非），印度人所占的位置是中间商人，夹在统治的白人与被统治的黑人之间，在自我认同上，对白人统治者，他们很清楚其间的分际，对于下层的黑人，则尽可能地保持距离。甘地一生的奋斗始于南非，但却只是为那里的印度人奋斗，而不是为了黑人。

近年来[1]，非洲的印—非对立，虽然肇端于彼此之间的经济对立关系，但因种族与文化差异而引起的冲突也绝非少见，甚至多次引发暴动，大多数都是非洲人攻击印度人。在追求政治地位平等上，印度人起步较迟，在非洲人当中，他们的接受度也较高；在肯尼亚、乌干达与东非其他已经独立的地方如此，在种族隔离的南非亦复如此。印度新崛起的民族主义者，对非洲友人颇思笼络，并发挥影响力，但很快就陷入了印度人的颜色两难：印度人对肤色的态度，使他们对深色皮肤的人评价极低，至于黑皮肤，根本不屑一顾。这种事情一旦爆发出来，不仅影响视听，更上了国际媒体。早在1955年，一群非洲学生在新德里公开抱怨，印度人对他们的歧视，几乎不输给南非的欧洲人。这种批评不但引发了一连串深感遗憾的否认与解释，而且对他们的印度主人造成了严重伤害。[2]

1　指1970年代初期。——译注

2　See my *Scratches On Our Minds: American Images of China and India*, New York, 1958（paperback edition title *Images of Asia*, New York, 1972）, pp. 280-290.

印度过去多达 8000 万的贱民，更有力地说明，一个文化相信某个阶级的身体不洁、污秽，可以造成多么大的伤害。印度之有此一现象，肤色其实大有干系，只不过不是那么明显的规则罢了。在印度某些地方，贱民通常被认为肤色较黑。拥有种姓的印度教教徒，对贱民所用的字眼就可以反映这种情形，其中最伤人的，例如在喀拉拉（Kerala），提到贱民时，就直呼"黑男"（karumpan）或"黑女"（karumpi）。在肤色上，多数的贱民的确较深，但有些婆罗门或南部的印度教种姓阶级，也不乏黑肤或近于黑肤的，而在北部，也有浅棕色皮肤的贱民。民间有一首相当流行的歌谣，唱到不同族群的特征时称："黑皮婆罗门，白皮查麻尔（Chamar，制革贱民），小心更提防，接触他们时，手上可要套鞋子。"意思是这一类的人只知道蛮横用强。根据一种解释，种姓的肤色之所以改变，婆罗门变黑，贱民变淡，只有通奸私生才会造成，而私生子必属邪门歪道，应受惩罚。在印度，不洁与贱民的谱系就是一条肤色的色谱，但正如印度教许多方面的事情，它通常也是暧昧不明的。[1]

1　See my *India's Ex-Untouchables*, New York（1965），1974: Pulin Garg, "Some Notes on Importance of Skin Color in India"，unpublished memorandum, 1965.

谈到身体特征，中国人十分在意，对自己、对别人皆如此。事实上，中国人是个非常表象的民族；肉身来自土地，而土地又与中国文化大有关系，这种认知形之于外，则是一种中国式的沙文主义，总是不加掩饰地表现在中国人与非中国人的关系上。

在中国人标准的自我形象中，深信汉民族的优越，并视非我族类为"蛮夷"。这种心态可以直溯远古。约 2500 年前，孟子就说过："吾闻用夏变夷者，未闻变于夷者也。"[1] 从此以后，对于非我族类，中国人在用词遣字上大抵都是极尽贬抑之能事，在身体特征或属性上，将之归为禽兽或非人一类。

所有非我族类，多数都以"鬼子"称之，而鬼子居于中国下方的地底世界，只有文明人才住在中国。古中国的四方蛮夷都被冠以动物之名，或狐、或狸、或狼、或猿，或形形色色的虫豸。对中国北方的蛮夷，名之为"匈奴"，意指其为奴隶；但《魏书》另有一说，指匈奴乃蛮夷族长之女与一头老狼所生的后裔。《魏书》如此说道，其族人喜引颈长啸，有如

1　见《孟子·滕文公上》。——译注

狼嗥。同样的，根据记载，突厥人则是一只母狼与一少年所生。

在这些文字里，甚少提到肤色，但在唐、宋之间，足迹踏遍四方的中国商人，对于远从南海诸岛带入中国的"昆仑奴"，却有极清楚的描绘。昆仑奴，或称为"鬼奴"，或称为"黑奴"，多被视为兽而非人。19世纪时，入侵的英军中有印度士兵，"黑鬼"之名再度出现。当时的中国作家，形容英国人是"碧眼魔"——有如幽冥世界中最凶残的恶龙——而他们的"兵奴"则是"黑鬼"。一个诗人这样写道："白者冷酷如死灰，黑者丑秽似炭煤。"

身为"黄种人"的中国人，面对欧洲人，他们所采取的态度，以及对待新事物的心态，要等到最近一两个世纪才有一些相关的文献。清朝末年，一位中国学者在信中写道："五色之中，黄为地色，而地为宇宙之中心。西人视中国人为黄种，殊不知造天设地之始，中国人即居于天地之中心。西人笑吾人自大，何不以此相诘？"

在中国的古传统中——日本古传统多习自中国，亦同——白皙是女性美的标准之一，关于这方面的题材，俯拾皆是。约公元前4世纪的一位诗人，歌颂女子之美，便有这样的句子："手如柔荑，肤如凝脂，领如蝤蛴，齿如瓠犀。"（《诗经·卫风·硕人》）凝脂、蝤蛴、瓠犀，都是喻其白。到了唐朝，诗人白居易写中国史上最脍炙人口的美女杨贵妃"温泉水滑洗凝脂"，用的还是同样的比喻。至于"玉手"、"粉臂"，在中国古诗词中更是舒展自如，随处可见。在民间的歌谣中，这种对白的喜爱同样充斥，代代如此。即使到了20世纪，中国作家对于女人"雪白"、"洁白"的颈项或手臂，也仍然痴迷不已。证据显示，这样的标准不仅普遍见于上层社会，在落后的农村同样受到重视。[1]

中国人的种族与文化沙文主义，是众所周知的事实，但其特质却少有人研究。在中国内部，中国人与非我族类之间的关系，种族与文化沙文主义可说由来已久，而且千头万绪。在海外，中国人与许多其他民族自由通婚，但在混血与非混血之间并未产生紧张或隔阂，这种情形，在夏威夷与菲律宾等地都可以发现。

---

[1] 一位民族学家谈到云南乡下人对女性之美的观念："肤色白里透红，嘴唇小若樱桃，是为美；鼻梁高挺尖削，是为俏。"他报道："在乡下，肤色的差异颇大，浅色的皮肤较为讨好。无论男孩子或女孩子都夹鼻，好让鼻梁高挺，才显得迷人。"Cornelius Osgood, *Village Life in Old China: A Community Study of Kao Yao, Yunnan,* New York, 1963, pp. 253-254, 273-274. Other citations from the Chinese used here come for the most part from a research memorandum prepared for me at M.I.T. in 1965 by Alan P. L. Liu.

在这些事情上，中国人的作风会造成冲突，问题还是出在言词上。例如在马来西亚，华人与马来人之间，种族问题——如果有的话，特别是在肤色上——与文化、历史、经济与政治问题比较起来，只算是边缘性的问题。尽管如此，一旦与其他族群的身体条件对照起来，中国文化强烈沙文主义的自我形象便油然而生。华人对马来人最常用的称呼是"马来鬼"，另一个是"虾酱"，意指马来人"褐"得又黑又丑。对马来西亚的印度人，华人则称之为"豆豉鬼"，与上海人称印度人为"黑炭"，可谓异曲同工。马来人一般则以"眯眯眼"回敬中国人。

中国人很少公开或半公开地在种族问题上表态，倒是蒋介石的重庆政府，1945 年时，曾经试图阻止美国的黑人部队经由滇缅公路进入中国，讽刺的是，这条公路之得以重开，得力于美国黑人部队不少。1963 年，北京一名非洲学生形容中共的指导员，全都是"满脑子黄种人优于黑人的思想"[1]。1970 年代初期，在中苏冲突的场合，中共竭尽全力争取亚洲人、非洲人与拉丁美洲人的友谊，强调非白种人对抗

1　Emmanuel John Hevi, *An African Student in Red China,* New York, 1963.

白种人。在公共媒体上，话都说得极为好听，只强调俄罗斯人的"欧洲人"角色，以防止他们染指亚洲或非洲的大业。但据称，在政治游说的场合，他们则借助种族题目，为自己争取盟邦。尤其是在非洲，这种种族主义行为，对他们所下的工夫多少造成了反效果，可靠的信息虽然不多，但一般的印象多是负面的。[1]在1971年与美国试探性重建关系之前，对于美国人的形象，中共宣传的手法，与传统上对待蛮夷如出一辙，把美国形容是野兽一族，描绘成狼的后裔，一如古代的匈奴。又如400年前，早期来到中国的葡萄牙探险家，

1　Cf. Bruce D. Larkin, *China and Africa 1949-1970*, Berkeley, 1971, chap. 6; David Albright, "The Soviet Union, Communist China, and Ghana,1955-1966", PhD thesis, Dept. of Political Science, Columbia University,1970, pp. 327, 329. See also Robin A. Remington, *Revolutionary Role of the Afro-American: An Analysis of Sino-Soviet Ploemics on the Historical Importance of the American Negro*. Center for International Studies, M.I.T., Cambridge, Mass., October 1968.

则被形容成吃小孩的野人。[1]

在基本群体认同上，由于身体是最初级的要素，因此，许多族群对异族通婚都设有极严格的禁忌与处罚，以免族群的身体一致性遭到威胁。在这方面，最常使用的字眼是"纯洁"，随之而来的强烈意涵则是，与其他身体的混合就是污染。对所有的文化来说，这个特点却是一致的，只不过程度上有别罢了。某些学者推断，印度的种姓制度中之所以会有"贱民"，乃是入侵的"雅利安人"（Aryan）对族人与被征服的黑肤民族通婚所做的制裁。海外的中国人与非华人结合乃属常事，与"外族"通婚一般不致引起家人的强烈反应，对儿孙辈的这类结合尤其如此。在这方面，一个世纪前斯宾塞（Spencer）

---

1 Alan Liu 引述一位海外华人在中国旅游时所写的文章：每家托儿所或幼儿园都可以听到这样的问与答：

"谁是坏人？"
"美国恶狼！"
"美国人怎么会变成狼？"
"因为美国人是狼心狗肺。"

文章描写教室里面的情形，图画画的是美国军人杀小孩、煮来吃的画面。军人的皮肤上长满黑毛……脸露青光，獠牙突出。From Lin Tae, *Ta-Lu Chien-wen*, Hong Kong , 1954.

所提"绝不与异族通婚"的禁令，对日本人而言却是多余的。对日本人来说，保持身体的同构型乃是最珍贵的德行。[1]

禁归禁，忌归忌，世界上仍有许多族群是身体特征迥异的民族通婚所生。穿越肤色与其他分类的界线，他们结合了不同的基因与身体特征。在身体的谱系上，置身或接近光谱的两端时，或出于自愿，或受到允许，他们通常会与身体特征最相近的族群相融。这种情形，在各个族群的边缘地带，显然从未中断过，而且历经了好几个世代。在某些例子里，原来共同的身体铸模或共同接受的体型体貌，因而发生了变化；在高度分歧的美国社会，由于开放度与自动分化度较高，情形就是如此。不过，大都只发生在身体特征差异有限的条件下，

---

1 有些日本人也有"白色饥渴"，尤其是美军占领期间，美国人的任何东西，包括审美标准，都成为日本社会某些人热烈认同的对象。例如割双眼皮就变成妇女的一种时尚。不过，绝大多数的日本人纵使心怀妒意，却拒绝被稀释掉。占领结束后，在美国士兵留下来的混血儿所受到的冷落那里——白种混血儿所受之苦固不待言，黑人混血那就更等而下之了——这种深藏不露的嫉恨可以说表露无遗。这种情形，从一次对一位年轻女性的访谈中，就可见其一斑。这位双亲都是纯种日本人的女性记得，在她孩提时的 1950 年代，那略小于杏仁的"大"眼睛、黑发中淡淡的棕红色，以及比一般人略白的皮肤，使她的同学都嘲笑她是"杂种"，一个含有排斥与厌恶的字眼，令她终生难忘。但是，这里面也有相当讽刺的暧昧性。在多次访谈中，某个日本人谈到另一个人，说："他／她看起来不像日本人。"这种说法通常有两层意思，一是恭维，意思是他／她看起来像"西方人"，但另一方面又有非我族类的贬义。

例如北欧人／南欧人、金发／棕发，很少能够跨越较宽的鸿沟。

但是，在族群的规模较小、禁忌的管制体系又未松动的情况下，身体歧异较大，却要跨越不同肤色的界线通婚，其后代唯一能够少受点惩罚的机会，就是尽量长得比较"像"优势族群，也就是说，能够完全"通过"并消失在优势族群里面，才能平安无事。很显然的，只有族群的身体表象足够多样化，或者彼此间的相似度够高，这种情形才可能发生；即使是在种姓制度的印度，只要具备了这些条件，照样也是如此。但若身体的差异太大，大到一眼就能看出，想要"通过"也就戛戛乎难矣。纵使在其他条件上能够平起平坐，单单身体特征就足以成为跻身优势族群的障碍。

直到今天，这类混血后裔的共同下场，都是自动往下向弱势族群认同——在美国白人优越的法律与风俗之下，"一滴尼格罗血，就足以使人成为尼格罗"。如果父母两边的族群都不接受他们或同他们保持距离，一个"新的"族群就会诞生，并沦落为夹缝中的边缘，逐渐形成自己的律法、社会与族群特征，例如印度的英裔印度人、南非的"杂色人种"（Coloreds），以及殖民时代所产生的欧亚人（Eurasian）与欧非人（Eurafrican）族群。这类族群饱受羞辱与排斥，正是两边的血缘都将他们视为"半阶级"（half-caste）的宿命。在殖民时代，这类族群通常自甘居于统治者之下，有其狭窄的社会地位，但却高于下层的被统治大众，并与他们保持区隔；在某些殖民地，他们担任基层公务员、军警、狱卒，或者，例如在印度，担任铁路技工。当殖民地的统治者撤离，新主人入主时，这些人大都陷入痛苦与悲惨的无家可归。[1] 更晚近的也更辛酸的，则是美军——白人或黑人——在日本、韩国与越南生下来的那些孩子。除了少数被美国家庭收养，大部分孤单地在孤儿院内长大，在社会最边缘的角落里自生自灭。殖民时期另有一类族群，跻身高层精英，位居非混血或低度混血的下层大众之上，并因他们与统治族群较密切的关系，享受社会与经济的特权。

　　这类例子，可见于美国或加勒比海地区浅肤色尼格罗人（lighter-skinned Negroes），或所谓 mulattoes；又如在后西班牙统治的拉丁美洲与菲律宾，西裔混血最终成为整个社会的精英阶层。这种现象之所以发生，有其必要条件，亦即同化

1　Some of the scattered and inadequate information we have about some groups of this kind will be found in Noel P. Gist and Anthony Gary Dworkin , eds., *The Blending of Races: Marginality and Identity in World Perspective*, New York, 1972.

于地位较高的族群，接受其生活方式与种族文化。但是，这类族群迟早要面对基层自己人的反扑，例如美国的浅肤色黑种人，在贾维（Marcus Garvey）"种族纯洁"的呼吁下，就面临此一考验；更晚近的挑战则是，从奴隶时代传下来的"田工"（field hand）对抗"家仆"（house servant）症候群，某些分离主义者高举"种族纯洁"的大旗，认同黑人民族主义，另一批人却揭橥"黑人一家"（house niggerism），使他们身陷两难的维谷。

在墨西哥，知识分子曾经展开肤色革命，试图恢复前哥伦布（pre-Columbian）的族群自主，以对抗后哥伦布（post-Columbian）的西班牙人的统治。今天，墨西哥市有一座漂亮的博物馆，象征他们所做的奋斗，但是，墨西哥阶级体制的运作却丝毫不见改变。在菲律宾，同一个社会圈子里面，山地原住民的"纯种"，相对于平地基督徒身体与文化混合的多样性，一直形成强烈的对比，前者过去对后者的轻蔑虽然已经变成羡慕，但却从未想要改变既定的社会阶级秩序。对美国黑人而言，这些年来的改变虽然不小，但整个社会既定的阶级秩序仍然未能打破，更何况他们自己人当中旧有的肤色阶级秩序依然存在，想要予以扫除，还有待更大的努力。

比起其他的族群，对美国黑人来说，在构成他们基本群体认同的丛集中，肤色与身体特征这项要素显然居于更中心的地位。打造他们生活的每样东西，正是环绕着这项要素打转。追根究底，对他们而言，政治变迁为他们的族群认同模式所带来的改变，意味着他们将怎样看待自己，以及别人又怎样用新的态度看待他们。

　　同样的道理，其他身体上相异的族群——尤其是在白人占绝对多数的社会中，那些非白种人的少数族群——情况也是一样。任何可以高度区别的外表特征，只要有人蓄意挑动，都很容易引发社会体系的排挤或歧视。[1]

1　对某些人来说，由于身体某些部分与众不同而形成了某种痛苦经验，身体特征的确会成为认同模式的关键要素。在这方面，除了我们已经提到过的女性外，同性恋虽然不太容易从外表分辨，但今天也已有人表示，他们乐于将自己的特征表面化；另外还有一些人也迎合时代的潮流与风气，"全美协助肥胖人士协会"（National Association to Aid Fat People）之所以反对"过度污名化"并呼吁"尊重各种体型"，即属此例。"美国矮子"（Little People of America）也宣称，身材特别矮小的人所受之苦，"绝不亚于其他少数族群，所受到的歧视则尤有过之"；还有一个组织，绝非闹着玩玩而已，叫做"丑人无限"（Uglies Unlimited），他们专门对抗职场上偏袒帅哥美女的歧视（美联社，1973 年 10 月 5 日；《波士顿地球报》，1973 年 10 月 28 日，11 月 24 日；《纽约时报》，1974 年 6 月 27 日）。总之，他们无非都在主张，胖、矮、丑，同样可以是美。所有这一类的人，都有着某些可见的共同特征，但是，在女性方面，却缺乏形成"族群"的基础，我们在此讨论到的基本群体认同要素，甚至在她们自己本身与内在都无法形成。

当今的美国社会，华裔美国人与日裔美国人在制度上所受的歧视，比起他们的上一代，已经明显减少许多，但不论在什么场合，只要有某个跟他们明显不同的人，拿他们的长相做文章，很快就能挑起别人对他们的成见。在公共领域，深肤色的族群或许不再受到法律上的打压，但在日常生活中，无论是与其他少数族群——如波多黎各人、各类"西班牙族裔"或"西班牙语系族群"——或是与一般的白人相处，仍然无法完全免于受到排斥。在每个个案中，把身体特征放到当今政治变迁的经验里，它仍然是族群认同模式中的关键要素。不过尽管关键，对美国黑人来说，身体特征在他们的计划里面却已经不再居于最核心的地位。

恢复黑色（blackness）尊严的主张——包括黑人（black）一词——不论是言论上的或是付诸实行的，其力道与分量均可谓来势汹汹。人们惊讶地发现，不过短短 10 年之间，它已经形成一种气候，大幅扭转了美国黑人许多世代以来普遍存在的心态。正如所有历经类似过程的事情，这种自觉并非"新的"，它并不是一种"新"黑人激进派的产物。1960 年代，种族隔离的堤坝与其他的束缚纷纷瓦解，导致这方面的言论与文学势如脱缰的洪流。但早在此前，有关尼格罗与他们的黑，其实已经有大量的讨论与著述，只不过没有引起太大的注意而已。20 世纪，先后在这方面冒出头的知名之士，包括马丁·德拉尼（Martin Delany）、弗雷德里克·道格拉斯（Frederic Douglass）、杜波依斯（W. E. B. Du Bois）、詹姆斯·约翰逊（James Weldon Johnson）以及菲利浦·伦道夫（Philip Randolph）。1920 年代，某些"尼格罗文艺复兴"（Negro Renaissance）作家，已经开始正视这个问题，诗人方面有克劳德·麦凯（Claude Mckay）与兰斯顿·休斯（Langston Hughes），小说方面有华莱士·瑟曼（Wallace Thurman）1929 年出版的《黑莓更黑》（*The Blacker the Berry*）。到 1930 年代，则有弗雷泽（Franklin Frazier）与其他作家在学术方面所作的深入探讨。1960 年代，新一代的美国黑人开始认知"黑即是美"之前，为了追求黑人的自尊，已经有许多人孤独地走过了漫长而艰辛的旅程。[1]

此一变革趋势的影响会有多深多远，仍然有待更长的时

---

1 For an examination of the details of what I learned myself about this matter from a study of the literature but mainly from a long series of intensive interviews with individuals going through this experience——including Du Bois, Randolph, Frazier, Hughes, and many others——I have to refer the reader to my *New World of Negro Americans,* especially "Black Stand Back", pp. 72-101, and "The Heart of the Matter", pp. 155-172.

间与更进一步的经验才能趋于明朗。即使如此，单从今天可见可闻的表面现象与有限的研究上，[1] 我们就可以看出，这种显而易见的改变，在近年来美国黑人生活的剧烈变动中，其重要性可能会是持续最长久的。因为，那么多个世代以来，主宰美国黑人经验的，最根深蒂固也最残害心灵的莫过于自我否定。白人的世界正是拿黑的皮肤特征与长相并予以尼格罗化为中心，建立一套理论架构，将黑人贬到次等人的地位，而黑人也正是以这些特征为中心，建立起自己生存、屈服与抗拒的模式。他活着、他屈辱、他反抗，在他所有的生活面向中，这种互动模式全都丝丝缕缕地织入了美国文化，也造就了他的人格特质。白人为他们打造的世界，黑人接受了，同时也就否定了自己。年复一年，世世代代活在背叛与否定之中，言不由衷，否定黑色，否定身为一个尼格罗，否定非洲的血缘，一心所慕，唯白而已。从这种自我的否定中，肤色阶级体制应运而生，在生活、文明、文化、宗教与人的价值上，都把"白色"提升成为最高的价值，形成一个错综复杂的社会、族群与人际关系体系，皮肤，只问较白与较黑的

1　Cf. John M. Goering, "Changing Perceptions and Evaluations of Physical Characteristics among Blacks, 1950-1970", *Phylon*, 33:3, Fall 1972, 231-241.

程度；身体，只看尼格罗化的程度；相貌、体型、头发、嘴唇、鼻子，只要像白人就是"好的"，只要不像就是"差的"。为了迎合这种标准，又广泛运用人为的手段——头发烫直、皮肤漂白——无非都是为了拉近二者之间的差距。

这些年来，从内，着手打破这整个架构，从外，动手拆除种族的藩篱，已经成为美国黑人重建族群认同的大业。诉诸基本群体认同，其中有正面的也有负面的，而最基本的正面作用发挥到某种程度，就是使个人能以某种程度的自尊接纳自己。如果做不到这一点，负面认同便造成伤害，而负面认同正是环绕着黑皮肤与其他身体特征所形成，是美国黑人长久以来的宿命。面对改变中的政治与心理环境，改变此一负面认知，把负面认同转化成正面的，用最彻底的自我接纳取代自我否定，正是整个新一代美国黑人的当务之急。在人类当前的经验中，重建族群认同的自尊占有极重的分量，而美国黑人的努力，可能是最强有力也最令人动容的例子。詹姆斯·鲍德温（James Baldwin）[1] 许久以前就提醒黑人，他们必须试着"抛掉身为黑人的那根拐杖"，继续走以后的路。黑，

1　美国哈莱姆文艺运动后期代表者，自我认定为"非裔美国人"。——译注

是事实也好，是象征也罢，他们必须开始全面接纳身为黑人的本分，而首要之务就是接纳黑人这个字眼。从这里，我们也将走向有关名字的问题。

第五章

名　字

名家之学有三惑：

以名乱名之惑；

以实乱名之惑；

以名乱实之惑。

——荀子

在所有认同的符号当中，名字的确是最简单、最实在也最明显的。但是，就像所有简单的事物，它也是复杂的。追究名字的意义，可以追溯到思想最初的形成、语言的肇端、知识最初的拥有，以及再往前，推到所有至今仍然未解的谜题。

关于命名，约翰·杜威（John Dewey）提醒我们，就是致知，是"最核心的知识过程"。[1]哲学之视知识，无不为知识既变动不居又僵化定型而困扰不已。万事万物不断地在动，不断地受到外力而变形，变动之速又远过于用来形容它们的文字——亦即名字——因此，从赫拉克利特（Heraclitus）[2]、中国哲人到威廉·詹姆斯与杜威，无不想要掌握这种流变的本质。由于"说到'名字'一词，在用法上，其演变不乏传统与臆测作祟……许多仍弥漫于魔氛之中"，杜威乃尝试运用其他更精确的语词，例如"标示"（designation）、"提示"（cue）、"特征"（characterization）、"特指"（specification）、"记号"（sign）、"符号"（symbol）等等，想要更清楚地"使名如其所名，使命名

1　John Dewey and Arthur F. Bentley, *Knowing and the Known*（1949）, Boston, 1960, p. 147; cf. Anselm Strauss, *Mirrors and Masks*, Glencoe, Ⅰ Ⅱ., 1959, chap. 1.

2　古希腊哲学家。——译注

在一个人与事都变动不居的世界中成为一种有意义的行为"。[1]
但是，语言文字与名字所代表的"真实"自有其历史，有其
发展的过程，经常衍生滋长，却又如威廉·詹姆斯所说，"像
老兵一样僵化"，一旦定型就很难予以扭转或取代。[2]

　　"观念史的难题之一，"阿尔弗雷德·科班（Alfred
Cobban）写道，"是名比事更经久不变，制度已经改变，但
用来指称它们的名词却仍然是同一个"。[3] 相同的难题也困扰
着 25 个世纪前的中国"名家"学派，此派之所以称为"名家"，
正在于它所关心的乃是"名"与"实"之间的差异。冯友兰
指出，当时至少有两种不同的主张，"一强调实的相对性，
另一则强调名的绝对性"。"正名"之辩历经数个世纪，环绕
的主题一直是："事物之实应该符合名所称的属性。"正如荀
子所提到的三乱三惑，我们今天也仍然有着相同的问题，由
于对"实"的所见各有不同，因此也就有许多的名"待正"，
使它们名实相符。

1　Dewey, op.cit., xii, 156 ff.

2　William James, *Pragmatism: A New Way for Some Old Ways of Thinking*（1907），New
　　York, 1948, pp. 64-65.

3　Alfred Cobban, *The Nation State and National Self-Determination*, New York, 1969, p. 22.

对于名字所具备的魔力，同样也是如此。古代中国一位哲人就说：他"希望……修正名与实之间的关系，庶几扭转整个世界"。就威廉·詹姆斯的观点来说，"对天然朴素的心灵而言，宇宙是一个谜，对于这个谜，必须先找到那把用文字或名称所打造的钥匙。以具有启示作用的文字为宇宙的原理原则命名，依形赋意，并为宇宙本身赋予意义"。[1] 正因为如此，对于名字，每个文化都有其禁忌。耶和华之名，犹太人是不得直书或直称的；18 世纪欧洲神秘教派哈西德的创教人，自称是"众名之主"。在古代中国，一如许多其他社会，主人的名讳也不可以直呼；印度史诗里面，跟任何阶级比自己高的人说话，不得直呼其名，甚至连人称代词都不能使用。在每种文化里面，神祇、统治者，甚至一般的寻常人，大至天地宇宙，小至卑微的个人，名字都包含某种力量，或趋吉避凶，或解奥揭秘，甚至满足需求。总之，一切都以名始，有名之后，即有禁忌。[2]

---

1 Fung Yu-lan, *Short History of Chinese Philosophy,* New York, 1948, pp. 83, 92, 153; James, op. cit., p. 52.

2 For numerous examples, see J. G. Frazer, *The Golden Bough: A Study in Magic and Religion*（1890）, Toronto, 1969, chap. 22, "Tabooed Words".

但是，威廉·詹姆斯提醒我们，如果要找的是知识之秘，文字本身并不多言。他说："如果你采取的是语用学的方法（pragmatic method）[1]，你只是一个旁观者，任何这一类的文字，你都不得其门而入。你必须从每个字里面抽出它的实用价值，把它放进你的经验之流里面运作，如此一来，它比较不像一个答案，而更像是一个指标，显示现状在其间被改变的方式。"[2]

在我们的现实经验之流里面，林林总总的名字逐波其上，名字的实用价值则于其间起起伏伏。当族群认同处于重新发现、改头换面与自我肯定之际，名字就会以某种方式不断作祟。一个国家、一个个人、一个群体的名字，背负的是它整个过去的资产。在族群认同中，名字虽然不是核心部分，但却可以引导我们找到核心，引导我们深入核心内部的历史、渊源与感情。

一个民族、一个地方、一个观念，在其遥远或最近的过去当中，国家的名字经常会反映出某种概念。正如我们所提

---

1 语用学为语言哲学的一个分支，研究语言在脉络中的使用，以及语言不同解释面向之间的脉络依赖性。——译注

2 James, op. cit., p. 53.

到的"中国"，意思是"中央之国"，是四周有诸民族环绕之地，也是每个地方、每个人的发源之地。"日本"这个名字，意思是"日出之国"，字面所传达的概念绝不仅是一个比喻而已。上个世纪的一位日本哲人写道："依我的浅见，我们神圣的国家乃是日出之地，也是诸神发源之地……是世界的中心与创造的起点。"[1] 晚近的历史，战败的打击，使日本人对自己的形象有了不同的看法，表现在名字上，或称 Nihon，或称 Nippon，两者虽然都是指日出之地，但前者有温柔之意，后者则寓意强悍。

近代的政治变迁，导致许多地方改变名称。1860 年，沙俄帝国趁中国积弱，夺取大片东西伯利亚的领土；在苏共与中共关系紧张期间，俄罗斯人于 1973 年一口气将沿用一个多世纪的中国地名废除，换成新的俄罗斯名字，包括 9 座城镇，以及总数超过 250 的河流与山岳。此举引起北京强烈的愤怒与抨击，中共新华社指出："重新命名绝对改变不了历史。"[2] 但反过来看，历史变迁导致名字改换的例子却有很多。殖民

---

1 Quoted by Hiroshi Wagatsuma, "Problems of East and West in Japanese Culture", ms., December 1972.

2 *The New York Times*, March 8, 1973.

地变成新国家所带来的政治变迁，就使许多隐没的国名再度出现，例如越南、加纳 (Ghana)、马里 (Mali)、马拉维 (Malawi)、赞比亚 (Zambia)、斯里兰卡 (Sri Lanka) 等等，都是对遥远的过去一种重新的认同。原来的比利时刚果，独立后国名"扎伊尔"(Zaire)，即是出自流经该国一条大河的旧名 Nzadi。其首都原名利奥波德维尔 (Leopoldville)，取自比利时一位国王的名字，而这位国王正是以暴政统治殖民地而出名。扎伊尔独立后，利奥波德维尔改名金沙萨 (Kinshasa)，据说是该城现址上以前一个渔村的旧名。对于古名"朝鲜"，韩国、朝鲜在态度上与用法上各不相同，也充分反映现代韩国人对过往旧事的不同观点。埃及加入其他国家，组成"阿拉伯联合共和国"(United Arab Republic)，过去一向不许别人把他们与阿拉伯人混为一谈的埃及人，为此深感不安；幸运的是，联合共和国长期以来一直不合，埃及始终还是埃及，倒如了埃及人的意。或者看看另外一个特例"巴基斯坦"。Pakistan 纯粹是一个组合字，是用几个主要地区的前缀字母合成——旁遮普 (Punjab)、阿富汗 (Afghanistan)、克什米尔 (Kashmir)与信德 (Sind) ——却独独漏掉了孟加拉国 (Bengali) 起首的字母 B。这一漏，25 年之后，坐实了孟加拉国脱离巴基斯坦的命运，一个新的国家出现了，名叫 Bangladesh，用的正是孟加拉国人的故乡之名。

有些新的国家则是沿用旧的名字。"印度"（India）之名是古希腊人给取的。在此之前，生活在那块土地上的人，无意也从未替那儿取过一个共同的名字，统治者自称为"雅利安"（Aryan），意思是"虔诚的氏族宗教信仰者"，相对于其他的密利车（mlechchha）——寓意"野蛮人，或泛指非雅利安人"。换言之，在古代印度，包括雅利安人与非雅利安人的统称，从来没有出现过。[1] 在希腊人为这块土地取了名字许久之后，"印度人"（Indian）这个名字才正式出现，但比起一个独立的现代印度以"印度人"为名、建立当地人民新的国家认同这回事，却又要早得多；只不过它与希腊人所称的那个印度却又完全没有瓜葛。话说从头，该是在五个世纪之前，当时欧洲人所到之地，包括各处的群岛，例如在美洲与菲律宾，对当地人一概以 Indians 或西班牙语的 Indios 名之，因此对当时印度那块积弱却丰腴的土地也不例外，称之

1　Nakamura, op. cit., p. 121.

为 Indies。[1] 至于菲律宾（Philippines）这个名字，则是得自当时的西班牙征服者菲力普二世（Philip II）。1946 年，菲律宾人建立自己的共和国时，一度有人建议改名——其中之一为 Maharlika，他加禄语意为"高贵"。但是，早先将 Indios 改名为 Filipinos 的那股民族主义热情，在西班牙没落之后，并未能继续烧到把 Filipinos 也一笔勾销，菲律宾之名才得以保留。

个人的名字经常也会成为基本群体认同的标记。当然，基本上个人的名字只是单一个人的代表符号，代表某一个个人存在的事实。天下无人没有名字。所谓"无名的恐惧"（nameless fear），是各种恐惧之最。对于私生子，西方文化不给取名字，其惩罚之重，只差没把他给处死。名字有如社会规范，提供一种最低限度的安全感，一个人有名有姓，自会产生一种安全感，否则必将陷入绝望。海伦·林德说得一针见血："《艾丽斯梦游仙境》（*Through the Looking Glass*）的

---

1 有关 India、Indians 或 Indios，由于在不同的地方有不同的中文译名，如印度人与印第安人，但正如作者所述，其来源本一，在后面作者谈到相关史实时，译者将尽量以原文呈现。——译注

树林之所以是个恐怖国度,只因为那儿每个人都没有名字。"[1]

在大多数的文化中,人不仅有名有姓,"名"还有"好"、"坏"之分。好的名字,有人跟着取,抢着要,受到珍惜,但也会受到污蔑,遭到破坏,最糟的则莫过于遭到盗用。所谓"人死留名,猪死留皮",好或坏,死后或载之于史,或刻之于碑,身虽不存,所作所为全都会记在那个名字的头上,起码好一阵子。

名字尽管是个人的,但本质上还是群体的。家族的姓氏既来自整个语言与传统,与它们就是一体的。至于名字,通常若不是袭自远近的先人,就是取自族群中的先圣先贤。[2]这种命名的方式,无异是在提醒,通过这个名字,已经有一个人摆在你的面前,你想要了解或必须了解的,一切都是现成的。因为,叫你这个名字,就等于是给你一个现成的行为信号,当你与一个陌生人狭路相逢时,对方什么都不必做,只要报上姓名,就会让你产生几乎是自发性的回应,对他采取开放或封闭、欢迎或拒绝、接纳或排斥——正因为如此,在许多不同的场合,有些人为了掩饰或隐藏自己较低的地位或

1　Lynd, op. cit., p. 65.

2　此为西方习俗,中国人取名,先人的名字反而必须避讳,但传统上仍有按家谱取名的规矩,因此可以说,名字仍然与群体是密切关联的。——译注

外人身份，改名换姓也就不足为奇了。这就好像黑人漂白皮肤或弄直头发，日本女性割双眼皮，无非都是要使自己更"像"那些较受欢迎的人。同样的，在名字上向优势族群认同，也是为了获取隐姓埋名的好处。

在过去的殖民地，由于权力关系的改变，反而导致某些相反的情况发生。殖民地人民为了与统治文化同化，常会利用受洗取一个欧洲人的名字，有的是别人给取的，也有自己选的。就我所知，在菲律宾就有一个非常独特的情形；除了长期以来的习惯、受洗时取一个天主教的教名外，19世纪中叶一位西班牙总督，为了让他的税务官员取得更大的方便，把马德里所颁布的一长串西班牙人姓氏也"赐予"一群为数不少的人，结果产生一种极为混淆的印象，让人搞不清楚，真正由西班牙人在殖民地所生的孩子究竟有多少。直到今天，菲律宾人仍然珍惜他们的西班牙名字；但在别的地方，抛弃外国人的名字就如同改变国家的名字，已经成为前殖民地人民自我认同与文化认同最简便、最常见的方式。扎伊尔正名之后，该国总统莫布杜（Joseph Desiré Mobutu）一如所有的非洲人，不仅把自己的教名拿掉，更以扎伊尔人"授权"之名，全面禁止使用这类名字，规定教士为人受洗，只能取扎伊尔人的名字，否则将受刑罚。

在以色列，许多回归的犹太人，尤其是早期回去的，纷纷取一个希伯来名字，以示与浪迹异邦的过去一刀两断，所取的名字则多来自《圣经》的传统，强调勇气与坚忍，彰显对新以色列的认同。在美国，某些黑人为了在认同上追求自我接纳与尊严，不仅改掉他们所属团体的名字，也换掉自己原来的名字，取个非洲名字；更有些人，为了激发外在的挑战与自我的反思，甚至故意取个阿拉伯名字。而最大胆又最激烈的，莫过于一些黑人穆斯林，干脆把他们视之为奴隶主的姓氏一笔勾销，只用一个"X"取而代之，仿佛在说，可恨的白人世界给他们的姓氏，他们从此不用，因此，他们现在仍是出身不详。

所有族群的及族群关系的巨变，使许多称呼或形容各个族群的词汇与名称——适当的与不适当的——也发生了重大的改变。受到影响最少的，反倒是各个族群送给非我族类形形色色的封号，其中粗话有之、方言有之、俚语有之、晚近在美国英语中耳熟能详的，就可以列出一大串，像是 nigger-coon-jig-wop-guinea-kike-yid-sheenie-mick-spick-chink-jap-honky-polack-wog-gook-dink-frog-limey-kraut，等等，以及晚近才加进来的 wasp，可谓洋洋大观，全都是人们用来彼此憎厌的指标，而且不断随着不同的世代更新、增易、改变。这类名称有时候谑而不虐，甚至还带点友善，有时候连当事人自己也拿来自嘲，其间混合着无奈的情绪。但不管怎么说，每个都不失其恶毒，听在耳里都不免大伤感情。所有这些词汇，言者使用它们的态度、频率以及时空场合，仍将随着环境的改变而有所不同，但若说到什么时候才会消失，那恐怕就不是一朝一夕的事了。

不同族群的人，彼此间使用这类称呼时，视使用的频率与接触的类型而有不同的意涵。距离远的、接触少的，在使用这类称呼时，很可能只反映出某种无知或不关心，比较没有恶意或敌意。但是，若是出现在彼此互动频繁、关系密切的族群之间，这类字眼所表达的尖酸刻薄就是直接的，是大部分族群中的大多数人对非我族类最常抱持的态度，亦即怀疑、害怕、厌恶、轻视、嫉妒、敌视、憎恨。

另有许多字眼与名称，一般说来相当正式，但却也被误解含有恶意。数年前，由联合国主办的一项教育会议在巴黎举行，与会的各国教育专家，列举了一些他们认为会引起"反弹"的字眼，包括"部落"（tribe）、"土著"（native）、"野蛮的"（savage）、"原始的"（primitive）、"丛林"（jungle）、"异教徒"（pagan）、"非洲黑人"（kaffir）、"野人"（bushman）、"落后"（backward）、"低度开发的"（underdeveloped）、"未开化的"（uncivilized）、"本土的"（vernacular）、"有色人种"（colored）、"种族"（race），以及鉴于新名字在自我认知上的快速转变，还可以加上"尼格罗"一词。专家们建议了一些比较不具冒犯意味的替代字眼，例如，以"开发中"（developing）取代"低度开发"，以"平野"（savanna）或"林野"（wooded savanna）取代"丛林"。他们甚至有点吹毛求疵地建议，谈到"土著"时，应该用"原住民"（inhabitant）。至于提到"种族"或"部落"时，则提议此后宜以某个"住民群体"（population group）相称，或干脆只称它们的正式名称。[1]

但即使是正式名称，不论是自称的还是他称的，照样具有深厚的感情与习惯包袱，蕴蓄着过去与今天的历史。当变局来临时，一个族群如何看待自己，以及如何被别人看待，全都写在他们现在的名字上面。例子之多几乎不胜枚举。在以色列，环绕着"犹太人"与"以色列人"这两个名词，就

1　Final Report, Meeting of Experts on Educational Methods Designed to Combat Racial Prejudice, Unesco House, Paris, June 24-28, 1968, issued at Paris, October 24, 1968.

形成了一堆新词。在这个"新"国家，从英语国家来的犹太人，成了"盎格鲁—撒克逊人"（Anglo-Saxons）；至于那些在原居住国无足轻重的犹太人，则成了"波兰人"（Poles）、"摩洛哥人"（Moroccans）、"也门人"（Yemenites），不一而足。[1]在南非，居少数的欧洲人为居多数的非洲人所取的名称，从"南非黑人"（kaffirs，原为阿拉伯语，意为"不信上帝者"）、"黑鬼"（nigger）到"土著"、"非白种人"、"非欧洲人"，以及今天的"班图人"（Bantu），若要追索起来，历史还真够复杂的。南非的英文报纸，在这方面属于自由派——至少与南非白人（Africaner）[2]政府相较是如此——数年前就曾经因为名词的使用经历了一场小小的危机。《兰德每日邮报》（*Rand Daily Mail*）为了讨好非洲人，放弃使用所有的官方名词，决定以"黑人"（black）取代"非白人"（nieblanke），开普敦的南非荷兰语（Afrikaans）报 *Die Burger* 则决定继续使用"非白人"一词。即使如此，后者仍然感觉到远处吹来的风向变了：在政府严格的种族隔离政策下，官方所使用的一些术语还是

1　See "Name to Go By: The 'Anglo-Saxons'", chap. 3 in my *American Jews in Israel*, New York, 1967, pp. 54-69.

2　17 世纪移民南非的荷兰后裔。——译注

发生了变化，从"隔离"（apartheid）变成"平行发展"（parallel development），又变成"分别发展"（separate development），到最近，更成立了分治的"班图斯坦"（Bantustans），因而成了"多元民族发展"（multinational development）。在这种情形下，对非洲原住民的称呼，*Die Burger* 我行我素，虽然仍称之为 Neiblanke，但已是用大写的"N"了。[1]

对于菲律宾的社会与政治演变，循着它从 Indio 变成今天一般通称的 Filipino 轨迹，就不难窥其大概。在菲律宾，如同在美洲的西班牙语地区，Indio 一词有贬抑与轻视之意，Filipino 这个名称，则如同墨西哥人（Mexicano）、智利人（Chileno）或美洲人（Americano），原来都是指出生于殖民地的"纯"西班牙后裔，并以此与所谓的"半岛人"（Peninsulares）或出生于西班牙本土的西班牙人有所区隔。经过一段时间，在西班牙本土，这些殖民地的表亲开始被视为下层阶级，甚至怀疑他们或多或少都是 Indio 的混血，或者更糟，在某些美洲西班牙地区，是尼格罗或黑人的混血。最后到了 19 世纪初，这种歧视甚至成为玻利瓦尔（Simon Bolivar）[2]与其他人

1　*The New York Times*, February 16, 1970; July 30, 1972.

2　委内瑞拉民族主义政治家，被称为"解放者"。——译注

推翻西班牙人统治的因素之一。在菲律宾，1890 年代反抗西班牙统治的原住民，则从未接受过 Indio 这个名字，始终是以他们原居地之地名自称，例如他加禄（Tagalog）、伊洛卡诺（Ilocano）、宿务（Cebuano）、邦板牙（Pampanga）等等，而且至今依然如故。尽管如此，Filipino 这个名字却未因反抗西班牙人而遭到排拒，反而逐渐成为群岛诸民族的统称。民族主义反西班牙的胜利果实，后来则被美国人攫夺而去。美国人趁西班牙人初败，在一场小战役中轻易擒服民族主义者，取得群岛的统治。而民族主义者虽然未能赢得政权，新的名字却得以确立：美国首任总督威廉·塔夫脱（William Howard Taft）正式承认他们为 Filipino，Indio 这个名字从此自菲律宾消失。在拉丁美洲，Indio 之名及其所含的贬义则存留至今。至于在北美洲，大家耳熟能详的 Indians（印第安人），绝大部分仍然以他们各自的部落名字自称，例如易洛魁（Iroquois）、苏族（Sioux）、科曼奇（Comanche）、霍皮（Hopi）、纳瓦霍（Navajo）等等。在最近的变迁年代，某些族群试图在政治上组织一个泛印第安联盟，[1] 把这个由征服者为他们取的名字正

1　Hazel W. Hertzberg, *The Search for An American Indian Identity: Modern Pan-Indian Movements*, Syracuse, 1971.

式接收过来，作为自己的名字。[1]

Indian 这个名字的多变，直到今天还不能有一个定论，因为印度仍然是个问题。印度境内，大部分民族所认同的，仍然是他们各自原来的名称，面对这种分歧，以 Indian 为名的新国家认同进展显然很慢。其中最特殊的，则是过去的那些贱民，在经过教育的洗礼之后，他们衷心希望的，乃是在他们真正成为"印度人"之前，能够先摆脱掉过去的族群污名与属性。

"贱民"[2]之外，恐怕再也没有一个污名，如此赤裸裸地涵盖为数多达 8000 万的人。在林林总总的印度方言中，意指"贱民"或"非种姓"（outcaste）[3]的说法极多，甚至不乏各种变体，例如 Pamchamas、Atishudras、Avarnas、Antyajas、Namashudras，等等。另如"弃民"（Parishs）、"不可视者"

1　在北卡罗来纳州，一个由印第安人、尼格罗与白人混血的社区，过去一直因为白人至上的制度，受到隔离的打压，被笼统地归为尼格罗；1965 年，经过州议会通过，承认他们是一个印第安族群，名为 Haliwas。而 Haliwas 则是由他们所居住的两个郡 Halifax 与 Warren 复合而成。《纽约时报》，1972 年 8 月 3 日。

2　Untouchables，也有"不洁"与"不可碰触者"之意。——译注

3　指印度教四大种姓之外的人。——译注

(Unseeable) 与"不可近者"(Unapproachable)，不一而足。在英国官场的公文用语中，19 世纪末开始出现所谓的"底层阶级"(Depressed Classes)，虽然包括的阶级相当笼统，但官方以此泛称贱民却也长达好几个世代。1919 年，"底层阶级"首次以社会团体的身份获得代表席位，所代表的除了贱民外，还包括其他的少数族群，例如行政上仍定位为"部落"的偏远原住民。直到 1932 年，"底层阶级"才正式定义为仅指贱民。但几乎同时，"底层阶级"又被"预备种姓"(Scheduled Caste) 所取代。英国政府为讨好此一最下层的族群，准备了一系列的计划，将其纳入社会团体选民之列（其他的尚有穆斯林、基督徒、英裔印度人等等），以安抚并弱化印度民族主义的压力。为了此一特殊安排，1931 年特别进行了一次人口普查，并成立特别委员会，制定了一份"种姓"的"预备名单"。同年在伦敦举行圆桌会议，针对英国同意给予印度人的政治权利进行讨论。会中，阿姆倍枷尔（B. R. Ambedkar）——当时贱民中最杰出的领袖——提出要求，将贱民单独列为社会团体选民，同时要求修改"命名法"，提议将贱民称为"抗议印度教教徒"(Protestant Hindus) 或"不服从印度教教徒"(Non-Conformist Hindus)。但是，最后并入 1953 年印度法案

（India Act）的选举法中，却是一个新的官方名词，亦即"预备种姓"。后来，甘地成立国大党（Congress Party），把贱民吸收进来时，又另外给他们取了一个新的名字——"哈利珍"（Harijans）。[1]Harijan 意为"神的孩子"，甘地取自古吉拉特（Gujarati）某位智者的一首诗。据说，取这个名字，甘地别具苦心，目的是要让贱民获得新的尊严，告诉印度教种姓教徒，应该接纳这些人成为信徒，至少同意让他们进入寺庙。对于这个名字，基本上只要现状不致遭到改变，追随甘地的印度教种姓教徒大体上都能接受。但在贱民中间，包括政治上服膺甘地与国大党的人，哈利珍仍然是一个令他们耿耿于怀的标签。1983 年，在孟买的省议会中，就此一问题，阿姆倍枷尔的支持者向多数党国大党提出挑战，要求在一项即将付诸表决的法案中，不要用"哈利珍"作为"预备种姓"的名字。大会主席——一名国大党的印度教种姓教徒——回答，据他的了解，这个名字是对贱民的一种尊重，并反问阿姆倍枷尔，他是否能提出一个更适当的名字。"阿姆倍枷尔回答（据一位传记作家的报道），一言以蔽之，不论多好的名字，他

---

[1] For references to sources and for a fuller account based on extensive interview material, see my *India's Ex-Untouchables*, especially chap. 2, "The Name to Go By".

都没有立场提出。"投票结果，占多数的国大党否决了这项议案，阿姆倍枷尔与支持者乃愤而退席以示抗议。对这个名字，国大党中的贱民党员同样难以释怀。一位曾任国会议员并为甘地亲信的贱民，在一次访谈中说：

> 我们通常不用 Harijan 这个名称。事实上，受过教育的，绝大部分都不喜欢用。这个字反喻"不洁"，我不认为有谁会喜欢它。甘地没提出这个名字之前，大家都知道自己是"贱民"，或用各自族群的名号，例如 Mahar、Mala、Pulaya 等等。但很少人认同自己是 Harijan，因为根本没有人认真对待这个名字。甘地的用意是要让我们翻身，要给我们尊严，但一般人却不吃这一套。它只不过是换个名称而已，根本不是一个种姓的阶级名字，它所指的还是同样的东西——贱民。

安得拉（Andhra），一位支持国大党的研究生，说得更直接："我不喜欢 Harijan，它的意思是'神的孩子'，难道其他人就不是神的孩子吗？为什么只有我们用这个名字，真是幼稚。"阿姆倍枷尔的一位支持者，也是国会议员，他的理由更充分：

> 甘地采用的 Harijan 是个坏字，在北印度的方言里，意思是父名不详，因此才是神的孩子。你知道的，在印度教的寺庙里，那些 devadassi，就是那些既要侍奉神明又要服侍僧侣的女孩子，她们生的孩子就叫做 Harijan。我们不喜欢这个名字，道理在此。

凡此种种，都把这个新的"预备种姓"弄得不上不下，不太能让人完全接受，无论是自己人还是别人，只要提起，总还是以贱民身份看待，并以各自原来的"阶级"或"社区"相称。但是，阶级或社区的名字也始终是一种地位的象征。在乡下的"老家"——即使大部分人都已经成为城市居民，老家依然是老家——在印度教种姓教徒的心目中，阶级名字还是具有极深的贬义。每个阶级族群的名字——全印度林林总总多达数百个——在别人使用时，是表示轻蔑、侮辱，自己拿来自我认同时，不可避免地重若千钧。对留在乡下的老一辈来说，这种情形已经安之若素，但对那些在印度新政权统治下越来越多上学的孩子而言，就成为一种要命的惩罚了。

过去曾为贱民，接受教育之后，走出去追求更高的学历，或搬到城市居住，不论走的是哪一条路，这种羞辱都是永难消除的精神折磨。

对于这种情形，越是都市化的印度人越不能苟同，在较大的城市中也比较少发生，但在日常生活中仍然难免。例如在火车上，有人搭讪，若开口就问："府上哪里呀？"贱民出身的人如果照实答了，整个拥挤的车厢内，仿佛遭到重击，立刻安静下来，搭讪的人往往退开，谈话也随之终止。一位拥有硕士学位的前贱民说："不论到哪里，这都让我既难堪又灰心，根据我的经验，同车的乘客要是知道你是预备种姓，绝不会拿水给你喝或让座给你……我从来不讲自己社区或族群的名字，其实我们都一样，绝口不提，因为人们心里的想法并没有改变。"

个人的名字也有相同的负担。传统上，贱民没有姓氏，只有名字，如果为了进一步弄清楚身份，后面会再加上父亲的名字。此外，根据这项传统，贱民是不能给自己的孩子取名的，取名是属于地主或地方上某个种姓显要的特权，经常是一个星期的哪一天取名，就用那一天作为名字。因此，如果你是星期二出生在北印度的某个地区，你的名字可能就是

Mangala。印度教种姓教徒经常拿某些卑贱或不洁的东西给人取名，例如 Panahi，意思是"鞋子"，或者取一些所谓的"坏"名字，例如有一个这样的名字，意思是"被拖着走的人"。时至今日，受过教育的前贱民通常都自己取名，并挑"好的"取，一般多采用高级种姓梵文发音的名字，神明、圣贤或恩人的名字反而不常见。在孟买，我访问过一些贱民出身的学生，其中有好几个都叫 Gaikwar，是巴罗达（Baroda）望族 Maharajab 的家族名字，这位人士颇能善待当地的贱民；另有一些人则叫 Shinde，是两个世代之前一位印度教种姓教徒改革家的名字。至于其他会获得青睐的名字，大都是高级种姓中公认的"好"名字，例如婆罗门的 Pande、Mehta 或 Parshad；Banya 的名字如 Vakil 或 Patel；刹帝利的名字如 Singh（这也可能是锡克族或拉其普特族 [Rajput] 的名字）；或者在别种方言地区，则以有同样地位的名字取名。总之，名字的选择成为一个人涂销自己出身的手段，目的只是为了取得一个"通行证"，使自己晋身较高的阶级。尽管有人取名是为了抹掉自己的过去，但也有人是以新的名字期许未来。一个 36 岁，来自北方邦（Uttar Pradesh，印度北部与中国西藏接壤的一省）的年轻人，非常有自信，他说："我有 4 个孩子，8 岁的儿子取名 Ajai，意思是永不屈服，5 岁的女儿取名 Anula，是锡兰一位虔诚信佛的公主之名，3 岁的儿子则叫肯尼迪，因为他出生于 1960 年，而那一年是肯尼迪年，最小的儿子才 5 个月大，我已取名林肯。"

在名字方面，如同在其他有关族群认同的事情上，可能没有比美国黑人以及他们该用什么名称来得更戏剧化。如果说天生就黑这件事是他们自我定位的危机，那么长久以来居于关键地位的则是"黑人"（black）这个字眼。追溯这个字的使用，就无异是在追溯美国黑人从自我否定到自我接纳、从残损不全到走向解放的一个过程。

能够自自在在使用"黑人"（black）这个字眼，大概是 1966 年左右的事。1965 到 1968 年之间，黑人激进主义（black radicalism）运动爆发，其强烈甚至爆炸性的表现，在美国各大城市的黑人聚居区中掀起一波动乱的高潮。"黑人"一词之赋有新意，或许正是这一波发作唯一也最有意义的效应。当时，对社会造成最大震撼的口号当推"黑人权力！"（Black power）。这个足以传诸后世的口号，其实只不过是在强调"黑即是美"（Black Is Beautiful）而已，其字面与象征的意义，都使它成为美国黑人自我接纳的口令，而这正是早期黑人领袖追求了数十年却无法达到的成果。只要"黑人"这个名称尚未被全体黑人整个接纳——过去甚至今天，都有许多人不把自己视为"黑人"——他们就必须逆来顺受。直到今天，此一转变仍在辛苦地进行，其深度、广度与意义仍然有待后续的行动去创造。但是，一切都还在持续当中。1960年代的事件，虽然不是一次黑人"革命"，但确实称得上是一次黑人"革命"，而且是一次自发性的革命。所有这些，历史自会做一个交代。在当时那个大骚动的时代，人与制度所承受的特殊压力与脆弱性，尤其是激进团体能够轻易诉诸电子大众媒体，以致能见度与曝光率大增，在在使"黑人"这个字眼不数年间就成为一个公开与私下都能被接受的名称，并因此取代了"尼格罗"（negro），纵使不是全面性的。

还有比这更引人侧目的事，许多人或是忘了，更多的人可能根本不知道，好几个世代之前，为名字而战的问题是绕着"尼格罗"一词，而其所关切的同一个价值，却是在对抗"有色人种"（colored）这个字眼。"尼格罗"寓意"黑人"，拒绝使用它的人固然是基于这个理由，但另外还有一个因素，更是打心眼里发出来的，那就是"尼格罗"与奴隶有关。在激进派里面，既反对"有色人种"又反对"尼格罗"的，大有人在，他们呼吁代之以"非洲人"（African）甚至"黑人"；但对更大多数的人来说，真正的问题是要摆脱黑（blackness）的属性，以及牵涉其中的复杂感情。在这段期间，那些追求自我尊严的人，之所以宁愿使用"尼格罗"，是希望自己在面对出身与身份的问题时，能够更勇敢、更清醒、更坚定。这也充分说明，文字是被团团笼罩在语言奇妙的化学作用与意义的纠缠之中，以致意思本来就是指"黑人"的"尼格罗"，不得不始终背负着过去的屈辱，直到"黑人"一词还其本色，成为大家都接受的族群名字，才因见弃而退出。

1960年代，非洲独立国家所制造出来的舆论气氛，以及非洲人在世界上所建立起来的新地位，也是使"黑人"一词得以还其本色的刺激因素。随着"黑人"一词所产生的效应，"非洲人"——长期以来不被承认是黑人发源的象征——也恢复了它的地位，尤其是"非洲裔美国人"（Afro-American）一词的出现，更是对此一起源的接纳与肯定。

当你往回追溯——大约要追溯200年——就会发现，使用过的名称可谓数不胜数，其间夹杂着好恶与论辩，有消有长，全都环绕着一堆标签："黑人"、"非洲人"、前缀小写的

negroes 与大写的 Negroes、"有色人种"、"有色民族"（Colored People）、"埃塞俄比亚种"（Ethiopians）、"种人"（Raceman）、"尼格罗撒克逊人"（Negrosaxons），而光是"非洲裔美国人"又有四种不同的拼法：African-Americans、Africo-Americans、Afro-Americans 与 Aframericans，另外还有 American Negroes 与 Negro Americans。所有这些不同的名称，即使只是匆匆过目，美国黑人认同问题的内在本质，也可以说尽在其中矣。

1945 到 1965 年之间，亦即民权运动与社会族群地位开始巨变的时代，Negro 总算成为最被广泛接受的用法。至于在印刷品上，前缀用大写的 N，也是经过长期的争取才实现，那是 1930 年代末期的事了。"有色人种"一词，一般在印刷品与言谈上均广泛沿用，而且在许多地方均被视为比较礼貌的用法。但是，Negro 这个字所受到的挑战并未终止，而且不断自各方涌现。其中有既接受 Negro 也不喜欢 black 的人，有时候甚至大走偏锋，使用并不常用的名词"族群"（group）或"族人"（group man），作为自我认知的参考架构，把白人称为"多数族群"（the majority group），或干脆称之为"非我族类"（the other group）。光谱的另一端，则是一小撮黑人民族主义的边缘团体，在那一段期间，尤以黑人穆斯林的声势最大，曝光率也最高。他们使用的名称则是 black 或 black man。不过，正如我们在前面提到的，这些人彻底放弃白人的姓氏，以彰显自己的出身不明。此外，从伊斯兰崇拜仪式的传统中，他们发展出一套自己的观点，反映出他们不仅要摆脱 Negro 一词，而且扬弃 Negro 的一切属性。早于黑人穆斯林的一个团体，根据此一传统，曾经率先呼吁追随者"拒绝被称为 Negro、black、colored 或 Ethiopians，而应代之以 Asiatics 或'摩尔人'（Moors）[1]，或'摩尔裔美国人'（Moorish-Americans）"。[2]

奴隶贩子称他们的货品为 negro 或直呼为 black。在早期的奴隶交易中，negro 一字显然与"奴隶"同义。1819 年，南卡罗来纳州的一次法院审判，negro 一字也确实被定义为"奴隶"，这正是反对 Negro 这个字最常见的理由。它被视为"耻辱的标记"，毫无希望地背负着"奴隶的宿命与无可避免的沉沦"。这种挥之不去的观念，加上 Negro 这个字进一步

---

1 原为非洲西北部柏柏尔人 [Berber] 和阿拉伯人的混血穆斯林，8 世纪时征服西班牙。——译注

2 Cited by E. Frankin Frazier, *The Negro in the United States,* New York, 1949, p. 358. For references to sources and a fuller account based on extensive interview material, see my *New World of Negro Americans,* especially "A Name to Go By", pp. 62-71.

又演变成 nigger（黑鬼）——一个白人对黑人污蔑、藐视与否定集大成的名词——就更使得这个字不受欢迎了。

早在美国革命与建国时期，就有人利用各种方法脱离奴隶制度，这些所谓的自由尼格罗，当时曾集合起来，争取自己的权益。1790 年的人口普查显示，当时有 5.9 万名自由尼格罗，尽管白人还是称他们为尼格罗，他们自己却不希望跟那个字再有任何瓜葛。为了能与他们的奴隶同胞区隔开来，他们自称"非洲人"，并把 African 这个字用在自己成立的组织上，例如 1779 年在萨瓦纳（Savannah）成立的"非洲人浸信会"（African Baptist Church），以及第一所"非洲人共济会之家"（African Lodge of Masons, 1787）、"自由非洲人协会"（Free African Society, 1787）、"非洲人卫理圣公会"（African Methodist Episcopal Church, 1796）等等，此外在纽约及其他地方，为他们自己的孩子成立了第一所名为"自由非洲人学校"（Free African School）的学校。

1830 年，自由尼格罗基于迫切的共同利益召开会议，决定以 Colored(有色人种)取代 African。同年在费城，又组成"美国有色人种公民大会"（the Convention of Colored Citizens of America），并以"有色民族"（colored people, people of color）

自称。之所以会有这种名称上的改变，至少有两个关键的环境因素。其一是，有一股主张将自由尼格罗移回非洲的力量，在这期间甚嚣尘上。美国殖民协会（American Colonization Society）主导此一计划，主其事的白人虽然立意良善，鼓动这股风潮的奴隶主却另有想法，他们担心的是，自由尼格罗的颠覆能量可能一发不可收拾。对于这项计划，绝大部分的自由尼格罗，尤其是居住在北部城市的都不愿意卷入其中，但有些人对于缺乏尊严的美国生活已经感到失望，则把重返非洲看成是另一条出路，不过这毕竟是少数。在这种情形下，放弃"非洲人"这个标签显然是比较理性的，至少北部的自由尼格罗都是抱持这种想法，因为只要他们还想继续做美国人，就必须拒绝当"非洲人"，也才能拒绝这项把"非洲人"送回非洲去的计划。

选择"有色民族"取代"非洲人"，正好可以说明造成此一变化的第二个环境因素。基本上，"非洲人"一词主要是北部的自由尼格罗在使用，其中有很大一部分人，都是在共和国建立的早期获得自由的，至于南部为数不多的自由尼格罗，尤其是在查尔斯顿（Charleston）、南卡罗来纳与新奥尔良这些地方，却又另有更早的渊源。在奴隶里面，最早分成"田工"（field hands）与"家仆"（house servants），在后者当中，产生了一个现象，女性的奴隶与白人主人结合，常被纳为偏房，并因此获得自由、财产与接受教育。这类族群的后代发展出自己特殊的阶级地位（包括拥有自己的奴隶），而他们最明显的特征就是肤色较浅。1790 年，一群在查尔斯顿自成一个社群的这类人，不仅组成一个"非洲人"协会，还成立了一个"褐色人种"（Brown）兄弟会，"只准付得起50 元入会费、人品端正的褐色人种入会"。在新奥尔良，早期来到这儿的法国人与西班牙人，跟黑人混血所生的后代，更是由来已久而且出身高贵，在当地的居民中也自成一群，人称 gens de courleur（有色人种）。正是这一群人与这个名称，阶级较高、混血、非黑人，成为 colored people 或 people of color 的由来。早在 1830 年代之前，这个名称就已经被北部的自由尼格罗接纳，成为一个较受欢迎也较为体面的称呼，而有取代"非洲人"之势。

尽管如此，这个名字并非没有遭到阻力。到了 1840 与1850 年代，由于在美国始终无法得到有尊严的地位，绝望之余，某些激进的自由尼格罗领袖，再度致力于重返非洲运动，企图恢复使用 African 一词。到了 1880 年，《纽约年代》（New

York Age）主编托马斯·福琼（Thomas Fortune）提出 Afro-American 这个名字，打算一举把 Negro 以及与其相当的粗鲁名称去除。撇开 Afro-American 这个名称在今天已经另有新意不说，值得一提的是，福琼当时支持这个名字，实际上也是要把"黑"的意思去掉，至少是把"非洲人"一词所含的"黑"拿掉，希望用这个新名词来形容"新的"种族。他写道，这个新的种族是"有别于非洲式的，是更接近美国式的"。当时，就有一家报纸采用了这个名字，叫做"巴尔的摩非洲裔美国人"（*The Baltimore Afro-American*），但也仅此而已，除了激进的民族主义者以及"有种族意识的"团体与个人青睐之外，很少听到也很少有人使用这个名称，直到近几年来，才又比较广泛地盛行起来。

倒是 Negro 一词的使用始终不辍，争论也一直未息，并在 19、20 世纪之交产生一股新的势力，先有布克·华盛顿（Booker T. Washington）之力主使用 Negro，而反对者则大加挞伐，认为他自甘下流；接着又有杜波依斯，一个绝不让步的硬汉，不仅拥护 Negro 一词，而且使用 black 这个字，在为认同 Negro 所做的奋斗上，对"黑"的坚持几乎到了走火入魔的地步。他指出，被叫作 African、Ethiopian 或是

colored，一点都不重要，重要的是你是谁、你是做什么的，以及你在社会中站在什么位置。多年来，这种观点虽然受到许多领袖人物的支持，但是 1909 年杜波依斯结合其他人成立 N.A.A.C.P.（北美有色民族协会）时，还是迎合中高阶层的 Negro，采用了 colored 一词。

在这一代的美国黑人当中，大部分中高龄的成年人都是在肤色阶级的环境中长大，环境不仅塑造了他们根深蒂固的心态，同时也影响了他们对族群名称的选择。在当时的社会，black 这个字代表的是否定、耻辱、愤恨、暴力、毒骂、憎恶，是一个具有侮辱性与攻击性的字眼，在任何人的名字或一句脏话前面，如果再加上这个字，羞辱的意味就不知增加多少倍，冠在 African 前面，对许多人来说，更是极端的贬损。这个不可承受之重的字，包含"野蛮"、"残忍"、"邪恶"，在白人的长期统治之下，正是白人世界加诸黑人身上最大的压力。也正因为如此，对这个字，谁都避之唯恐不及，一心想要加入那个不野蛮、不残忍、不邪恶、非非洲人的白人世界。

不过话说回来，这不光是逃避自我的问题而已，更大的困惑是，自我究竟是什么。对大多数人来说，colored 一词的委婉说法，其实反映了对他们自己混血身体的一种深沉的矛

盾：根据现在可以取得的估计数据，在这一代中，超过 70%
的美国黑人，都有某种程度的白人血统。[1] 很多人都有一种强
烈的感觉，他们实际上已经不是"黑人"或"非洲人"，而
是在身体上以及文化上，正如福琼所说，具有某种更"美国
人"的东西。1920 年代，马库斯·贾维攻击当时的某些尼格
罗领袖，说他们缺乏"种族的纯洁"，遭到杜波依斯、伦道
夫、詹姆斯·约翰逊（James Weldon Johnson）等人的猛烈反击，
而这些人，在美国社会为黑人追求尊严的历史上，正是真正
的巨人。他们扳倒了贾维，但一场斗争下来，也深深感受到，
整个美国的肤色阶级体制，在人生经验以及对世界的看法上，
对尼格罗造成的伤害有多深。在《危机》（Crisis）轰轰烈烈
的主编生涯中，面对强烈抵制的读者，杜波依斯不遗余力地
推广 black 这个字，道理在此。

　　正是这一代黑人与这些领袖，经过数十年的奋斗，赢
得了民权。"全国有色人种促进协会"（National Association
for the Advancement of Colored People）在威尔金斯（Roy
Wilkins）的领导下，终于促使种族隔离与歧视的合法体制瓦

1　See Gunnar Myrdal et al., *American Dilemma*, New York, 1944, p.133 and notes thereto.

解。当时推动自由运动，造成这种重大转变的马丁·路德·金（Martin Luther King），也已经从年轻时使用 colored，变成后来认同 Negro 这个字。但是，像金与威尔金斯这些人，在他们解放族人的大业达到巅峰时，却发现自己也成为新一代激进分子攻击的目标，而这些更年轻的同胞，正是他们一手带领出来的。之所以造成这样的结果，个中因素错综复杂，一言难尽——反抗种族隔离固然获得了胜利，却也因此对未来有效的整合失去了信心——而其中最具有象征意义的变化，竟是族群名字的改变。最后，在美国法律之前赢得同样的权利，同其他人一样，享受着重新获得的自尊，不是那些被称为 colored 或 Negro 的，而是叫做 black 的人。

第六章

语　言

他们说："来吧！我们要建一座城和一座塔，塔顶通天……"

耶和华说："看哪，他们成为一样的人民，都是一样的言语，

如今既做起这事来，以后他们所要做的事就没有不成就的了。

我们下去，在那里变乱他们的口音，使他们的言语彼此不通。"

于是，耶和华使他们从那里分散在全地上……

因为耶和华在那里变乱天下人的言语，使众人分散在全地上，

所以那城名叫巴别。

——《创世记》第 11 章第 4—9 节

语言的口音存在孩子最初听闻的声音中。精神分析学家席尔德所谓"语言的旋律"，早在小孩能够分辨字词之前，就已经开始听闻，并自其中开始体验和学习最初的感受、情绪与意义，而且早在他能够讲出字词之前，就已经懂得某些语句；再过不久，随着开始讲话，他有了自己的字词。于是，他得到了一种语言，人类这个物种所拥有的一种最独特的能力。他所学到的语言又成为一种工具——有人说是最具决定性的工具——靠着它，他发现自己、家庭、文化与世界观。

这一切是如何发生的，至今仍然是一个谜，只能隐约予以探知或猜想，而且大部分都还有争论。有些现代的语言学家相信，在人类高于纯粹生物层面的行为中，他们对语言的了解比我们对其他方面的所知更多。不论此言太过还是不足，我们所知道的是，当那个满怀妒意与戒心的耶和华，在许久以前的某一天，把狂妄自大的建塔人所建的巴别塔摧毁时，就带来了一场语言的灾难，这门知识也就逐渐被杂乱与隔阂给占领了。据说，今天至少有4000种语言——或许更多，端看是怎么算的——每一种语言，在使用它的人的生活中，都扮演着特殊的角色。个人究竟是如何获得语言的——是从经验中习得，还是由人类心灵某种天赋能力所形成，或是由二者结合而产生——仍然是一个有待研究而且众说纷纭的问题。但毕竟每个人都已经得到了语言；在我们对一切都还懵懂无知的时候，就已经被投入了一个动荡不息的意义之海，在这里，让我们回到每个人的生命开端，去思考这个问题。

最初学习的语言，都是以母亲的语言为始，它是形成自我与发展个性的来源与动力，并对生活的每个面向敞开。海伦·林德说："语言运用的每一个面向，对发现自己的身份都非常重要，孩子知道自己是谁，学会讲话是主要因素之一。"埃里克松也说："讲话不仅使孩子认同自己的口音与讲话的习惯，并以此界定自己，以不同的语气与想法去响应周遭的人，而周遭的人也希望，不需要多费唇舌或多做姿态就能让对方明白。此外，话既出口，就形同一项协议，一句话，只要对方放在心上，就是无法收回的承诺……言说所具有的这种本质性关系，不仅事关这是一个事实可以传播的世界，而且涉及口头承诺与言出必实的社会价值，在形成健全的自我发展上，乃是经验中极为重要的部分。"[1]

1　Lynd, op. cit., p. 242; Erikson, "The Problem of Ego Identity", loc. cit., p. 115.

"可以相互传达事实的世界"——孩子所进入的家庭、族群、文化，莫不如此看待这个世界。这个世界以族群的语言命名、描述，孩子从语言中了解这个世界的过去与现在，族群则以语汇和腔调呈现自己，编织出过去的故事，唱出或悲或喜的歌谣，歌颂乡土之美、英雄之伟与神话之力。孩子从语言中学习、吸收、重温并传递整个族群的既有事实，包括信仰体系，开天辟地、生死奥秘的解答，以及伦理、审美与传统的智慧。在孩子与其他人（尚存的或已逝的）所构成的整个天地之间，母亲的语言搭起一座桥梁，向今天或过去所有说同样语言的人延伸出去，克尔曼（Herbert Kelman）说得好，"某些感情的强度与无法磨灭的特质"，属于"原乡的连带，把孩子与母亲及近亲紧紧系在一块"。[1]

　　语言与真实的关系，哲学家已经穷究了数千年，时至近代，许多学科的学者所关注的焦点则是语言与文化的关系，尤其到了晚近，社会与政治变迁的压力不断升高，语言学家、

1　Herbert C. Kelman, "Language as Aid and Barrier to Involvement in the National System", Conference on Language Planning, East-West Center, Honolulu, April 7-10, 1969.

人类学家、心理学家与政治学家纷纷投入这个领域，纠缠于越来越棘手的问题之中。正如语言学家海密斯（Dell Hymes）所说，对政治学家特别有利的是，所谓笛卡尔学派（Cartesian）与赫尔德学派（Herderian）之间长期以来的分歧总算有了分晓：笛卡尔哲学力主，所有语言的认知模式都是相同的；以18世纪德国诗人兼哲学家赫尔德（Johann Gottfried Herder）为首的赫尔德学派则主张，不同的语言结构，其认知的模式也不相同。不同的语言之间有哪些共通之处，又有哪些特别的因素造成它们分歧，一直都是争论不休的问题；在语言与文化相互形塑的关系中，语言所扮演的角色究竟到什么程度，更是难有定论。赫尔德所提出的族群（Volksgeist）和民族主义概念，滋养了欧洲现代民族主义的成长，在他的眼里，语言就是"民族文化遗产中最特殊的因素"。他认为，语言唤醒了族群个别的存在意识，并使这种意识得以持续，同时"借此把自己与其他的群体区隔开来"。语言"把一个民族的内在心灵与内在力量"具体化，"没有语言，民族即不存在"。继赫尔德之后，洪堡（Wilhelm von Humboldt）于19世纪初，更进一步，"深入个别语言特有的形式中，追索民族性格的线索”，此一议题被公认为另立了一个传统。[1]

到了我们这个时代，有名的萨丕尔—沃夫假说（Sapir-Whorf hypothesis），基本上仍是承继赫尔德学派的遗绪。这两位美国学者力主，语言不仅是沟通经验的工具，实际上也在定义经验。兹引述萨丕尔（Edward Sapir）1929年所说的一段话：

> 人类并非如一般人所认为的那样，仅是活在一个客观的世界，活在一个社会活动的世界，更是身不由己地活在个别的语言中，活在那个表达社会的媒介中……事实的情况是，“现实世界”有极大部分是无意识地建立在群体的语言习惯上。同一个社会现实，用两种语言来表述，结果绝不可能完全相同。不同的社会所营造出来的世界，是截然不同的世界，即使是同一个世界，由于所贴的标签不同，也会成为两个世界。[2]

1　Dell Hymes, "Linguistic Aspect of Comparative Political Research", in R. T. Holt and J. E. Turner, *The Methodology of Comparative Research,* New York, 1970, pp. 297-298, 315.

2　Cited in *International Encyclopedia of Social Science,* 9:22, from Sapir's *Selected Writings in Language, Culture and Personality,* David Mandelbaum, ed., Berkeley, Cal., 1949.

再引 1958 年沃夫（Benjamin Lee Whorf）所说的：

> 语言不仅是一种以声音复制观念的工具，更可以说是观念的塑造者，对个人的心理活动、知觉分析、心理交换的综合机制，语言也是一种程序与指南……沿着母语所画出来的线条，我们把自然切割开来……世界有如万花筒般呈现千变万化的图形，必须经由我们的心识予以组织——其中最大的部分，就是我们心识中的语言系统。一般来说，我们都是把自然切割开来，再把它组织成概念并赋予意义，因为我们的言说共同体（speech community）根据我们的语言模式形成了一项共同的协议，而我们全都是这项协议的当事人。[1]

就像鸡和蛋谁先、车和马谁先的问题，萨丕尔—沃夫有关语言在文化中扮演主导角色的观点，在学术上一直受到严厉的检验与挑战，持不同意见的大有人在，辩称语言只是一个"小角色"，说得委婉一点，是生活在打造语言，而非语

---

1 "Science and Linguistics", in Maccoby, Newcomb, and Hartley, *Readings in Social Psychology*, New York, 3rd ed., 1958.

言在塑造生活。[1] 不过，一般较为人接受的还是介于两者之间的说法，亦即语言是一群要素中间的一项，这些要素互为运作，从来不曾有过固定的模式。海密斯指出："社会成员养成思考习惯，语言并不是唯一的工具，随着程度的不同，工具也会随之改变。"[2] 另有一些人认为，从语言去推论非语言的数据是不够的，语言虽然复杂，但比起整个社会生活的结构，其复杂性相对较低，而且只是其中的一部分而已。太过于强调语言，很可能会忽略了人类生存与文化的整体性。[3]

用语言数据去推论非语言的东西纵使有其困难，但是，此一社会与彼一社会之间的差异却也没有其他可靠的尺码去做度量，语言学家霍基特（Charles Hockett）就强调，彼此之间能够发生关联的，往往都是些不足轻重或显而易见的东西，例如"雪"，爱斯基摩人所用的字汇就分得很细，相对的，谈到"天气"，阿拉伯人的字汇就少得可怜。"越是重要的事

1　Lynd, op. cit., p. 175.

2　Hymes, loc. cit., pp. 311-12; Karl Deutsch, *Nationalism and Social Communication*, Cambridge Mass., 1953, 2nd ed., 1966, p.66.

3　See especially remarks by Kenneth Fearing, Joseph Greenberg, and Charles Hockett in Harry Hoijer, ed., *Language in Culture*, Proccedings of a Conference on the Interrelations of Language and other Aspects of Culture, *The American Anthropologist*, 56:2, Memoir #79, December 1954.

情，"他说，"越是不容易说得清楚。"在科学、技术或一般"实用的"事情上，只要把现成的语言形式略加调整，新造的、借用的、衍生的字汇，可以轻易地解决问题，或者像社会科学术语，复合字也很常见。但是，当我们碰到——用霍基特的话说——"诸如讲古说故、论道析理、讨论宗教信仰之类的活动"，就完全是另一回事了。他认为，这类主题的文字"有其难以穷究之处"，很难予以转译。[1]

纵使并非完全不能转译，语言之间的不兼容性仍然所在多有。爱因斯坦时代的科学语言显然不似牛顿时代那样硬、那样一板一眼。随着时间与认知的推移，许多所谓"硬"科学家已经比所谓"软"科学家或所谓的社会科学家更具有弹性，而且可以说于今尤甚。生活里面的"硬"事实，在大部分的语言中仍然被严肃对待，总要不跟社会脱节才会被容许。另一方面，在人类生存的"软"材料上——感情、道德、艺术、宗教——所有的语言却多以含糊、暧昧的方式表达。的确，就像海伦·林德拿羞耻所举的例子，有人就认为，人类的某些经验根本没有足够的字眼可以掌握，顶多只是拿几个没有固定意义的词汇捕风捉影而已，徒然具有荣格式的（Jungian）

---

1 Ibid., pp. 122-123.

"象征"，"对比较不明朗的事情，算是聊胜于无地做个交代"。语言的确可以把经验切成片段，因为经验没有名称，也因为经验只能用模糊的、不确定的字眼去做标示，而这些字眼又随着不同的人、不同的群体而有各自不同的意义。林德又拿 honest 在《奥赛罗》(*Othello*)、fool 在《愚人颂》(*The Praise of Folly*)，以及 sense 在《一报还一报》(*Measure for Measure*) 中的相关研究做进一步说明，当我们无法理解这类字眼的模糊性、复杂性以及附加意义时，显然也就难识个中三昧了。[1] 于是"说出来的"变成了"感受到的"，[2] 其间相去不可以道里计；在任何一种语言中，这都制造了模糊与混淆，遑论把一种语言转译成另一种，其结果可想而知。[3]

1　Lynd, op. cit., pp. 177, 246-247.

2　Kenneth Fearing in *Language in Culture*, p. 55.

3　不过话说回来，翻译有时候正好彰显出文化的痕迹是多么难以磨灭。在 *Ways of Thinking of Eastern Peoples:India-China-Tibet-Japan* 中，中村元详细说明印度佛教经文千余年来遍传亚洲的情形，仔细检视它们从一种语言转译成另一种语言之后，发现每种语言都为这些经文打上了自己独特的文化印记。最令我印象深刻的是，他跨越了一两千年的鸿沟，呈现在我们眼前的特征，竟然跟我们最熟悉的极其相似，其中也包括我在《心灵掠影（今日亚洲形象）》(*Scratches of Our Minds*) 中所检视过的一些细节，而所有这些细节竟然都是近代美国人心目中的印象。因此，举个例子来说，梵文里面大量的抽象名词，跟中文"大量表现实体与形状"的具象文字形成强烈的对比，而异于此二者的是，中村元引述 18 世纪一位日本学者的话说，日本语文"倾向简洁有力"。对此，数年前笔者与中村元有过一次长谈，他颇感惊喜，却不认为自己所做的文化风格对比曾为那些古老的经文增添任何新意，他意味深长地说，古老的经文只为自己发言。

但是，转译是无法避免的，不仅在国与国之间，在文化与文化之间，即使在自己人之间也难免。因此，赫尔德—萨丕尔—沃夫的语言—文化理论所面对的最后挑战，或许也是最关键的挑战，似乎就是它据以立足的"一种语言，一种文化"假说，在这个世界上可能已经成为明日黄花了。在西欧，由各种方言形成单一语言，的确在民族主义的诞生上居于关键地位，但这种例子今天已经找不到了。相反的，海密斯说得更白："只有一种语言，根本就是天方夜谭。"多语言显然已经是普世的现象，甚至同一种语言，用法各异的情况也所在多有。问到语言在文化中所扮演的角色，海密斯的结论颇具说服力："一致的答案？没有。因为语言在每个地方扮演的角色并不一样，各个地方的故事情节也各异，从语言在文化中的地位，到言说符码在社会中的地位，连所问的问题都不同。"[1]

在文化中如此，在基本群体认同中亦复如此；总之，拿沃夫的话来说，语言尽管可能"称王"，但却未必统治整个天下。他承认，语言是"深层意识的表面装饰……这里所谓

1　Hymes, loc. cit., p. 315.

的'表面',意思类似化学反应,可以说是实体深层的外显"。[1]

不可否认的是,通过自己的文化窗口,每个人看任何事情的第一眼时,都是戴着族群母语的眼镜。"使用不同的语法",的确"会受到其左右,而导致不同的观察与不同的评价"。这不仅会界定一个人所吸收与所经验的东西,而且也会塑造他现在与未来的样子。想要分辨一个人原来讲的是德语、豪撒语(Hausa)[2],还是中国话,从这方面下手,八九不离十。大体来说,在构成基本群体认同的要项中,语言只居其一,其分量、价值与重要性,相较于其他的要项,则视不同的情况而有极大的差别。

这方面的例子不胜枚举。在爱尔兰与威尔士,恢复古语的努力就没有分离意识那样强烈。对任何一个把"以色列"作为自己基本认同的人,振兴希伯来语可能都是不可或缺的使命,但几个世纪以来,直到今天,在"犹太人"的认同丛集里面,希伯来语却不是必要的。某些美国印第安人,坚持不肯放弃故土,却任先人的语言消失,而有的则刚好相反。乔舒亚·费什曼(Joshua Fishman)的研究显示,移居美国

1　Quoted by Fearing, loc. cit., pp. 50-52.

2　广泛使用于西非洲的一种语言。——译注

的第二代、第三代移民，虽然维持着"族群忠诚"，却早已忘掉了族群的语言（例如居住在波兰人与乌克兰人占多数的地方，早已放弃日耳曼母语的德国后裔，仍然认同自己是日耳曼人），又如半岛马来西亚或美国的华人族群，尽管任何可以代表族群忠诚的象征都已经扬弃，语言却还是紧紧抓住不放。[1]

登贝耶（Pierre Van Den Berghe）指出，荷兰裔南非人全都讲南非荷语，但并非所有讲这种语言的人——例如有色人种或荷兰裔南非人与黑人混血的后裔——都属于这个族群。毫无疑问的，在这种情况下，肤色与身体特征才是最重要的，一个不说南非荷语的人，很可能是南非国民党的一分子——例如为数相当多的日耳曼人与讲英语的白人——而一个有色人种，虽然讲的是南非荷语，却绝不可能加入该党。[2]

卡尔·多伊奇（Karl Deutsch）明白指出，语言是"民族意识的主要建材"之一，居于沟通系统的核心，是产生"一个民族"重要的"互补"来源。同时他又强调，语言绝非唯一，

1　Joshua Fishman, ed., *Sociology of Language,* The Hague, 1971, p. 313.

2　In Joshua Fishman, Charles Ferguson, Jyo Tindra Das Gupta, eds., *Language Problems of Developing Nations,* New York, 1968, p. 216.

但始终是造成这种互补结果的一个要项。他举瑞士为例，"能说 4 种语言，却也能同为一国之民，每个瑞士人都充分了解彼此的习俗、象征、历史与共同拥有的东西。"[1] 因此瑞士人相互之间的沟通毫无障碍，但与那些说同样语言却属于其他民族的人沟通时，效果就大打折扣了。尽管如此，因语言引起的紧张，瑞士仍然难免，虽然都是些小问题，却也足以说明，某一族群把自己的语言视为优先权益，但说同样语言的另一族群却可能完全不当一回事。正因为如此，瑞士汝拉地区少数讲法语的天主教教徒一直推动单独成立一个郡，以脱离说日耳曼语的多数，结果，"跟日耳曼语系同属基督新教的法语系居民，由于两边都不想得罪，也要求单独成立一个郡"。[2]

总之，每个人如何看这个世界，语言都居于关键；但是，语言既形塑所见，也被所见形塑。在个人形成基本群体认同上，语言是不可或缺的要项，但再重复一遍，它只是一系列要项之一，所有这些要项各有其功能，形成多种不同的组合，而语言在其中扮演的角色也不一而足。在今天这个世界，放眼所见，各个角落的族群、部落、民族与文化，都在为自己

1　Deutsch, op. cit., p. 97.

2　William Peterson, "Ethnic Structure in Western Europe", ms., October, 1972.

寻找自我认同和相互关系的新模式。在此一过程中，语言更是以不同的姿态粉墨登场，成为当前新部落政治与新割据政治的冲突焦点，变成最方便的政治、社会或族群标志，掩盖了许多更深层的问题，俨然成为矛盾的症结，高高踞于其他因素之上，造成无数的对立与杀戮。

今天，在政治方面，不同的语言问题既见于"旧的"欧洲与美国，也见于"新的"后殖民亚洲与非洲。由单一语言或几乎是单一语言构成的国家（如西班牙、法国、英国），旧的语言效忠（如巴斯克、加泰罗尼亚、布里多尼、威尔士）正以不同的形式再度浮现新的紧张，甚至在单一语言文化的挪威，也出现了新的语言争论。在英语文化的美国，种族与族群的裂缝间，双语主义（bilingualism）的新压力已经冒了出来，至于在比利时与加拿大，旧有的双语主义则制造了新的对立与冲突。在多语言的瑞士，新的紧张沿着意大利与奥地利边界出现，同语言、不同国家的地区应予兼并的老主张又死灰复燃。

在后殖民世界，尤其是在那些少则十几种、多则数十甚至数百种语言的国家（如印度、尼日利亚、菲律宾），这一类的问题更是以最尖锐的形式出现。在欧洲，好几个世纪的语言演化，语言同构性相当高的民族已经形成；但在殖民世界——拉丁美洲、南亚、非洲——讲不同语言的人民却被迫群聚杂处于一地，而殖民者的语言，则在上层社会成为教育、地位、声望、权力、发展与现代化的关键利器。在后殖民的印度与非洲，统治群体的成员，即使来自不同的地区与国家，相互之间的沟通仍是使用英语或法语，而非自己的地方语言。至于社会与经济的底层，基于奴隶交易与殖民地生活的需要，则产生了广泛使用的洋泾浜外语，亦即一种以优势外语为主体、混合当地语言或方言所形成的特殊语言，这种情形可见于东非、加勒比海、中国沿海，以及南亚大陆与群岛。其中有一种称为斯瓦西里语（Swahili），主要源自阿拉伯语，不仅是今日东非大部分地区通用的语言，而且成为坦桑尼亚的国语；另外如美拉尼西亚的洋泾浜英语，一般预料将成为澳属新几内亚的国语，但在过去的荷属新几内亚，新统治者印度尼西亚人则倾向采用本土语言。

　　一位著名的语言学者曾说：一种语言"就是一支配备了陆海军的部队"。随着旧殖民地的崩溃，新的国家在旧的殖民领域内成立，在不同族群的权力拉扯中，胜负的关键就在于谁拥有真正的陆海军与文化上的陆海军。既是一种象征又是实际的问题，在许多地方建国的过程中，语言的确令人大伤脑筋：如何控制语言的分歧，选择哪种语言当国语，推广国内原有的一种或两种，还是干脆制造一种新的语言？许多地方，例如印度，对母语的感情既深且厚，经常为了语言的问题，动辄诉诸政治决裂，爆发流血冲突。但也有研究指出，在其他地方，例如非洲，坚持采用某种语言的力量并不强烈，其部分原因是，在这些国家，无论数量上或社会地位上都没有优势的族群语言。根据这类个案，有些人乐观地认为，有利于费什曼所谓的"民族主义"（nationism）——以国家导向（state-oriented）建国的务实途径——取代马志尼式（Mazzini-type）或欧洲式民族主义那种以母语连带族群导向（ethnic-oriented）的激情。另有学者却认为，语言的分歧，无论在内部或是对外，都将持续下去并益趋尖锐，而不会式微或消失。

如上所述，当今政治上的语言问题既多变又复杂，某些学者乃思予以分类，用合理而有系统的模式进行说明。这项工作难在它本身就是一个语言的问题，尤其是由语言学家来做的话，纠缠磨人的现实只会徒然制造一堆纠缠磨人的术语。[1]
因此，政治学家吕斯托（Dankwart Rustow）采取了一套更为
可行的办法，以不同时代、不同方式建国的历史与政治为基
础，再就个别的语言状况，整理出几个类型，[2] 虽然略嫌简略
粗糙，但却一目了然且不失其真，兹简述如下：

（一）后帝国国家，亦即传统大国，始终保持本身
的地理疆域未变，例如日本，其语言的同构性也一直维
持不坠；此外又如俄罗斯与中国，二者均在共产党统治
下继续旧日的政治与语言政策，以中央集权统辖多种族
的人民。

（二）西欧后王朝国家，大部分均已发展成为语言
同质的民族；比利时、芬兰与瑞士虽属例外，但多语言
民族国家却能存活，成为罕见的政治成就典范。

（三）中欧、东欧与中东多语言国家，这些国家承

1　E.g., see Heinz Kloss, "Notes Concerning a Language-Nation Typology", in *Language Problems of Developing Nations*, pp. 69-85.

2　Dankwart Rustow, "*Language, Modernization and Nationhood*", in *Language Problems of Developing Nations*, pp. 87-105.

接哈布斯堡、俄罗斯与奥斯曼帝国的遗产，历史、政治与民族在形式和风格上均多变而复杂。无论是在语言分歧的欧洲这一边，还是在同构性较高的阿拉伯语世界，"语言民族"（linguistic nationality）的原则都此路不通。

（四）海外移民国家，主要有美国、澳洲、新西兰、阿根廷、巴西、加拿大与以色列等多语言国家。

（五）后殖民的亚洲、非洲与拉丁美洲，吕斯托强调，此一部分相较于其他地区，"语言民族原则最没有进展"。上亿人口的西班牙语系与7000万人口的阿拉伯语系分成两大块，散在许多国家，彼此间长期水火不容。至于后殖民世界的其他部分，帝国瓦解之后成立的国家里面，中型的语言共同体（language community）仅属少数，大都是小国或蕞尔小邦，1945年之后建国的，半数以上没有语言众多的问题，讽刺的是，政治上却严重分裂，例如朝鲜与越南。在非洲，同样矛盾的是，少数几个大的语言族群，例如豪撒族，却又分散在好几个国家。

吕斯托另外挑出几种特殊的语言状况：某一种语言始终居于绝对优势的国家，如西欧国家、日本与土耳其；数个相邻并使用同一种语言的国家，如美洲的西班牙语系国家；有好几种彼此关系密切的语言，而以其中一种作为官方语言的国家，例如印度尼西亚；有多种彼此毫无渊源的语言，但仅有一种具有文学传统的，例如摩洛哥与秘鲁；有多种彼此毫无渊源的语言，但没有一种具有文学传统的，如热带非洲国家；以及有多种彼此毫无渊源的语言，但每种都有各自文学传统的，如印度或马来西亚。根据这些五花八门的状况，吕斯托扼要地下了一个结论：语言绝非唯一的决定性要项，也绝非静态的；赫尔德与马志尼这些浪漫派"以为语言是民族常数"，事实上它"却是随政治因素而变的变量"。但在我看来，此说却也模糊了一个再清楚不过的分际，亦即在某些地方，语言是变量，但在其他方面却是常数。

　　先说语言效应可变的一面。基本上，随着不同的政治情势，语言的角色也有所不同，并与其他的认同要项卷成一团。帝国与其他权力体系的起起落落，文化冲击与影响的大幅变迁，几个世纪以来，人类自愿或被迫跨海越洲的移动，贸易、工业、奴役、征服、传播、战争与革命的推动，压迫与剥削，凡此都使语言此一认同要项的效应发生变化。至于单独谈到语言在个人或群体基本认同丛集中的角色，则要回到开头的那个"常数"，亦即母语，并及于其他语言影响所形成的层层堆积。

由于欧洲强权的扩张、殖民的经验，以及三四百年来的大迁移，语言层层堆积的效应发生在无数人的生活中，所造成的人种与语言混合，可能是巴别"大分裂"以来规模最大的一次。此一经验所带来的结果涵盖人类整个近代史，充斥于当代人类的舞台，在美洲、亚洲与非洲，欧洲人所烙下的印记，既深且广，远远超过许久以前希腊人与罗马人在那个小得多的世界里所留下来的刻痕。从此，人类搞出来一块巨幅的百衲被，既联合又斗争的文化，既共享又冲突的观念、信仰与价值，不平等的社会、经济与科技发展所拉出来的巨大落差，所有这些把不同的民族与地区割裂开来或结合起来。

这段历史或许不无可取之处，似乎为某些人带来一种信念：整个潮流所带动的知识扩张，将可大幅提升人类的生存处境。殊不知同样也是拜此所赐，却是文化的支离破碎，传统主义的困顿，现代主义的无根，当权者与受害者皆不成人形，牺牲与混乱，异化与脱序，全都随着所谓的现代化应运而生。如今，为逃离这种痛苦，无数的人民涌出，遍寻避难之所，或重返各自已成废墟的姆庇之家，为此，其中不乏诉诸自己过去的语言，想要找回生命中发生了变化的"变量"，或诉诸原乡的母语，认同那个不变的"常数"。

所有这些戏码都正在上演，舞台上挤满了演员，但都有如品特（Pinter）戏中的角色，互相对话却不知所云。在这种情况下，尼赫鲁式（Nehru-type）的人物，夹在两种文化的中间，尝尽苦楚辛酸，[1] 就像尼赫鲁那样，一方面深入异国的文化，却根本无从归属，另一方面又被推着回归，却又无法返回。也就是在这样一个分歧的世界中，个人把自己割裂，而所操的那把刀，正是他在不同时空所讲的语言。就某种程度来说，这个过程或许可以产生一个更普世性的文化，例如在科学方面；但就个人而言，更常见的却是深陷在复杂的感情与心理

1　For an unusually sensitive treatment of the bilingual, biculturated North African Arab French-speakers, see Charles Gallagher, "North African Problems and Prospects: Language and Identity", in *Language Problems of Developing Nations*, pp. 129-151; cf. also Herbert Passin, "Writer and Journalist in the Transitional Society", in *Communication and Development*, Lucian Pye, ed., Princeton, 1963, pp. 82-97.

冲突中，进退维谷。那些非洲人，以法国黑人桑戈尔（Leopold Senghor）或讲英语的尼瑞尔（Julius Nyrere）为例，当后者说："从前，称呼一个人为'黑欧洲人'（Black European），与其说是侮辱不如说是恭维。"想想那种心里的滋味！马兹鲁引述这句话时强调，英国殖民地的非洲人接受英语，实际上是一种文化民族主义的表现，因为非洲人只是想要证明，欧洲人认为非洲人的心智低人一等其实是大错特错的。[1] 同样也是马兹鲁，描绘了一个非洲人的天堂，在那儿，所有的非洲语言都继续使用，但也马上被译成每个人真正喜欢听的语言，不是用电子机器翻译，只要起心动念就成了。马兹鲁又以证人的身份描述天堂一次有名的审判，伊博族（Ibo）一个可怜的鞋匠遭到豪撒族的暴民屠杀，由于余悸犹存，不敢讲自己的语言，宁愿结结巴巴说一口破英语，只为了要掩饰自己伊博人的身份。[2]

根据另外一位语言学家的报道，斯瓦西里语在东非的使用与发展也有相同的问题与矛盾。早在欧洲人之前，阿拉伯

---

[1] Ali Mazrui, "Some Sociopolitical Functions of English Literature in Africa", in *Language Problems of Developing Nations*, p. 184.

[2] Ali Mazrui, *The Trial of Christopher Okigbo*, New York, 1972, p. 102.

的奴隶贩子就已经在这一带活动，因此，这种语言中只要是与阿拉伯语有关的字眼，大家都争相挂在嘴上，以示自己是有身份地位的人；也正是基于相同的心态，阿拉伯的习俗、名字、字眼、宗教信仰才会在美国黑人之间大行其道。晚近，由于阿拉伯人在东非事务上的瓜葛，又使这种语言的阿拉伯情结从正面的转成负面的。例如在桑给巴尔（Zanzibar），非洲黑人从阿拉伯人手上夺回政权之后，斯瓦西里语中的阿拉伯语就跟着失势，并用班图语取而代之，其目的只是要"加强语言中的非洲本色，淡化阿拉伯语的色彩"。但是，这位语言学家指出："与其说是回归本色，不如说是摆个姿态。"坦桑尼亚决定以斯瓦西里语作为国语，因为这种语言在该国是多个语言族群通用的言说媒介，但在比较上层的全国性活动中，使用的还是英语。

这种情况使东非的知识阶层担心，"英语成为思想的媒介，而斯瓦西里语则成为大众媒介"，因为语言的区隔而形成阶级的分裂。一位非洲学者说："知识活动被动地以英语为媒介，无形之中成为人民发展知识的障碍。过去，东非的知识精英几乎无法以自己的语言思考严肃问题，同样的弊端，今天也落在我们身上。这种心理与精神上的停滞，不仅是殖民主义的直接效应，而且不是一朝一夕可以消除的。"[1]

同样严重的问题也发生在秘鲁。在教育体系中，究竟是采用西班牙语还是印第安人的盖丘亚语（Quechua）或艾马拉语（Aymara），一直是争论不休的问题。在一项研讨会中，一位盖丘亚族的学者呼吁，以印第安母语教导孩子读写，"才不致使孩子在说西班牙语的同学面前感到自卑"。这个问题无疑正是秘鲁学校教育所面临的挑战，对此，一位神父如此回答："卡斯提尔语（Castilian）[2]是外国语言，这种说法大错特错，它根本就是我们自己的语言，已经存在超过4个世纪。"另外一位盖丘亚人辩道，盖丘亚人如果像欧洲人那样学习西班牙的语言与文化，"学会了五六百字之后，恐怕就会把盖丘亚语给丢了，彼此间再也不讲了；这样一来，他们就是拿一种无限可能的语言去换一种有限的语言，绑缚他们的心灵，作为一个人，只会使他们降格而非提升"。[3]

---

[1]　Lyndon Harries, "Swahili in Modern East Africa", in *Language Problems of Developing Nations*, pp. 415-429.

[2]　标准西班牙语。——译注

[3]　Cited by Robert Armstrong, "Language Policies and Language Practices in West Africa", in *Language Problems of Developing Nations*, pp. 228-230.

有人计算过，菲律宾大约有 80 种语言，其中 11 种是主要语言，使用的人口都超过 100 万。吕宋本岛大部分地区所讲的他加禄语，使用人口约占总人口数的 1/3。根据普查，讲英语的人差不多也是这个数目。他加禄语的一个分支，称为"皮里匹诺语"（Pilipino），一度曾有作为国语之议。他加禄语虽然有大众媒介、尤其是电影的推广，但离广泛使用尚有一段距离，其中也不乏西班牙语、英语与华语的外来语，更吸收了许多地方语言。

一位经常用英文写作的菲律宾知名作家，相当程度地反映了菲律宾的语文情境。近年受到民族主义的影响，这位作家开始以母语他加禄语写作，结果发现自己经历了一次文化人格的转变。他说，这种从"主动的"英文转换成"被动的"他加禄语有如脱胎换骨，所写的每个句子，都有不同的观照与不同的意义。在菲律宾的教育制度里，西班牙文始终受到重视，行礼如仪地被当成一种贵族语言，所有的学生都必修，却很少拿来实际应用。英文也是人人必学，这位作家指出，从一年级或三年级就开始教，但真正见效的，到了法定成年的年龄，还占不到 50%；1963 年的大学入学测验，以美国的就业标准出题，结果大部分只有六年级的程度。这位作家谈起自己的学生时代，基本上，语言课程是个"大杂烩"，有他加禄语也有英语，教出来的是类似其他地方的洋泾浜英语，譬如"西班牙式英语"（Spanglish）、"法式英语"（Franglish）或印度的"印式英语"（Hinglish）。在菲律宾的政治环境中，语言的使用自由而开放，在公开场合，政治人物多讲英语，非正式场合讲他加禄语或自己的方言，日常生活中则是"大杂烩"。

尽管计划不少，也颇见心思，但是，无论他加禄语或其他本土语言，教学与教材都缺乏系统，真正能学到东西的反而只有英文。这位作家说："大杂烩——我们称之为'haluhalo'——就是所谓的语言。"说穿了，有点像我们童年时讲现在所使用的语言。但即使到今天，甚至受过最好教育的人，英语与母语之间的差别仍然表现在表达的深度上。另一位颇有地位的知识分子，英文能力无可挑剔，他说："他加禄语表达日常感受的那种腔调，英语就办不到，英文是学术的、抽象的，是操作观念用的。但是，说到生活里面生动、激情、兴奋的部分，英语表达不了的，他加禄语就派上用场了。做爱的时候，我讲他加禄语。沟通，也是以他加禄语为佳，说服孩子，他加禄语的效果最好。而当我想要唱作俱佳的时候，那就一定得用他加禄语了。"

走笔至此，想起另外一位先生，是我在以色列认识的美籍犹太移民，中壮年龄，已为人父。早年，他的父亲从俄罗斯移居布鲁克林。"我还记得，"他说："听到老爸讲一口破英语，我简直羞得无地自容，告诉自己，绝对不要像他一样。终于轮到自己了，我在孩子面前，心里不免暗想，他们听到我讲一口破希伯来语，不知作何感想。一切都倒过来了，讲英语带腔调的，反而是他们！"[1] 其实，他讲的那一口流利英语，是他从小到大在街头与码头上学来的，是标准的布鲁克林话（Brooklynese）。[2]

对使用的语言感到有所欠缺，彰显出可变的"变量"与不变的"常数"之间并不是那样截然两分。移民或移民的儿子，一心想师法那些让他们觉得自己是异乡人的人；但是，自认法语为一切语言之翘楚的法国人则不同，他们带着法国腔说

1　*American Jews in Israel*, p. 225.

2　《纽约时报》，1972 年 8 月 6 日，一位作家哀伤地说，布鲁克林话虽然未死亦不远矣，这种语言之死，"是因为本地人越来越少……过去布鲁克林人（Brooklynites）字正腔圆开讲的街头，如今只听到滔滔的黑人英语和唱歌似的西班牙语……那种动听的方言，唯一还听到在讲的，是电视剧演员和少得可怜的老市民，等他们都过去了，布鲁克林话也就走入历史了"。

别种语言，一点都不会感到尴尬，反倒是听别人用非法国腔，甚至非巴黎腔讲法语，会让他们觉得刺耳。另一方面，移民说的若不只是自己的语言，母语的属性就会如影随形地跟着他。我想到的是一个阿根廷籍的犹太人。这位先生早年离开阿根廷，20余年来，足迹踏遍好几个国家，建立了自己的事业，好几种语言也都朗朗上口，但不论说哪种语言，一定都带着一口西班牙语的腔调，在文字的运用上，也总觉得不是那么得心应手。有一次，他问我："一种语言，永远，真的是永远，你都无法得心应手，你知道为什么吗？"

偶尔返回阿根廷，在那儿，除了健在的亲人外，他别无社交或任何值得依恋的人事，但他如今却在故居找到了无可言喻的喜乐，那种喜乐来自童年的一草一木，更是来自他总算可以一展自己得心应手的语言，说的、听的都是字正腔圆的西班牙语，还不只如此，更是他耳熟口溜的阿根廷西班牙语，又不只是阿根廷西班牙语而已，更是只有在布宜诺斯艾利斯才听得到的阿根廷西班牙语。所有政治的、宗教的与其他的变量，虽然可以改变语言与许多东西，但是，在这里，纵使只是一时的，语言那个不变的"常数"却压倒了一切。

在马来西亚，华人与马来人之间的嫌隙极深，同样的，读华语学校的华人，与那些在殖民后期或后殖民初期进英语学校的人，两者之间也存在着相当的隔阂。

到目前为止[1]，大部分受过教育的华人，都在华人自设的学校接受中文教育。好几个世代以来，这些出生在半岛马来西亚的华人后裔，在学校里，学的仍然是以中国为中心的世界观，读的是中国的语文、历史、地理与文学。这一代的成年人中，在南洋地区，中国的国语几乎通行无阻，虽然他们也都继续使用各自家乡的方言。老一辈的读书人始终把中国当成故乡，中国的传统也一直是他们的生活重心。从殖民时期到1949年，对大部分人来说，这种归属感根本是天经地义。但在1949年之后，认同哪里，却在不同世代的华人中间成为一种相当大的矛盾，冲突也在所难免。

一般来说，受英文教育的华人，大多在幼年——通常从小学一年级开始——就进入了英语的世界，读的是教会学校或政府办的学校。不少务实或看得较远的华人家庭，至少会把一个或好几个孩子送去赶这股潮流。到1957年马来西亚独立时，受过英语教育的，大约占华人的1/4。这些人把英文

1　指作者写作本书的1970年代中期。——译注

当成主要的语文，英文也成为他们在家庭以外认识世界的唯一工具，到了中学阶段，他们甚至发现，自己只能用英文"思考"，那些与中国无关的事情，他们脑子里的中文已经不足以应付。

其中还有一些华人，根本不识中文；这些被称为 Baba[1] 的家庭多是更早的移民，早已放弃中文，许多个世代之前就已经开始学习马来语或英语。但一般而言，华人的小孩都会说家乡话——福建话、客家话、广东话——大都用于家庭事务、柴米油盐之类，在学校里也就无用武之地了。之所以如此，跟"西方"或殖民英国的教材有关：从大英帝国的历史到莎士比亚、丁尼生的文学（"也只到此为止！"一位教育当局的主事者如是说），在课堂中，精读两三幕莎剧，或背一两首英诗。（一位华人知识分子告诉我，直到 1947 年，前往中国接受更高的教育，他才初次接触俄罗斯、法国与美国文学）但是，不论受到多少的栽培，学的都是英国的东西，从书本、报纸到电影；正如受中文教育的，学的都是中国的东西，从书本、报纸到电影。结果，所学到的是两个完全不同的世界。

1　可能是闽南语的"白目"。——译注

一个不快乐的 Baba 说得好，两者之间最大的不同是，对某一个人来说，这个世界上，中国是最重要的,对另一个人来说，中国什么都不是。

1957 年之后，这两种华人群体面对了同一个问题：刚独立的马来西亚由马来人统治，马来语被定为国语，华人发现自己已经变成了二等国民。从此，这也成了马来西亚内部分裂与冲突的根源。至于新加坡这个华人城市，1965 年独立之后，展开一场新的实验，建立 4 种语言的教育体系，学生可选修中文、马来文、英文，或为 10% 印度人而设的泰米尔文（Tamil），4 种课程的分量相同，目的不在于教出小格局的华人、马来人、英国人，而是要培养出大格局的新"新加坡人"。

同一时期，在马来西亚，无论在脆弱的新政局上或是在问题重重的教育体制上，语言的问题依然继续发酵，事实上整个社会都受到影响。无论受中文教育的或受英文教育的，华人显然都很难接受另一种远不如自己的语言与文化／知识传统。但是，有一位华人知识分子却对新马来西亚寄予厚望，他拍着自己的额头，激动地说："我好不容易说服自己，我们一定要当马来西亚人，但在心里，我还真不知道，怎么才能不做中国人！"一个完全英国化的 Baba，不愿意他的小女儿像自己一样"受到排斥"，特别为她请了家教，不是教马来文，而是教中文。

第七章

历史与起源

不过数代，一个民族的教养、想法、信念、生活态度、抱负，
变化如此之大，
若是时光倒流，回到从前的世代，一定有如置身异乡。
但历史的纽带未断，同属一体的信念顶住了变迁的冲击。
安泊于共同体不死的保证中，受到信仰与文化传统的滋养，
每个人都在一片安稳的天地中享有一席之地⋯⋯

——麦基弗（R. M. MacIver，
1882—1970，苏格兰社会学家）

上帝的每个孩子都有一个过去。它与生俱来，没有它也就无从出生。这个新生命的细胞与组织，包括构成那个小脑袋的东西，没有人知道其间的成分怎么会有那么多往昔的生物回忆。或许正是这些东西，作用于这个初来乍到的新人，打造了他的心灵、精神与个性。是否如此，众说纷纭，迄无定论，但过去之为物，纵使不是来自遗传，却一定是来自谱系。在母子之间那条脐带剪断的那一刻，人与过去的联系就被另一条脐带接上。过去化成姓名、符号、标志、传说，刻在琳琅满目的牌饰上，马上挂满了新生儿的颈项，或绣在褓褓上，密密包裹着他，温暖有如刚离开的母体。在孩子能够了解这些东西之前，从过去继承过来的种种标签已经团团贴在他的身上；在他能"听"之前，有关他是从哪里来的起源故事，已经有人告诉他；他将往何处去，这个世界的"真相"，先人的"历史"，以及为这一切赋予意义的"传说"，也都已经传给了他。启蒙、开示完备，行李中一应俱全，他刚展开的新生命将如何打造、成就甚至结束，都已经在里面了。这些东西，不论以后他将如何处理，但在起步的阶段，每个新生命对这种绵延香火的需要，并不亚于他的身体对母乳的需要。所有这些东西，丰足或缺乏、强或弱、复杂或简单、甜或苦、纯粹或驳杂、较好或较差，就在呱呱落地的那一刻，他全都接收了下来。

认识自己的过去，从远古到今天，以不同的方式，发生在每个人一生开始的阶段，或用明示或用暗喻，在每个文化为出生所举行的仪式、庆祝与习俗中表现出来。这类的活动，有些在出生的几天之后，例如基督徒的受洗、犹太人的行割礼与订立生命之约；有的则不暇稍待，例如古代的波利尼西亚人，新生命尚待接生，歌者就已聚在屋外，颂唱起源的赞辞，好让他一出娘胎就能听闻；又如奥塞奇族（Osage）印第安人，婴儿临盆之际，召请"一位能与诸神沟通之人，来到待产母亲的家里，为新生儿讲述宇宙与万物的创生，直到婴儿生下来接受喂乳才止"。等到孩子要喝水时，他又再度出现，继续讲述创世的故事，并以水的起源结尾。接着，同一个人端出固体食物，开始叙述五谷与各种食粮的由来。伊利亚德说："把一个新生命当成宇宙起源与部落历史的重演，如此——提醒，确属少见。这样的殷殷叮咛，无非是要把新生儿引入这个受到祝福的世界与文化，并宣布他与旧章故典是一体的，确认此一新生命的合法性。但这还不是全部。这个新生儿还要见证一连串的'开始'。每个新的'开始'，都要先知道它的'起源'，知道这一切是怎么来的。"[1]

　　神话中所有的传说几乎都是"起源的传说"。人类在叙述天地如何发生时，总是拿"开始的时候"这个句子起头，尽管故事变化无穷，有同有异，但每个文化都会为新生儿安排机会，反复讲述他们的起源，并为这个新的成员开一扇窗，好让他一窥这个族群对万事万物的认知与解释。伊利亚德强调，通过传说与历史的重述，以及一而再、再而三地搬演与重现，"重新架构传说的时间，并借此……与创造这个天地的诸神与圣贤同在"。让传说"活过来"，一个人"因而能从俗世的纪年时间进入一个圣化的时间，一个原生的、随时可以还原的时间"。[2]此一共同拥有的过去，在每个文化中打造每个人的生活，古往今来都是如此；它或以"传说"的姿态出现，阐述人们对"圣化"时间的想象，或以"历史"的面貌现身，记录"现实"或纪年时间的"真相"；它汇入所谓"群体心灵"（group mind）、"集体记忆"、"历史记忆"，或涂尔干的"集体表征"（collective representation），或荣格的"种族潜意识"与"原型"（archetype），并遍及每一个层面。

1　Mircea Eliade, *Myth and Reality*, New York, 1968, p. 33.

2　Ibid., p. 21.

从先人那边，集体经验与个人的历史和起源紧密结合，这种把过去与未来串联起来的"时间"定位，满足了个人某些最深沉、最迫切的需要。人从哪里来，往何处去，死去的时候是否就此孤零零地结束？所有这些需要确认的事情，都可以让他知道，自己同那些尚存的或已逝的人是相连的，通过亲子、家庭、亲属的关系，自己同他们是血脉相连的，在时间之流中拥有共同的祖先、前贤、信仰，以及想象的或历史的经验。所有这些都应当加以保存、延续，因此而有了祖先崇拜、族规家风、血缘情结，也因此有了宗教、艺术、文学、传说或"历史"，并借此定位我们每一个人的身份。所有这些联系帮助每个人承担他自己的存在，如果没有它们，每个人的脆弱、出生与死亡，都是他无法独自承担的。此一共同拥有的过去，亦即每个人的历史与起源，深植于个人认同之中，而个人认同又是基本群体认同的一部分，二者都是同一个模子打造的。[1]

1　"关心个人认同的社会学家与人类学家，通常把历史事件视为舞台背景，忽视它们在有关个人研究上的重要性……一个人根植在尘世这块基石上，绝不是凭一己之力所能做到的，除了自我塑造，还有一些东西是与他的自我塑造密切相关的——例如过去对他产生影响，他对过去的认知……个人认同与群体认同密不可分，而群体认同是根植在历史中的。"Anselm Strauss, *Mirrors and Masks: The Search for Identity*, Glencoe, ⅠⅡ., 1959, p.164, 173.

面对人类的整个故事，不妨从"过去"如何被利用、被滥用着手。英国历史学家普拉姆（J. H. Plumb）认为，"过去"的主要作用之一是要为"现在"取得合法性，基本上也就是为权力与权威取得认可。普拉姆指出，早期的统治者与统治阶级在追溯自己的身世与权力时，无不想方设法攀缘皇室甚至神圣的权威，其道理即在于此。苏美尔人（Sumerians）、埃及人、希腊人、罗马人固然如此，英国都铎王朝诸王与其宫廷同样驱策他们的史官，追溯他们的谱系"远到征服者威廉……传说中的英国国王（mythical Lud）……到大卫、到耶西家族（the House of Jesse），甚至直到亚当"，要不就是追溯到"笃信者爱德华（Edward the Confessor）、查理曼大帝、罗马元老院，甚至特洛伊人，当然更少不了诺亚与他的方舟"。[1]这种谱系饥渴，每个追逐地位与权力的群体都有。普拉姆举1880 年代与 1890 年代的美国新兴中产阶级为例；当时的这些新富阶级，利用纽约公立图书馆提供的谱系整理服务，一窝蜂地认祖归宗，一帮子苏格兰的豪门世族因而再生，制作世族徽志的生意也因而大发利市。至于出生与家世低微的美

1　J. H. Plumb, *The Death of the Past*（1969），New York, 1971, pp. 31,33.

国人，没有往昔的富贵可资攀附，则另有一套价值观，当他们来到这个新的国度时，故国某些古早的或想象的世系或世族就成了他们依附的对象。五月花号以及接踵而来的"五月花民"（Mayflowers）则在后来的移民族群中扮演相同的角色，加入美国社会的新移民，每来一群就一定在族群中引发一波追问先人来历的关注。[1]

在保存自己的历史上，许多族群与文化无不竭尽全力，好让族群的记忆得以鲜活地流传给后代，但巨大的变动往往使一般人很难保留这类数据。一般而言，人们都会把自己或先人刻写在石碑、祖宗牌位或家谱上，甚至把容貌描绘下来——照相技术的发明，无疑让无数人更能够延伸自己的存在，把自己的生活史用成堆的相簿保存下来——至于事迹，则借由口耳相传，或把遗迹、遗物，代代相传下去。大部分的美国人，由于人生变动巨大，这类保存工作相当难以为继，但这种需要并未因而消失。先人的来历，知道或不知道的，总是不断地在怀旧的节庆中被唤起。[2] 今天，身世不明的人更

1　波士顿一位替人追查谱系的专业人士，在他追查出 Humberto Medeiros 是红衣主教之后，第二年就有一大堆葡萄牙人来找她帮忙。《波士顿环球报》，1973. 5. 10。

2　E. g., William Maxwell, *Ancestors*, New York, 1971.

是不遗余力地认祖归宗，其目的并不在于认可任何权威，而是不愿意再做一个无名无姓、无父无母、没有过去的人；例如在年青一代的美国黑人中，1960 年代就曾掀起一股热潮，到奴隶时代的旧档案堆里，甚至远到非洲故乡耆老的记忆中，去找寻自己的家族。[1]

人们对自己过去的了解，通常都只及于一两代，在美国尤其如此。个人的家世，往往很快就断了线索，但若回到自己原来的族群里面，到它的"历史"中去搜寻，要找出来并不困难，只不过这类资料大都是些"集体性的或歌功颂德的族谱"。[2] 要找到真正有用的家族数据，途径极多，地点也不少，考古的发掘不一定非要到中国、非洲、以色列或中美洲前哥伦布时代的古迹去，在美国，后院与阁楼里面照样可以大有斩获。这类考古研究始终不断，在图书馆、博物馆与档案室里，针对数以百计旧的与新的族群，学者们正汲汲于发掘、考证、修订、增饰，为许多传说中的过去制作新的民族历史。

1　参阅 Alex Haley, "My Furthest-Back Person——'The African'", *The New York Times Magazine*, July 16, 1972. 同样的日期，《波士顿环球报》刊载一篇文章，叙述养子寻找亲生父母的辛苦过程，可说是同一个主题的另类痛苦。

2　Fritz Stern, ed., *The Varieties of History from Voltaire to the Present*, New York, 1956, p. 19.

在《过去之死》(*The Death of the Past*) 中，普拉姆为"过去"与"历史"做了一个区分；过去可以视为一种"制造出来的意识形态，其作用在于控制个人、动员社会或搞阶级分化"，是为当权者服务的工具。普拉姆认为，这种精心设计的过去已经奄奄一息，因为后工业时代的世界根本不再需要它的认可——对太阳系的探测不再需要太阳神阿波罗，需要的是以阿波罗命名的宇宙飞船。今天，"历史"总算扶正了，一个"如假包换的真实骑士"出现了，他的使命是为大众"清理人类的故事"，扫除"另有所图的过去"中那些为少数人服务的"欺人幻象"。普拉姆认为，这种"幻象"如今只有"在波涛汹涌的怀疑之海上，漂流到深信不疑之岛上"的那些幸存者才看得见。[1]历史学家有责任破除少数人的谎言，为多数人带来真相，把他们解放出来。[2]

就像大部分许诺的太平盛世一样，看来这也只是一个不

---

[1]　Plumb, op. cit., p. 60.

[2]　"幻象"对"历史"，有另一个观点："历史揭露一场梦魇的残酷现实，而人类的高贵正在于拿那场梦魇的真实作为材料，制作出美而永存的作品。要不然就只有换个方式，把梦魇转变成幻象；通过创造，让我们免于现实无形的恐惧——尽管只是暂时的。"帕斯：《孤独的迷宫》(*Labyrinth of Solitude*) , New York, 1961, p.104。乔伊斯 (Joyce) 经常被人引用的句子："历史，"Stephen (乔伊斯小说中的人物) 说，"是一场梦魇，我拼命想要从里面醒来。"

知何年何月才会实现的理想，徒然哄得一群有抱负的历史学家披挂上阵，要去征服那支黑暗部队。但是，环顾当今的现实，太难了；普拉姆的"岛"巨大如洲，那是不用说的了，"欺人的幻象"更是紧紧控制住大部分的世人——包括历史学家——控制着他们的心灵，制作他们的作品。"过去"仍然是活生生的，不论是幻想、虚构还是事实，不论它来自于"圣化"时间的迷雾还是"纪年"时间的烟氛，也不论它是奉圣谕记录下来的还是被当成"历史"写下来的。印度教教徒与穆斯林、天主教教徒与新教徒，各式各样的信者与不信者，形形色色的"我们"与"他们"，在两种时间所提供的记忆里，仗恃着两种记录的特许，继续相互攻讦、杀戮。[1] 如果过去真的死了，一定仍然活蹦乱跳有如僵尸，日日夜夜在每个地方的新坟上狂舞。或近或远的过去里面，那些挥之不去的矛盾，以不同的方式上演着"新的"冲突。再引帕斯的话："过去

1　巴勒斯坦难民营中所用的教科书，攻击犹太人不遗余力，叙利亚教育部长为此辩护说："打从孩子出生，我们灌输给他们的憎恨就是一种神圣的感情。"引自 David Gordon, *Self-determination and History in the Third World*, Princeton, 1971, p.115。

的时代永不消失，旧伤，甚至最古老的伤口都还在淌血。"[1]

　　"过去"继续被挖掘出来，像个走出洞穴的印度教圣徒，活着，尽管不怎么健康；崭新，尽管不怎么耀眼；始终是相同的模样，或许不是完全神似，但也足以乱真。到处都一样，这种对"开始"与"起源"的依附，其动能与持续力在在显示，在人类的经验中，维持不变的东西多于改变的地方。尽管不乏进步所带来的丰功伟绩，人类还是继续聚集在族群之中，用共同的信念与恐惧互相绑在一起，今天仍然在重演他们的过去，跟他们远古的老祖宗如出一辙。之所以如此，不

---

[1]　Octavio Paz, *Labyrinth of Solitude,* New York, 1961, p.11. 例如在阿尔斯特，1960 年一场天主教教徒与新教徒之间的战斗，每年都在橘子节游行（Orange Day Parade）那天象征性重演一次，之后，周期性的相互杀戮便一再重演——到 1974 年，已造成千余人丧命。一个新教徒男孩回答记者的采访时说："他们恨我们，都是King Billy 害的。你知道的，King Billy 是新教徒，他的人攻击天主教教徒，他们永远记得。这是历史，是在学校学的。"新教徒的小孩都学过一首童谣："如果我有一便士／你知我会做什么／绳子一条去买来／吊死教皇／帮助 Billy。"另外有一首"跳绳歌……信天主教的女孩子至今还在唱"，是这样的："圣帕特里克节有得瞧／一脚踢走新教徒／或是一刀切两段／丢进地狱变牛猪。""Ulster: Children of Violence"，*Newsweek,* April 19, 1971.

仅因为圣地的新血通常都具有象征性，[1] 更因为权力竞技场上所流的血通常都是真实的。太阳底下的人类事物，说到"新"，非此莫属：裹在今天的认同问题或危机里面，过去正无所不在地以政治变迁的压力加诸每个民族身上。许多正在打造族群认同、处理族群关系的族群，对他们来说，每个重新检验与重新界定的动作，历史与起源的遗产不可避免地都是最深沉的部分。

---

1 说到"通常"，我倒想起自己小时候一段有关"启蒙"的经验。在伯利恒基督诞生教会刻有铭文的地板上，旁边一块石板上沾着一大片血迹。看着那片血迹，我知道了一件信徒们深信不疑的往事：也就是在那个地方，前一年的圣诞夜，两个不同派系的神职人员，为了谁有权利在最神圣的时刻站在那个最神圣的地方而发生争执，结果其中一人用沉重的烛台敲碎了另一人的脑袋。

To trace the shape of some of these matters in other ancient and irrepressible conflicts, see e.g., concerning the Croat-Serb experience, Rebecca West, *Black Lamb and Grey Falcon*, New York, 1940. For an examination of how Greek Cypriot and Turkish Cypriot children learn about their respective histories in their respective schools, see Barbara Hodge and G. L. Lewis, *Cyprus School History Textbooks: A Study in Education for International Misunderstanding*, Education Advisory Committee of the Parliamentary Group for World Government, London (1966). On the Flemish-Walloon conflict in Belgium the "Germano-Latin scar that cuts across Europe" that has been there since the fourth and fifth centuries, when the Franks invaded what is now Belgium see "Notes of MIT-Harvard Joint Faculty Seminar", December 3, 1969; Aristide Zolberg, "Crises of Political Development in Belgium", ms., 1972, and his "The Making of Flemings and Walloons, Belgium 1830—1914", *Journal of Interdisciplinary History*, Fall 1974.

在任何地方，面对这个问题，都需要另辟新途去处理"过去"。美国与俄罗斯这两个新的时代强权，内部的自我定位问题已经令他们焦头烂额，滚雪球般纷至沓来的难题又制造了各自的官僚腐败，民间的不满与怀旧之风也因而大炽：索尔仁尼琴（Solzhenitsyn）退回到前工业时代的俄罗斯，到农村与世无争的梦想中去寻找自己的"姆庇之家"；美国人民则不停地在各处爬梳，也是在找他们的姆庇之家。两个强权是拿19世纪玩世界政治的模式硬套到20世纪的头上，至于前帝国时代的欧洲，却不得不逐渐习惯式微的地位与日益缩小的疆域；大不列颠放低了自己的形象、角色与身段，把过去光辉的岁月摆进图书馆、美术馆与博物馆，或在电视里面缅怀旧日时光（例如《木樨花传奇》[*The Forsythe Saga*]与《楼上楼下》[*Upstair, Downstairs*]都是以大不列颠称霸世界的世纪之交为背景）；又或者像法国，把戴高乐犹如蜡像般供着，继续做他们的称雄大梦，即使只限于西欧也好。[1]

另一方面，世界上那些一向被人统治、使唤、压迫的民族，拿回了自己的政权之后，尽管能力有限，却都不遗余力

1　Cf. David Lowenthal, "Past Time , Present Place: Landscape and Memory, the Age of Nostalgia", ms., University College, London, 1974.

地要恢复民族的自尊，要回到过去，去找回、振兴昔日的光荣。他们把负面的过去一笔抹杀，把正面的传统与新生命一再高举、强调，歌颂往日的一切，一心重返源头。1924 与 1945 年，在印度身系英国囹圄的尼赫鲁，写下了《发现印度》(*Discovery of India*)，正是这种经验一个典型的例子，反映出殖民地中产阶级受到民族主义运动的激励，"需要可资依附的文化根源，需要一些确认自我价值的东西，更需要一些东西，把异族征服与统治所造成的困惑与羞辱一举扫除。在每一个民族主义方兴未艾的国家，这种追寻……这种返回过去的趋势都正如火如荼"。[1]

回去，是为了回到源头，寻找，是为了找回光荣；光荣或许不够"辉煌"，但小小的光荣也无妨，光荣或许不是自己的，但只要能沾到光即可，能沾到的光，当然越古老越好。在罗马尼亚，正如它的名字，认同的是古罗马；长久以来，热情的罗马尼亚人始终认同自己是达契亚人（Dacians），一个古时候被罗马皇帝图拉真（Trajan）征服的民族。罗马人的优点，他们都揽到自己身上，附会到自己的英勇事迹上、

1　J. Nehru, *Discovery of India*, New York, 1946, p. 434.

艺术上、所有的技艺上，包括把拉丁文当成自己的语文基础。只求成为"罗马人"，不指望反抗罗马，今天，罗马尼亚人所认定、所歌颂的，一如古时候的达契亚人；1945 年，斯大林的控制深入罗马尼亚，诗人、剧作家、艺术家与学者对此一传统的歌颂戛然而止，但他们还是宁为达契亚人，不为俄罗斯人。1961 年，赫鲁晓夫开始去斯大林化，罗马尼亚也开始脱离俄罗斯的控制，歌颂达契亚人的传统马上复苏，遍及学校、机关、出版社、媒体与大众艺术。[1]

　　另外一个更夸张的例子是土耳其。20 世纪初，正值奥斯曼帝国日落西山，土耳其的民族主义重新抬头，随之而起的是发现与复兴古老的土耳其，寻找一个早于伊斯兰、早于奥斯曼、早于波斯人的古土耳其。承继古土耳其的新土耳其人，用现代人的手法搬演了一出古人制造传说的戏码，让全人类的各个民族都置身远古的起源时期。时间是 1935 年，由新土

1　*The New York Times,* October 16, 1966. 在苏联，俄罗斯中央与各省推广非俄罗斯历史的冲突依旧，虽然已不如斯大林时代那样血腥，但到目前为止似无终止之迹象。最近的一个例子："格鲁吉亚并入苏联之前的一部非正统历史著作出版，由于该书追求独立并反对布尔什维克，违反克里姆林宫的少数民族政策，引起轩然大波。共产党……发出训令，谴责作者、出版商以及数名学术机构官员与党员。"*The New York Times,* May 14, 1972.

耳其的民族主义领袖阿塔蒂尔克（Ataturk）正式揭开序幕：在中亚的某处，一个土耳其人站在文明的曙光中，面对太阳，吐出人类所说出的第一个字——土耳其语的"光"——于是所有的语言、所有的文明都诞生了，从土耳其这个源头，文明扩散出去，北至俄罗斯，西入欧洲，东到印度与印度尼西亚，南至阿拉伯世界。[1] 看来这个长期不振的欧洲病夫病得还真不轻，所以才需要下这样的猛药来医治。[2]

为了建立民族自尊，有人诉诸想象中的过去，有人却是要抹灭过去的卑屈。尼赫鲁时代的印度，前贱民就是如此；另外在日本，比较不为人知的"部落民"（burakumin），也是如此。这些希望涂销历史、忘记起源的族群，从前被迫接受传统加诸他们的地位，现在都希望与过去一刀两断。除了偶尔一两个诗人、圣徒或传奇英雄，他们的过去一无所有，仅有屈辱，既没有值得保存的东西，更没有可供追

1　Gordon, op. cit., pp. 70, 76, 89-95.

2　土耳其人不仅制造史前的历史，还抹杀去今不远的历史。1974年3月6日，联合国人权委员会保护少数民族免于歧视小组，在土耳其的坚持之下，将土耳其人1920年代屠杀亚美尼亚人的相关资料自报告中删除。参阅《纽约时报》，1974年3月7日、《亚美尼亚通讯》（*Armenian Reporter*, New York, 1974.3.14）。

忆的童年。他们的屈辱同他们的起源相连，要逃避此就必须扬弃彼；为了让这些族群的成员获得更好的认同，就只有让族群消失一途。

相当讽刺的是，在法律上，这些族群都已经消失。在日本，1971 年，日本天皇下诏废止部落民；在印度，1949 年印度新宪法明白宣告贱民时代结束，其中条文大部分出自贱民领袖阿姆倍枷尔。但在这两个国家，贱民的不存在都只是法律上的假象，他们依旧存在的社会现象并没有任何显著的改变，即使有改变，也只是进展蹒跚的脚步。过去并不因法令而蒸发，在日本如此，在印度尤有过之。

我在前面曾经说明，[1] 印度贱民一直想放弃印度教的信仰，借以摆脱他们的宿命。早期，许多人改信伊斯兰教或成为基督徒，晚近，有的人信了佛教。但是，种姓制度与种姓成见却没有因为他们改宗而放过他们，压迫依然未止。也有一些人试图晋身成为印度教种姓教徒，正如我在前面提过的，如果身体上没有明显的特征，这一招对某些人的确可行，经过几个世代，有些贱民确实也一点一点地跨越了那条界线，

1　*India's Ex-Untouchables;* for material on the burakumin, see George De Vos and Hiroshi Wagatsuma, *Japan's Invisible Race: Caste in Culture and Personality,* Berkeley, Cal., 1966.

进入印度教种姓教徒的花园。但时至今日，那些想要有样学样的人，这条路走起来反而更为艰难。面对种姓制度在出生、婚姻与死亡事务上绝不妥协的介入，他们发现造假的身份根本寸步难行。在日本，类似情形也不遑多让；日本现行的制度下，个人与家族的记录如影随形，跟着每个人走过人生各个重要的阶段，贱民的消失依旧障碍重重。

即使在今天，过去所加诸的宿命，这两个国家的贱民大都还是默默承受；但是，随着政治变迁、教育以及踏上社会经济阶梯的机会增加，许多人已开始感到羞辱，并气愤于父祖辈的自甘下流。在这两个国家，更偏激的政治决策令他们感到灰心，他们想要融入周遭的人群，却不得其门而入：在印度，他们想死了能像印度教种姓教徒那样成为他们的一分子，哪怕只是做一个平平凡凡的印度人都好；在日本，他们也想死了跟其他人打成一片，以做个平平凡凡的日本人为足。但是，在这两个国家，他们想要进入的社会，不是没有准备好就是社会不情愿接纳他们，更新的、更包容的条件依旧付诸阙如。在高度现代化、快速变迁的日本，相对于充满活力的社会，古风旧习依然屹立不摇的例子不少，这只是其中之一而已。至于在印度，种姓制度根深蒂固，改变几乎才刚刚起步，甚至还没有上路，前贱民们想要逃避自己的历史，涂销自己的起源，看来还早得很，绝不是一朝一夕所能成事的。

地位只比印度贱民高一点的美国黑人今天所要的，却不是把自己的"过去"抹掉，而是要去重新发现它。经过长时间的打压，尊严与自我接纳大都已丧失，美国黑人今天要去把它们找回来。一方面是因为他们有一个身为美国人的过去，另一方面则是因为他们的历史与起源在遥远的非洲。

毫无疑问的，非洲裔美国人与印度贱民之间有着极大的差别。黑人"长久"受到打压的历史，再长也不过数百年；印度贱民"长久"受到歧视的历史则长达数千年，它的起源层层裹在上古印度的史前史中。从最邈远的年代直到今天，贱民在印度教制度中所遭受的屈辱，是一个强势的宗教传统所造成的；欧洲与美洲给黑人带来的屈辱，却是白人违反甚至曲解自己的宗教信仰，拿来作为他们暴力掠夺的借口所造成的。在美国，奴隶制度与黑人所受到的各种屈辱，全都明目张胆地违反了明载于宪法中的政治信条；在印度，印度教制度中的贱民，则是远在记忆与记录之外的年代就已经被排除在种姓之外。非洲的黑人与流落在外的非洲人，400 年前还拥有自己的一个大陆与自己的一段历史，直到阿拉伯和欧洲的奴隶贩子与侵略者入侵，他们才沦为异乡的奴隶，而且一直要到 19 世纪，他们的土地才落入欧洲人的统治与控制之下。

　　我在前面曾经提到过，美国黑人把非洲的原乡深植于他们自我意识的核心，最主要也最最关键的因素是他们的体貌，亦即肤色与外形。他们的黑皮肤、他们的尼格罗人种特征，以及优势白人因而加诸其上的价值，很长一段时间以来已经深植内化，形成美国黑人族群认同的核心，也导致他们自己排斥黑色，排斥非洲，追求白色，追求别的历史、别的起源。但也正是这种心态，由于变局已在形成，美国社会白人至上的体系已经瓦解，尤其是黑人自主意识的潮流已经沛然莫之能御，如今正遭到全面性的颠覆。

　　一切都已成为定局，一阵狂飙在美国社会扩散，其中出力最多的，则是百余年来少数美国黑人学者所建立的史学传统，其中包括乔治·华盛顿·威廉斯（George Washington Williams）、杜波依斯、卡特·伍德森（Carter Woodson）、雷福德·洛根（Rayford Logan）与约翰·霍普·富兰克林（John

Hope Franklin)。[1] 这些人与其他一些人士的作品，为今天全面检讨旧说新著的局面打下了基础。当今这一代的学子，对历史有了全新的观照，奴隶制度所带来的屈辱，以及黑人殉道者与英雄，包括民权斗士、艺术家与作家，全都纳入了这一段漫长的历史，一直追溯到美利坚合众国的建国时期。旧的历史接受了新的检验。历史被改写、被修订，黑人与白人共襄盛举，别人的观照与自我的观照取得了新的平衡。这些新的著述，尤其是那些为学子们准备的，开始取代或至少是开始面对白人史家的作品。多少个世代以来，白人史家反复叙述的美国历史，无非是为他们各自的阶级、地域或种族偏见量身打造的。当然，这中间还是有例外。对于白人的优势与黑人的自卑能够如此长久地主导整个局面，有些作品所提出的分析确实有其创见与贡献。相对于卡莱尔（Carlyle）的名言——"在史书里面，编年史一片空白的人是有福的。"——美国黑人显然不会以此为足，他们要的是，史页所载应该还他们一个公道，而身为这个国家的一分子，他们确实改变了

1　See John Hope Franklin, *From Slavery to Freedom,* New York, 1947; also his "Rediscovering Black America: A Historical Roundup", *The New York Times Magazine,* September 8, 1968.

这个国家的常识。[1]

　　在非洲，美国黑人有他们更遥远的过去，这一段空白的历史仍然是个问题，而且日趋迫切。由于 1950 年代非洲所发生的政治变迁，美国黑人对自己以及对他们的非洲起源，在观念上、情感上都起了变化。但是，在二者的互动上，刚开始搅动的那几年，感情与经验的深度都呈现高度的复杂性，一直要等到又过了一段时间，才算找到了可资掌握的新方向。有关这方面的变化本质，根据我自己的发现，我曾经在其他地方做过相当详细的说明。[2] 撇开别的不说，对美国黑人而言，非洲所象征的是，黑人的过去只是一片可怕的空白。白人世界长期以来对非洲的描述，以常被引用的《大英百科全书》1911 年版为例：非洲是"没有历史的大陆"，生活其上的黑人各不相属，处于落后的原始状态，与不断加速发展的人类文明主流从未有过接触。无物、无影、无形，这就是长期以来白人对黑人的看法。类似叙述屡见不鲜，早期的詹姆斯·鲍德温如是说：

1　See Franklin's comments in bibliographic notes of the fourth edition of his *From Slavery to Freedom*（1947），1974.

2　In *The New World of Negro Americans*, especially Part III，"Negroes and Africa"，pp. 105-322.

　　循着自己的过去走下去，不是在欧洲而是在非洲，我才找到了自己。这意味着我是带着一种特殊的心态，微妙而深沉，去接触莎士比亚、巴赫、伦勃朗，接触巴黎的石头、沙特尔（Chartres）的教堂、帝国大厦。这些全都不属于我，他们并不包含我的历史。想从那儿找到自己的影像，永远都是缘木求鱼……乔伊斯说得好，历史是一场梦魇……人困在历史里面，历史也困在人的里面。

再看看他在瑞士乡村之所感：

　　他们所唱的赞美歌是贝多芬的、巴赫的。回到几个世纪前，他们沐浴在自己的光荣里面，而我却是在非洲，看着征服者的到来。[1]

　　遥远的原乡，形象如此，许久许久以前，美国黑人就打从心底抗拒它。相关的记载不多，却也不绝如缕。从南北战

1　James Baldwin, *Notes of a Native Son*, New York, 1955, pp. 6, 7,163, 165.

争之前马丁·德拉尼（Martin R. Delany）等人，到亚历山大·克伦麦尔（Alexander Crummell），继之以世纪之交的杜波依斯，以及成立于 1915 年的尼格罗生活与历史研究学社（the Association for the Study of Negro Life and History）所出版的作品，其中又以伍德森等人尤甚。除了少数的例外，非洲作家并未加入这一波的奋斗，非洲大部分的自觉运动也晚于美国，但很快就达到巅峰，至少在政治方面是如此。从 1950 年代开始，欧洲殖民政府的消失与新非洲国家的建立，来势既猛且速，认同非洲遥远的过去已经反映在某些国家的正名上，而在新政局不可避免的混乱与动荡中，非洲人则展开了新一波奋斗，开始去发现失落或隐没已久的历史。当时担任尼日利亚伊巴丹学院（Ibadan College）院长的非洲历史学家肯尼思·戴克（Kenneth Dike），1957 年说：

> 如果非洲没有历史遗产，没有未来，只知一味模仿欧洲……那么黄金海岸（加纳）就注定只有没落一途。深信非洲人拥有自己的传统，这种信念只要不是一句空话，西非诸国终将成为独立的现代化国家……每个国家的未来都是立基于过去；因此，非洲人不仅要对自己的

存在具有信心，而且必须出之以科学的调查，去证实自
己的存在，并以此自豪。[1]

在非洲，一如在其他的后殖民世界，重新发现的工作仍
有待于新一代的史家。无论是"出之以科学的"，还是利用
别的方法，他们都应该以自己的观点来看问题，并予以定位。
诚如印度尼西亚作家苏查特莫科（Soedjatmoko）所说："站
在本土的观点去看每个民族的历史开展……才能有别于之前
用欧洲中心观所写的东西。"[2]要做到这一点，就必须把至今尚
停留在"传说"阶段的"历史"回复原来的精神与原来的颜
色，建立新的版本，过滤新的考古或其他证据，提出新的解释；
一代接着一代，史家的要务就是抓住时代需求与精神的改变；
对过往的陈迹以及许多双眼睛以不同方式目睹的事件，若能
用新的眼光加以审视，族群中心主义（ethnocentric）的种种
谬误均将无所遁形。但是，"过去"经常会自它隐匿的地方
被人召唤出来，以不同的面貌加入现在。这种"过去"的再

1　Cited by Rupert Emerson, *Empire to Nation*, Boston, 1960, p. 154; cf. Gordon, op. cit., p. 34.

2　Soedjatmoko et al., eds., *An Introduction to Indonesian Historiography*, Ithaca, New York, 1965, p. xiv.

现，在我们这个时代可说不乏其例，[1] 它换上一身新衣，抬头挺胸，痣疣俱除，身材变了，必要的话，甚至动过学术整形手术。在这方面，就像在其他地方，新冒出头的民族史家往往转向他们的西方范本，有样学样：召唤死忠的历史学家为新的民族色彩服务，正是欧洲人与美国人的老套。新一代的亚、非史家，大可在图书馆里发现，充满激情的信念是如何用不带感情的学术装饰打扮了一番。[2]

1 "他们——华人、印度教教徒、阿拉伯人……一身旧衫，随身带着一个活生生的过去。" Octavio Paz, op. cit, p.65。

2 For a study of some of the available models, in this case the writing of French history, see Carlton J. Hayes, *France, a Nation of Patriots,* New York, 1930. For a discussion of how "history itself becomes a weapon in the conquest of national identity", see Arthur Schlesinger, Jr., "Nationalism and History", *Journal of Negro History,* LIV:1, 1969, 19-31; also David M. Potter, "The Historian's Use of Nationalism and Vice Versa", in *History and American Society,* New York, 1973. For a sensitive examination of the problems of the new nationalist historian who also wants to respect the demands of scholarship, see Soedjatmoko, "The Indonesian Historian and His Time", in *An Introduction to Indonesian Historiography.* For a famous example of a reconstruction and rediscovery of history by a nationalist leader, see the already cited J. Nehru, *The Discovery of India.* For a more current treatment of the use and abuse of history and historians in the decolonization process, in this case drawing mainly on contemporary Arab experience, see David Gordon, *Self-determination and History in the Third World,* Princeton, 1971. Concerning Africa, see J. F. A. Ajayi and E. J. Alagoa, "Black Africa: The Historian's Perspective", *Daedalus,* Spring 1974, pp. 125-134; K. O. Dike and J. F. A. Ajayi, "African Historiography", *International Encyclopedia of the Social Sciences,* 6:394-399; Philip D. Curtin, *Precolonial African History,* American Historical Association pamphlets,Washington, D. C., 1974. For the role of history in another setting, see Ann L. Craig, "History and Origins: An Element in Mexico's Group Identity", *Revista Interamericana Review,* III :4, Winter 1974.

　　有人要把过去抹掉，有人要把它找回来，另外有人则是要解答它。这方面的例子有两个，分别是菲律宾人与日本人，尽管二者的本质并不相同。

　　在菲律宾人的生活中，最表面化的族群认同模式就是地域认同——例如他加禄人、米沙鄢人（Visayan）等——这是我在谈到语言问题时已经提过的。但是，大多数菲律宾人另有更重要、更有意义的认同，那就是对于族群混血的认同，是一种菲律宾人平常不太直接表现出来的感情认同。先人是华人还是西班牙人，肤色是深的还是浅的，眼睛、鼻子生得是这样还是那样，菲律宾人其实相当敏感，正如我在前面讲过的，不免会让人想到，这种对身体特征先入为主的态度是否就是了解菲律宾人族群认同的钥匙。

　　谈到菲律宾人要解答的过去，就必须再次搬出这些层层累积在菲律宾历史上的东西。因为，马来人、西班牙人与美国人所留下的遗产，在某些菲律宾人寻找认同时，都会把它们当作是自己特有的。于是问题来了。在我访谈过的作家、学者、政治人物与一些激进青年领袖中，一致的烦恼就是，他们这个民族总是戴着别人的面具，真正属于菲律宾人的反而没有。令人感到奇怪的是，有关"菲律宾"这个名字的起源问题，他们反而不在意，甚至根本不当一回事——这是我与一位专攻19世纪历史的菲律宾作家访谈时偶然发现的——因此，对菲律宾人来说，"菲律宾"这个名字无关认同，对名称，他们倒是视为当然的。

但是，还是有一部分人，曾经用新的眼光去看"马来人"的遥远过去。菲律宾人与史前时代即散居东南亚一带的"马来人"系出同源。在菲律宾，这个古代的民族及其延续下来的文化，一直在山地民族中被妥善保存至今。但在平地信仰天主教的菲律宾人眼中，这些山地族群直到最近都还是异教徒、原始人、野蛮人。1960年代，有人一度认为，这些人才是更纯种的兄弟，是没有受到华人或西班牙人血缘污染、也没有被外来信仰破坏的族群。基于这种新的认知，政府成立了一个族群融合委员会（Commission on Integration），推动恢复山地族群的权利与尊严，至于目标是把他们同化还是让他们保持多元则没有人过问。同一时期因此掀起一阵热潮，部落艺术受到重视，部落舞蹈受到欢迎，学者搜集部落文物，艺术家模仿粗犷的部落线条与色彩。但这阵怀旧的风潮毕竟只限于少数知识分子与艺术家，虽然一度打进高层的政治圈子，"共同马来祖先"的观念成为一个理想，最后却还是以"马菲印度"（Maphilindo）——由 Philippines、Indonesia 与 Malaya 三字合成——这个名字的夭折告终。时在 1963 年夏，为期不过数周。这段传奇来得急去得也快，在海外、国内都是如此。但是，余音仍然未绝。

在调查访问的过程中，我很快地搜集到一些讯息，想要用"马来人"的过去恢复民族的自尊，其实是有困难的。因为，散居菲律宾吕宋岛与其他岛屿的山地部落，若要拿来代表某种英雄史的复活，里面其实不乏令人感到沮丧的屈服特质。比起亚洲其他地区的民族，面对外来宗教的入侵，东南亚的马来民族可以说输得最彻底；伊斯兰教在半岛马来西亚、印度尼西亚与菲律宾的南部大获全胜，天主教则在菲律宾其余的部分取得一席之地。新来的宗教更发现，当地本土性的泛灵信仰早就受到印度教的影响，其中不乏至今仍然原封不动的，例如信仰印度教的巴厘岛就是；但是，在这些国家里面，新的优势信仰虽然普遍被接受了，印度教与泛灵信仰的背景仍然没有完全清除。这种强大的渗透力有何意义姑且不论，对于当代菲律宾人而言，想要在遥远的马来起源中寻找与众不同的特质甚至光荣，似乎没有太大的帮助。

另一方面，菲律宾人从其他地方继承过来的东西，在当代的事务上，却又不脱本土风格。半世纪以来，吸收美国式的教育与政治民主，结果竟是拉丁美洲式的下场，断送在一个眼光短浅的独裁者手上。但是，已有400年历史的古西班牙思想与16世纪式的天主教传说，也在菲律宾人的文化与人格上烙下了极深的印记，对他们所打造的社会与经济制度，仍然具有相当有力的反思效果。1972年马科斯篡夺菲律宾的民主政权时，美国老大哥给予全力支持，一切以美国马首是瞻的中产阶级似也甘心俯首。马科斯没能让火车准时——当时的菲律宾根本也没有几班火车——但却终止了街头犯罪。两年之后，根据报道，天主教会成了反抗新威权统治的主要力量，神职人员高举民权与民主的大旗，却不堪马科斯轻轻的一击。如果报道属实，[1]这次反抗运动与美国人或亲美的教会人士无关，那真可说是吊诡中的吊诡了。

至于日本人，在寻找过去的光荣方面，问题就单纯得多。如果有问题的话，那就是要用什么法子才能让过去的光荣继续在今天发扬光大。众所周知，日本在名字上面是最没有争

1　*Boston Globe*, April 14, 1974.

议的，它是日升之地，是一切起源的开端。直到 1945 年战败之前，帝国的日本始终号称拥有 2500 年的历史正统，其君王是所谓的"天皇"。说到日本人的民族自尊，日本的历史传说也一直扮演极重要的角色，今天老一代的日本人固然不讳言这一点，年轻的一代，即使是激进的少壮派，也很少有人质疑。[1]

尽管战后一直动荡不安，悠久的历史与光辉的传统，包括艺术、工业与尚武精神，在在使日本人民引以为豪。所有这些特质，绝大部分是在一个世纪前的明治时代就融入了民族主义的传统。而此一传统纵使在 1945 年深受打击，也并未因战败崩溃，反而又在今天重现，成为日本人重新定位自己、思考自己在世界事务中应扮演什么角色的支撑。[2] 这种精神不仅在日本武士电影中展露无遗，更在小说家三岛由纪夫的身

1　一位一同做旅行访问的同事说得极好："日本年轻人对于日本的过去，尊重、看重的人说它们是'传统的'，是'日本人的'，不喜欢的人则说它们是'封建的'，不承认那是日本人独有的特色。同样的，对于今天的文明，他们喜欢的就称之为'现代的'，他们不喜欢的则冠之以'西化的'或'美国化的'，或干脆称为'资本主义化的'。"参阅 Deborah S. Isaacs, "A Research Report on Some Young People in Changing Japan"。

2　For an illuminating review of a century of Japanese concern with cultural identity, see Hiroshi Wagatsuma, "Problems of Cultural Identity in Modern Japan", in Theodore Schwartz and George De Vos, eds., *Ethnic Identity, Cultural Continuity and Change*, forthcoming.

上具体呈现，这位作家以传统武士道方式自杀，正是要唤醒沉睡的光荣传统。今天，当一批又一批日本老兵陆续从关岛与菲律宾的山洞中走出来时，也再度唤醒了忧心忡忡的日本人——即使为时不过数日或数个星期——或许真是该确定他们价值的时候了。

日本人的传统以不同的方式转化成为今天傲人的成就。在日本进行访问与晤谈期间，我发现，日本历史的独特性与传统力量的深厚，一直都是日本人之所以为日本人的关键。唯一的问题是，当他们要界定这种独特性到底是什么东西时，困难也就随之出现。这种情形与菲律宾人所碰到的极为类似，亦即在他们的过去里，有哪些东西是从别人那里得来的，又有哪些才是他们自己的。

有两个名词最能生动说明这种情形。其一是和魂汉才（wakon kansai），意为"日本精神与中国技术／学问／知识"，指的是 7 世纪时大量吸收、抄袭自中国的观念、语文与艺术，也正是此一汉化的过程，成为日本后来发展的主要基础，并形成日本文化中的主要风格；另一个是和魂洋才（wakon yosai），意为"日本精神与西方技术／学问／知识"，指的是 1868 年后明治时代的变化，当时的日本人像今天一样，处心积虑，积极作为，开始大量模仿、吸收西方的长处，包括在军事方面展开的西化过程，使国家与社会转型，并使日本登上世界现代史的舞台，成为一个重要的角色。汉才是什么，洋才是什么，基本上没有问题，倒是"和魂是什么"这个问题产生了，而且答案在哪里还不知道。什么是"日本精神"？塑造这整个历史经验的又是什么？

对于这个问题，最常被提到的答案是：和魂就是模仿，尤其是指模仿的能力、模仿的心态，对模仿过来的东西不仅有样学样，更是适应转化。出版大量日本学书籍、并在1970年代名噪一时的著名精神分析学者土居健郎博士说："这就是日本独具一格的精髓所在……我们是世界文明的鉴赏家。我们模仿，我们欣赏，我们从中得到自己的品味。在模仿来的东西里面，我们把自己的一些东西放进去，保留住我们自己的精神。"[1] 在同一话题的讨论中，鹤见和子说："我们说日本文化，而不说文明。我们说中国文明、印度文明，但提到日本，则说日本文化。我们很清楚自己，也非常以自己为傲，以自己对新事物的敏锐自豪。中国人不够敏锐，不够好奇。

1　Conversation with the author, Tokyo, January 1973. Dr. Doi is the author of *The Anatomy of Dependence*, New York , 1973.

我们却不同，我们以此自豪。"[1] 在这类对话中，寻找日本的本质变成一种隐喻的游戏：和魂是否像洋葱，剥开一层又一层的辛辣，到最后竟是什么都没有？或者说像洋蓟，每片叶子都风味十足，全都扯掉之后，是一层短而硬的绒毛外壳，里面却是一颗柔软密实的心？

　　1970 年代初期，日本人一向只压在心底的忧虑突然之间变成了公开的话题，几乎成了街谈巷议。一连串的大事——其中尤以美国与中国重建关系最为突出——一夕之间把日本从 1950 与 1960 年代"经济奇迹"的陶醉中惊醒，世界能源危机更对那个奇迹构成了严重的威胁。始终在日本文化里面深藏不露、同时又在日本现代发展过程中如影随形的不安全感，在这些"震撼"的冲击下，一时全都浮到表面，形成社会普遍的自我质疑。面对过去的本质与今天的需求，日本人铆足了劲要找到解答，不断地在许多层面自问：如果和魂——日本的特质——果真就是那种精挑细选外来文化的抄袭能力，日本民族的历史只是利用古代中国艺文与现代西洋科技所打造出来的，那么现在呢？煞费苦心千挑万选的结果，这

1　Professor Tsurumi is the author of *Social Change and the Individual: Japan Before and After Defeat in World War II*, Princeton, 1970.

一头是死胡同，另一头是灾难，面对后工业世界，日本今天还有什么东西是可以抄袭的？如果实在没有什么长处可供抄袭了，日本能够从完全属于自己的东西里面创造一个民族的明天，并在升起的老太阳下产生全新的东西吗？对于日本人这种长期以来的自我质疑，吾妻洋（Hiroshi Wagatsuma）在深入探讨之后说："总之，对日本人引以为豪的文化特质，这个百年来的老问题，除了培养、开发属于自己的东西之外，实在看不出还有更清楚的解答。"

　　有的民族以自己的历史为耻，有的民族简直没有历史可言，有的民族则因为自己的历史核心空无一物而忧心，不同于这些民族的是，犹太这个民族之所以还能认同自己是犹太人，别无所恃，唯一有的就只是历史，而且靠着历史才得以存活至今。他们的宗教——以摩西的律法、宗师的释论及民族起源的传说为基础——则为历史提供了主要的养分。堪称是地球上最小的族群——在一个近 40 亿人口的世界上，为数不足 200 万——犹太人却拥有最悠久的历史，长达 4000 年从未中断，而且始终维持着它独特的史观与影响力。

　　在如此漫长的岁月中，民族所应该具备的特征，犹太人几乎全都丧失了，甚至过去好长一段时间他们曾经共同拥有的身体特征今天也付诸阙如，这一点，只要到特拉维夫或耶路撒冷的街上走一趟就可以得到证明。即使是他们共同信奉的唯一宗教，由于分裂成多种派系，或对古代律法的奉行程度不一，如今也跟身体特征一样，染上不同的地方色彩，形成许许多多的派别。照目前最普遍的定义，所谓犹太人，就是一个与犹太民族历史紧密相连的人，而这段历史独一无二的特色则是一部古老的律法、一个唯一的上帝，以及一个深信自己是被拣选到地上来服侍上帝的信念。这段历史包含了人类的起源，更重要的是，它的起源传说渗入西方的起源，二者密不可分，形成了所谓的"犹太—基督"（Judeo-Christian）文明。在远古时代以及犹太民族大放逐（the Diaspora）的岁月中，许多犹太人在不同的时间与地方"消失"，有时候是个人，有时候甚至是整个一群人。[1] 有更多的人则是饱尝各种

1　犹太人因同化而消失最著名的例子发生在中国。10 世纪时，一群犹太人流落到河南开封定居，保持着自己的生活方式，自成聚落，直到 19 世纪中叶，终于整个消失在儒家的士人阶级当中，并与民间融合。参阅 William C. White, *Chinese Jews*, Toronto, 1942。在《犹太人的同化：犹太人在中国》（*Jewish Assimilation: The Case of Chinese Jews*, Northwest Christian College, Eugene, Ore., 1972）中，宋乃瑞（译音）说明了开封的犹太人是如何认同儒家文化，并指出在没有任何迫害与歧视的情况下，一个族群是可以用观念同化另一个族群的。

迫害与歧视，苟延残喘地活下来，却又沦为次等族群而陷入自暴自弃的悲惨下场。但是，犹太人以历史传统为自己的认同定位，历史证明是有效的，它支持许许多多的犹太人度过了长时期的流亡，多少个世纪以来，培养了他们抵抗敌意的能力，最后走过了希特勒的大屠杀。[1]

间隔了 2000 年之后，以色列的复国使犹太人又有了自己的国家，此举不仅是要找一块土地使自己免于遭到灭族，更是要为犹太人的自成一体再度建立一个政治架构，为散居世界各地的同胞建立一个完整的民族。在当代政治变迁与族群认同的互动中，这或许是最戏剧化的一个例子。因为，来自世界各地的犹太人在以色列汇聚一堂，救亡图存之外，又冒出一个问题：谁以及什么才是犹太人？这个问题裹在团团浓雾之中，任何照明都帮不上忙，加上新的以色列认同仍有待形成，而每个犹太人又都有各自的族群认同观点，其间的

---

1 The *history of the Jews* is the subject of a vast and highly varied literature. For an introduction to the subject in a single volume see Abram Sachar, History of the Jews (1953), New York, 1971. For an essay that attempts to put Jewish history in its larger Western or world context, see J. L. Talmon, "Suggestions for Isolating the Jewish Component in World History", *Midstream*, March 1972. For an introduction to the history of the religion, see Jacob Neusner, *Way of Torah: An Introduction to Judaism,* Belmont, Cal., 1974.

错综复杂也就更不待言。所有这些，最核心而又最能凝聚感情的，就属历史与起源了。

就以色列而言，谈到历史与起源，最最不堪回首的，莫过于公元73年犹太人的最后抵抗在梅察达（Masada）谱下休止符，犹太人的光荣从此走入历史，接下来是大放逐时期的长夜，之后，便是没有祖国的犹太人活在衰微与羞辱之中。一直到1948年，这种深创巨痛才算稍得疏解，犹太人的光荣历史也才得以恢复，以色列的复国终于使犹太人再度成为以色列的子民；从此以后，梅察达所象征的也不再只是一个活在希望中的未来。[1] 对过去所抱持的心态与感情因此产生了变化，在以色列，环绕着"犹太人"与"以色列"这些名词，不同的理解与意义也开始形成，对那些在以色列出生的以色列人来说尤其如此。身为以色列人，表示一个"犹太人"不必再苟活于非犹太人的世界，尤其是那些整个民族都强烈反犹的东欧国家。人在锡安（Zion），代表的不再是一个苍白弱小、只会放高利贷的"犹太人"，而是一个高大强壮、能够自食其力的以色列人，不再手无寸铁，不再任人宰割，也

1　Cf. Robert Alter, "The Masada Complex", *Commentary*, July 1973.

不再是操一口意第绪语（Yiddish）、无家可归、所到之处受尽排挤与迫害的"犹太人"，而是口说希伯来语的堂堂公民，身在故土，受到自己人的强大武力保护。犹太历史一断 2000 年，一旦拾起线头接上光荣的过去，新以色列人便着手重建民族的历史传统，并以此恢复犹太人的认同。在这方面，民族历史的传统甚至胜过宗教。对犹太复国主义(Zionist)来说，一丝不苟、行礼如仪的宗教，基本上无足轻重，甚至毫无地位。追求社会主义理想的犹太人，排斥宗教信仰固不待言，犹太复国主义者更是把后圣经时代（postbiblical）的犹太教视为大放逐时期的包袱，弃如敝屣。

对于这方面的事情，1948 年从世界各地来到以色列的犹太人，意见有相当分歧——在这个新的国家，正统宗教应该扮演什么角色，占有什么地位，成为最有争议性的问题——但一般而言，新以色列的子民，尤其是在以色列出生的后代，对于成为以色列的一分子，无不全心全意地认同，1967 年六日战争（Six-Day War），以色列军队击败阿拉伯人之后，以色列人更是满怀新的自信，打造民族的新生命与新形象。1973 年，阿拉伯人重启战端，打击接踵而至，几乎不可收拾，加上严重的国际孤立，处境更形艰难，但也正是这段期间，以色列人找到了自己。正如以色列记者阿莫斯·埃伦（Amos Elon）引述一个士兵所讲的话，这个刚从苏伊士前线回来的士兵说："一生之中，我第一次觉得自己是一个犹太人。"[1]

在以色列以外的地区，尤其是在美国，同样的经验也在犹太人的意识中造成重大的新转变。1945 年之后，犹太人融合成为美国人的机会不仅大增，而且被社会了解的程度也更高。在我谈到民族这个要素时，将会针对当代犹太人族群认同的模式再做讨论，因为我认为前者是后者的主要基础。但在这里我要谈的是，在这几个世代当中，对于自己能够成功地当个美国人，美国犹太人信心十足，也使他们的历史与美国的历史变成互为一体。一方面，他们认同自己为犹太人，使自己与历史、宗教结合起来；另一方面，身为美国人，他们又与其他各族群分享着共同的国家与资产。但是，以色列所象征的，是犹太人的结束流亡以及全体犹太人的安全底限，因此以色列的国家安全也成为他们衷心关注的问题。对以色

---

1 During a lecture in Boston in February 1974, Jacob Neusner strikes a similar note under the title "Now We're All Jew Again", in *Response: A Contemporary Jewish Review*, Winter 1973-4, p. 151. Amos Elon writes of the generational experience in Israel in *The Israelis: Founders and Sons*, New York, 1971.

列的安全担心，连带地为全体犹太人的安全而担心，这种情绪一度在 1967 年升高，然后又戏剧化地缓解，但 1973 年因赎罪日战争（Yom Kippur War）而引发一连串事件与战斗时，这种恐惧又再度升起，并以极端尖锐的方式表现出来。犹太历史的幽魂，1945 年之后在美国已经生根，1967 年之后在以色列又再度落回犹太人的肩头。无论在美国或以色列，看来犹太人仍然是拿他们的过去在建构自己的未来，其中既有大痛苦带来的大成就，也有大成就带来的大痛苦。

中国人也拥有光辉的过去，并自认为自己的历史是最伟大的。犹太人离散到全世界，在别人的土地与文化中沦为边缘的异乡人，中国人则完全相反，除了少数移民分散到南洋一带，几乎全都留在幅员广大的国内。犹太人只有在圣经时代短暂地享受过皇朝的权力，而且疆域狭小，在悠久的历史中，绝大部分时间都屈居人下，无权无势。中国人的帝国则是权大势大绵延好几个世纪，其间虽见王朝的起起落落，外来的征服者如蒙古人、满族人虽也曾先后入主，但在西方人入侵之前，中国文化的优越性却从未遭到异族的挑战。犹太人 2000 年来饱受打压迫害，虽以一次大屠杀告终，但也付出了半数犹太人牺牲的代价；而中国人所受的欺侮与屈辱仅只一个世纪，在欧洲人与日本人肆虐的这段期间，中国的统治者吃尽无能、战败与不平等条约的苦头，在西方强权与科技的威逼下饱尝低人一等的经验。于是，终结积弱不振，重振中国人的光荣与强大，成了政治改革与革命的唯一目标。为此，19 世纪中叶有太平天国的流产叛乱，20 世纪中叶则有共产党革命的成功。近代中国的民族主义虽然不乏西方意识形态的色彩，但绝大部分的动力来源却是恢复古代中国的伟大。

中国人的自我认知与印度贱民形成强烈的对比。中国人自视甚高，自认属于人上之人；以日本为例，中国人就视日本传统源自中国，是次等文化。严格地说，中国人没有"起源的传说"；这一点虽然相当特别，但之所以如此，或许是因为在中国人的观念里面，他们根本就是与天地同时的。中国人的祖先在世界的曙光时期就已经是圣王的黄金时代，统治天下的是夏与商，接下来的孔子时代，已经趋于没落。[1]

中国这种光辉伟大的过去，不仅在外族入侵的衰落时期

---

1 Cf. Jonathan Mirsky, "Writing Textbook History: Two Current Examples", *Journal of Asian Studies*, 33: 1, November 1973, p. 91, C. P. Flizgerald, "The Chinese View of Their Place in the World", *Chatham House Essays*, London, 1964, pp. 5-6.

深植人心，自马可波罗以降直到今天，不少西方人也津津乐道。正如我在别处所做的详细说明，[1] 对中国人这种自我认知，有人极不以为然，视之为狂妄自大，是沙文主义的自我中心；但也有人持正面评价，认为是一项极为难得的遗产。至于对个人来说，这种自我认知则因人而异，以海外的中国人为例，自从共产党政权开始大幅提高中国人的地位与力量之后，所引起的反应可以说是尊敬与恐惧参半。

在利用中国的过去方面，中国共产党与毛泽东并非照单全收。有时候，历史往事的影子隐约可见，而且为了达到不同的政治目的，历史上的负面人物可以变成英雄，例如《三国演义》中的权臣曹操与大漠枭雄成吉思汗，而正面的圣贤人物也可以变成大奸大恶，例如孔子。1961 年，一位有名的中国专家写道："依中共目前的情况……孔子似乎会在今年'当道'。"但时至今日（1974 年），这位古圣先贤显然"出局"了，成为全国人民攻击的主要目标，其实却是指桑骂槐地在

---

1 *Scratches On Our Minds: American Images of China and India*（*Images of Asia*）.

打击毛泽东的斗争对手。[1] 但是，中国的光荣总是不变的，对中国人来说，始终是最能激励人心的。

施拉姆（Stuart Schram）曾经提醒过，说毛泽东在这方面的相关文稿中，从早期到最近，都有"一种令人讶异的思想连续性"。中国"拥有伟大的思想家、科学家、发明家、政治家与战略家……还有丰富的古典作品"。对于中国人的"第一"——罗盘、造纸、活版印刷、火药，毛泽东也念兹在兹，朗朗上口的是，中国"有五千年悠久的历史……是世界上最古老的文明古国之一"，中国的人民"以吃苦勤奋著称……是具有伟大革命传统以及宝贵历史遗产的人民"。站在新政权的门槛上，他大声疾呼，中国人"永远都是一个伟大、勇敢、勤奋的民族，只有在现今这个时代才落后于人……我们的国家绝不会再受人欺侮，我们站起来了"。[2]

伟大的过去如何在中国人的族群认同上发挥作用，我拿

1　Cf. Albert Feueroweker, ed., *History in Comnanist China*, Combridge, 1968, especially "China's History in Marxian Dress", pp. 39 ff; Joseph Levenson, "The Place of Confucius in Communist China", pp. 56-73; David Farquhar, "Chinese Assessments of a Foreign Conquest Dynasty", pp. 175-188.

2　Cited by Stuart Schram, *The Political Thought of Mao Tse-tung*, New York, 1963, pp. 105-107, 109-110.

一个美国华裔男孩为例，作为本章收尾的小装饰。这个念高中的男孩，住在波士顿郊区，说一口略带中国腔的英语。他说，1970 年那一年，他第一次被同学嘲笑，也逼得他第一次想要去了解中国，想知道身为中国人的意义。没花多久工夫，他就下了两个十足笃定的结论："我知道中国是个非常古老而且历史悠久的国家，非常非常伟大；中国是我的祖国，我以此为荣。"

第八章

宗 教

樊迟问知。

子曰:"务民之义,敬鬼神而远之,可谓知矣。"……

季路问事鬼神。

子曰:"未能事人,焉能事鬼?"

曰:"敢问死。"

曰:"未知生,焉知死?"

——节自《论语》

人类从过去所得到的资产里面，有一种称为"宗教"的东西。尽管名称各异，形式也各不相同，但宗教基本上一定与信仰有关，无论所信的是一神还是多神，都是相信有某种超自然的力量，统摄这个世界并控制其间所有生命的命运。从远古到今天，人类的每个文化几乎都有一套信仰体系，其中又包括戒律、仪式与教义。

就某些方面来说，宗教是一种极端个人的事情。信徒或者仅属名义上的信徒，碰到某些无法满足的需求，宗教或许能够提供某种安抚的作用。但是，即使只是个人的事务，整体而言，宗教更是一种一体分享的经验，是一种能把个人与其他人连成一体的共同资产。这种特性，即使道行与修为都高人一等的圣徒也不例外，他们虽然与众不同，但无论在形式上或实质上，他们所拥有的特殊宗教经验还是源自他们所信仰的那个传统。佛陀、圣方济、美名大师托夫（the Baal Shem Tov，犹太神秘教派哈西德派创始人）与甘地，容或有某些共通的特质，但谁都不至于认错、弄混他们，他们之间的共同点也不可能把相异点模糊掉，对任何信仰来说，真正重要、伟大的，反而是后者。

实情的确如此，就拿"宗教"一词来说，英文的

religion，众所周知，字源是拉丁文的 ligare，意思是"信守、承担、坚持"；同一个字根的字还有 ligament（韧带、纽带）或 obligation（责任、约束），都意味着一种关联，一种传承(bond)。另有一说，religion 的拉丁文字根是 relegere，意思是"反复朗诵、收藏、积聚"，亦即累积而得的智慧或传统。有关这些字源的讨论，无论学术的或宗教的，在在显示出一个特征：宗教或者也可能是别种东西，但定然是一种传承。对上帝或某个对等的神祇，对誓约，对一个信仰的共同体，对某些仪式与习俗的规范，对那个拥有共同信念、戒律与教理的实体，以及对一个承袭下来的传统，都有着一种传承的关系，这个传统源自古代的智慧与教导，口耳相授或载之经书，经信徒代代传递、念诵与注释，历久不衰。

作为一套信仰与崇拜的系统，许多文化与语言中的"宗教"一词，在字源学上的意义都具有传承与传统这两个概念。梵文 dharma 意思就是宗教，但也有戒律、义理、责任、次序、礼拜、仪典、种姓义务、万物一体、天命等意思。而这个字的字根 dhar，意思则是"奉行、持守、承受"，亦即信守、承担、坚持。相同的字音也出现在波斯古语中，data 意指"戒律"，在亚兰语（Aramaic）[1] 与希伯来语中则是 dath，意思也是"戒律"。在现代希伯来语中，dati 这个字指"宗教的"，意思是严守戒律、礼拜与仪式；另外有一个字 messorati，意思是"传统的"，则指比较不需要严格遵守的信仰事务，并由此衍生出 messorat，亦即传统。印度尼西亚文的宗教是 agama，源自梵文，意思是"经文"。至于希腊文，根据《牛津古字辞典》（*Oxford Classical Dictionary*），最接近"宗教"的字是 hosios，意思是"常规"或"习俗"，亦即"以合于礼法的态度对待神圣事物或传统道德"。

阿拉伯文中相当于宗教的字是 din，也是源自波斯语，当动词用，意思是"克己复礼，遵守古训"；当名词用时，指的是"义理、礼法，常规、习俗、标准行为"。Islam 之名则来自 aslama 这个字，意思是"完全顺从、匍伏于"万能的上帝，"并接受他对自己的约束"。Muslim 这个字则意指"匍伏顺从的人"，接受与阿拉（Allah）之间的传承关系。中文的"宗教"，字面上是"教有所本"，但"宗"字也用于"祖宗"，意思是祖先；"宗"又有"相关"的意思，亦即有所本，而"教"

1　西北闪族语，和希伯来语有密切关系。——译注

的原意是"教训"，亦即"学而知之者"。[1]

上述诸例显示，"宗教"一词虽然因地而异，但却有共同特征，亦即"传承"与"传统"，诚如爱默生（Emerson）所形容的："海洋冲刷到不同的海岸，接受不同的名字。"

相对于"宗教"在各种文字上的一致性，宗教经验则是各异其趣。如果我们读过威廉·詹姆斯的作品，就不至于陷入一个观念，认为所有的宗教都具有某种单一的本质，而非具有"多项特征"。关于这一点，可以说至为紧要。[2] 所有的宗教的确都有一个信仰上帝或超自然力量的传统，但是，人世间的种种经验与文学艺术的表现，却可以证明宗教之用其实无所不至，体验、说明与分析宗教的方式更是林林总总。

1　The word origins and usages cited come from a variety of dictionaries and encyclopedias; from Wilfred Cantwell Smith, *The Meaning and End of Religion*, New York, 1963, chaps. 3 and 4, especially the notes thereto; and from Yu Zunvair, former reference librarian, Harvard-Yenching Library, and Dr. Ai-li Chin.

2　既然提到了"宗教"一词的本质，不妨完整引述威廉·詹姆斯的警语："大部分宗教哲学的著作都是从定义着手，以便掌握宗教的本质……其结果却是各有所见，分歧极大，充分说明'宗教'这个词并不代表任何单一的原则或本质，而应该是一个集合名词。理论化的缺点是过度简化，哲学与宗教之所以充斥绝对主义与独断的教条主义，症结正在于此。但我们也不应该掉入自己的主观独断，而应该以开放的态度承认，自己也未必能为宗教找出一个单一的本质，但却可能在宗教中找到许多相同的特征。"《宗教经验之种种》（*The Varieties of Religious Experience* [1902]），New York, 1925, p. 26。

处理这样大的一个题目，显然应该有所节制，在此，我所要讨论的，只限于宗教作为基本群体认同的要素，并怀着尊敬与感激，回顾前人所留下来的洞察，从威廉·詹姆斯、弗雷泽（Frazer）、马克思、弗洛伊德、韦伯、伊利亚德等人那儿撷取一鳞半爪，扼要提示宗教对个人与群体所产生的作用，指出宗教何以会成为人类行为的一种基本共相，既能把个人与群体结成一体，却又置人类群体于相互敌对之中。在当前政治变迁的冲击下，宗教在族群认同模式中所扮演的角色，我将逐项加以列举。

既是基本群体认同的要素之一，又以多种互不抵触的面貌呈现，宗教可做如是观：

——宗教是一种内在的、感情的、主观的个人经验。

——宗教是一种制度的、历史的、客观的社会现实。

——宗教是一种"讨诸神欢心的艺术"，面对可怕的自然力量，对冥冥中不可抗拒的力量，取悦、巴结、归咎、接受、贿赂、颂扬。

——宗教把非具象的东西予以具象化，为不可思议之事提供说法，为不可解答之事提供解答，使不可知之事可知，界定善恶是非，解开生死与时间之谜，套用韦伯的话，宗教是意义的来源。

——人世间幸与不幸的变化无常，宗教自有安排；苦难是因为有罪而受到的惩罚，所以苦难必须忍受——再引韦伯之言——"幸运者之所以幸运，冥冥中自有定数。"

——宗教为无意义之事提供意义，借此"介入个人的命运，进而让我们安于此生绝对的现实"（威廉·詹姆斯）。

——宗教是安慰的活水，是痛苦、恐惧、困惑、挫折的避难所；宗教提供呵护、治疗、安抚、鼓励——上帝如母。

——宗教是权威的源头，是戒律的司法，对冥顽不灵的罪人施予惩罚甚至报复，偶有宽恕，不损其刚直、坚定、威严——上帝如父。

——或如弗洛伊德的比喻，宗教是以普天下亲子关系所产生的"感情、恐惧与欲望为脚本，并据以搬演的一套戏码"（欧内斯特·琼斯 [Ernest Jones]）。

——作为俗世权威的批准者与支持者，宗教为地上的统治者加冕神圣的光环，颁定规范、道德与义务，抵制脱序与邪恶，成为社会秩序的黏合剂，上帝是"社会的象征"（涂尔干）。

——作为权力的工具，宗教是征服者的战旗，是被征服者的麻药；是强者的靠山，是弱者的背垫，让主子安心当家，让臣民"乖乖听话"（马基雅维利 [Machiavelli]），或如马克思所说，宗教是"人民的鸦片"。

——还有另外一种完全相反的说法，宗教是挑战权威的动力来源，例如中国人就有天命可以转移的观念，又如好些世纪以来，许多社会结合宗教与政治，以上帝所许诺的千禧盛世为名发动革命。[1]

个人与社会环环相扣，宗教经验方面尤其如此。在社会与政治的发展过程中，社会的宗教力量往往来自个人对宗教的信仰与归属；这种发自民间的沛然力量，对于掌权者来说，既可用之于安定人心，也可以用之以动员民力，供其追求宗教的与非宗教的目的。的确，把宗教信仰与政治体制打造成为一体，几乎可以说是所有文化的共同特点。

但是，另外也有一种说法，认为"西方"与"东方"文化在这一方面还是有着根本的差别；不过严格来说，就和许多其他事情一样，所谓完全"西方的"或完全"东方的"其

1 Cf. Guenter Lewy, *Religion and Revolution*, New York, 1974.

实并不存在，很难指出两者之间本质性的差异。此说认为，在"东方"，宗教信仰与习俗深入民间日常生活，主导整个社会的形成，例如印度教的种姓制度；或者在政治体制中占据高层特权的职位，如佛教僧侣在斯里兰卡、缅甸与泰国所建立的制度。至于伊斯兰教国家则大都取法"东方"，在理论上，社会体系全都以《古兰经》为本；在个人与国家事务上，既不容许宗教的分歧，也不准许世俗生活的各行其是。当然，不可否认的是，在今天的亚洲与非洲，许多伊斯兰国家或穆斯林当政的国家，仍然各有不同的风俗习惯。[1]

在信仰基督教的欧洲，套用托尼（R. H. Tawney）的观察，不仅是政治，甚至所有的政治理论，全都是从中世纪到17世纪中叶的神学模子中打造出来的，一直要到资本主义与现代民族主义兴起，宗教战争的时代"走入历史"，"经济民族主义战争的时代"来临，启蒙思想抬头，宗教才成为个人的而非公共的事务。最先是英国，美国与法国继之，国家不再祈灵于宗教的认可，而是诉诸"自然"，根据社会契约的

---

1 For studies of the political role of religion and the process of secularization in a number of Muslim, Buddhist, Hindu, and Catholic Latin American countries, see Donald E. Smith, ed., *Religion and Political Modernization*, New Haven, 1974.

理念，结合个人的力量保护自己的生命与财产——尤其是财产——而不再求助于任何"超自然的授权"或任何神圣的权威。[1] 即使如此，旧有的关系仍然阴魂不散，在天主教的欧洲及其美洲殖民地固然如此，在大部分的新教欧洲，其中包括英国，罗马教会的权力已经崩溃，还有英国国教继起，更不用说远在美国的新英格兰，当初为追求宗教自由而漂洋过海的人，在宗教信仰上，也是经过了好长一段时间才包容其他的信仰。至于美国，启蒙思想的反教区（anti-parochial）理念虽然站稳了脚跟，但仍然不够普遍；宗教歧异在族群分裂中仍然卷入甚深，长期以来一直在政治方面也扮演着关键的角色，这种情形在州与地方的层面尤其普遍。西班牙在欧洲本土与海外的殖民地，由于 19 世纪民族主义的进一步发展，反教权（anti-clerical）运动虽然颇有斩获，但旧有的冲突与旧有的关系仍然余劲不减，一直延续到今天这个时代。在意大利、西班牙与葡萄牙，教会—国家的老问题在政治上仍是主要角色；在阿尔斯特，宗教战争的幽灵更是找到了新坟，每天在上面跳舞。

---

1   R. H. Tawney, *Religion and the Rise of Capitalism*, New York, 1926, pp. 6-7.

　　宗教上的个人主观经验与集体客观经验经过多方混合，使许多族群与文化得以将人民整合成为一体；但是，同样是拜宗教所赐，族群与族群之间，文化与文化之间，却也形成了严重的区隔与对立。

　　通过宗教信仰，族群存在的意义形成传统，为每个族群的成员提供了强大的黏合作用，借用威廉·詹姆斯的名言，使他们能够配合现实的情境，按照自己的需要，或恬淡清静或激情狂喜。作为一种超强的超我，宗教效应既可以把自我圣化到极大，也可以把自我压缩到极小。例如加尔文教派（Calvinists），相信原罪，认为人的自然状态只有堕落一途，但即使如此，他们仍然指望自己所信仰的宗教能够使他们免于堕入此途。在某些节骨眼上，在某些场合中，宗教的确能使某些人克制最原始的冲动，这种好处倒是值得心存感激的。

　　但是，把相同信仰的人结合起来是一回事，使不同信仰的人对立起来又是另一回事，何况信仰的分歧就跟宗教本身一样，始终都是一个普世性的现象。每个族群的信仰自有其普世化的真理，有其独特的传说、教义与习俗，不论它追求的是什么，一定与其他族群所追求的东西大异其趣。相信超自然力量的存在，或许是所有宗教共同的特点，但除此之外，彼此之间的共同点就少之又少了。[1] 宗教的歧异如此巨大，彼此一旦对立就势同水火；历史上，宗教间的相互包容只有在古代中国出现过，时至今日，人们所能寄望的，似乎就只剩下启蒙思想造就欧美革命所产生的新兴民主社会了。在以基督新教信仰为主流的现代化国家，另外还可以加上反教权的法国，国家与教会总算有了分际，信仰与崇拜的自由也成为每个人的权利。单就这一点来说，以理性的态度处理这些非理性的事情，能够有此成就已属难能可贵。但是，在公领域中已经建立起来的这种多元包容，似乎并未扩充到个人与文化的领域，因歧异而形成的对立不仅依然存在，群体之间的人我之别反而更属常见，程度上容或有轻有重，但若再加上其他方面的差异——例如种族、民族、阶级——其结果就不只是不相往来而已，否定、排斥、歧视、敌对与憎恶也随之俱来。越来越多的证据显示，宗教信仰与宗教归属越强烈，

---

1 "以宗教的名义，什么事做不出来？为了宗教，人类在观念上与行为上要么是热情地给予肯定，要不就激情地予以反对。在悠久的宗教史上，有贞洁神圣的娼妓，有狂欢大宴也有斋戒断食，有豪饮烂醉也有禁酒忌荤，有歌舞作乐也有庄严肃穆，有活人献祭也有拯救生灵……有迷信也有教育，有穷无立锥也有巨额奉献，有日夜不息转动的法轮也有寂静无声的祈祷，有众神也有群魔，有一神也有多神……宗教竟如此的两极对照，何以致之？" Paul Johnson, quoted *in International Encyclopedia of the Social Sciences*, 13:417.

对其他宗教与非我教类的憎恶也就越大。这种情形，古往今来可说俯拾皆是，现代社会科学家的调查研究也清楚地证明了这一点。[1]当代历史中，因宗教而发生的大规模血腥事件固然不在少数，即使日常生活中，宗教也以各种不同的面貌作祟，其所展现的暴力通常不是身体的而是心理的。人类因彼此的差异而分人我，各自紧紧抓住或依附着族群的特征，心理暴力其实才是最常见的方式。

在这方面，某些主要的宗教体系可算是例外，至少在哲学理论上是如此。印度教、佛教以及中国的宗教，都具有一定程度的包容性，承认通往上帝之路并非只有一条，诸神在天，只要心存虔诚，条条路径都可通达。这并不是说"东方"诸神的大殿中未曾掀起过腥风血雨，只不过在理论上它们并不排斥其他的神祇。尽管如此，哲学上颇有包容性的印度教体系却产生了一个最具排他性的社会体系，一个"太一"(Great Oneness) 高高在上，其下则有多个层次森严的阶级，教理与

---

1 对于宗教心理，就我们所知略加回顾可以知道，"社会心理层面有一种不断出现的现实经验，亦即在宗教（'尤指制度忠诚与保守教条方面'）与偏见、威权主义及其他保守心态之间，存在正向的关联"，这正说明一个常见的情形，当人格上有所不足时，就会在"狭隘的范畴中"寻求慰藉，并"在族群中心的教条中取得自我强化"。*International Encyclopedia of the Social Sciences,* 13:415, 420.

信仰合为一股大力量，数千年来绑住臣服其下的信徒，直到今天仍然影响着数千万人的命运。有人会说，这个制度的目的只是为了实现一种平静的生活；此说如果能够成立，无异就是在提供一个宗教典型，告诉我们，宗教的主要功能就是把人当成动物，然后将他们放进社会秩序的动物园中，叫他们安分守己。反观另一方面，当印度教教徒与穆斯林发生冲突时，印度教种姓制度的约束力量却又不曾制止他们投入暴力的杀伐之中。宗教—政治冲突的旧怨新仇错综复杂，印度教教徒与穆斯林之间的仇恨，在 1946 至 1947 年独立期间达到高峰，双方为了各自分治，展开大规模屠杀，死者高达数百万，而为了寻求安全，穿过新划定的宗教国界，纷纷展开逃亡的人更高达 500 万。这种因宗教歧异而导致暴力屠杀事件的伤痕，在 20 世纪，只比希特勒屠杀欧洲犹太人轻微一些。

但是，话说回来，在犹太教、基督教、伊斯兰教的传统中，排斥异己之风照样盛行。古希伯来相信上帝只有一个，而犹太人是上帝的选民；早期的基督教，神父将信仰分成"真"、"假"两种；伊斯兰教不只把人分成信者与不信者，还把信者分成奉行上帝旨意的良民与违背旨意的弃徒（rejecters）。如此一来，受拣选的与未受拣选的、得救的与受诅咒的、信者与不信者、纯洁的与不洁的、真神的子民与伪神的牺牲，彼此间壁垒分明；也正因为如此，屠杀异教徒（Amalekites）[1]、石击犯罪的信徒、火烧外教信徒、不信者沦为刀俎，所有这类暴力乃成为一种要求、责任，甚至天命。激情如此，仇恨如此，人类历史乃为之血流成河。

当然，这许多的杀戮与死亡绝非只有宗教的理由。历史上因宗教而引发的暴力，很难把宗教因素与非宗教动机截然分开。但是，相互之间的屠杀，无论是为宗教本身还是其他的世俗利益——例如安全、钱财、权力——夹杂着信仰问题，宗教都是号召人民团结的标志与堡垒。也正因为如此，伊斯兰教横扫世界的大征服、十字军东征、宗教法庭、欧洲的宗教战争、16世纪西班牙征服者的十字架、福音传播者，经常是一剑在手，至于欧洲的帝国、贸易与权力在美洲、亚洲与非洲开疆辟土，那就更不在话下了。制造这类事端的人，姑且不论其用心与激情之中究竟混合着哪些宗教与非宗教动机，但至少都有两个共同的特点：（一）所有卷入的各方面都会搬出各自的神祇（在基督教欧洲，搬出来的则是同一个

1　Amalekites 指的是古迦南地不信仰犹太教的犹太人。——译注

上帝），以及（二）不论领导人物多么无能无道，追随者都深信自己是受到神的庇佑，是站在真理的一边，是在履行某种天职，或者——也许是最为常见的——根本懵懵懂懂，仅仅因为背负着某个宗教的标签，就像近年来北爱尔兰许多新教徒与天主教教徒那样，盲目投入冲突，成为刽子手或沦为刀下鬼。[1]

综观充斥于当代的族群认同冲突，有一事是可以断言的，即在所有这类冲突中，宗教都插上一脚，只是程度上有所差别而已。一般来说，宗教与其他分量较重的因素——种族、土地、民族、历史、权力等——交织成一团，因此很难评估它所占的地位，只能大约指出它究竟是边缘的、次要的还是核心的因素。前面我举过两个例子，一是印度教教徒与穆斯林在印度的冲突，另一是新教徒与天主教教徒在阿尔斯特的冲突。在这些地方，从整个事件的布局来看，宗教似乎就是核心问题，但即使如此，宗教显然又只是整个政治大环境快

---

[1] 北爱尔兰宗教族群内战长达 30 年，1985 年初露和平曙光，由英国与爱尔兰签署"英爱协定"，1998 年，北爱尔兰、英国与爱尔兰签署"北爱尔兰和平协议"。——译注

速变迁所引发的一个文化问题而已。宗教如何与其他因素交织并形成新的冲突模式，针对这两个个案所做的研究已经提供了不少说明。[1]总之，许多根本不愿意也不可能卷入权力纷争的人，之所以会陷入生死的挣扎，完全是拜宗教认同之赐，即使宗教只是一个认同的标签而已。

第三个个案是罗马天主教会内部的问题。在这个个案中，宗教显然就是核心角色了。这个世界上最庞大、最强势的宗教体系，直到昨天都还是世界上保守宗教势力最强大的象征，但在全球权力关系与社会条件的变迁压力下，它也不得不忍痛展开求新求变的过程。1962 至 1965 年，第二届梵蒂冈会议（Vatican Council Ⅱ）中教宗若望二十三世（Pope John XXⅢ）率先进行天主教会的内部改革，此一巨无霸开始分裂，影响之深远及于它的信仰体系、法令、制度、仪规与组织。过去令出必行的局面开始松动，教会生活的各个层面不断出现紧张，随着抱怨不断传出，激进的圣灵降临运动（pentecostal movement）崛起，形成一股"反动"势力，甚至扬言另立门户。

1　E.g., Asoka Mehta and Achyut Patwardham, *The Communal Triangle in India,* Allahabad, 1942; Richard Rose, *Governing Without Consensus: An Irish Perspective*, Boston, 1972, especially chap 8, "Two Bodies in Christ".

巨无霸裂解，权威衰退，教会就和其他俗世的权力体系一样，开始尝到了凝聚力失落的痛苦。而多少个世纪以来，在不同的土地与文化，教会之所以能够整合那样众多忠心耿耿的信徒，靠的正是这股凝聚力。[1]

罗马天主教会本身就是一个权力极大的政治体系。在许多国家的政治运作中，教会的角色通常被纳入国际性的考量，并在大部分公共事务上强烈偏向当权者；教会与俗世权力的关系，在道德立场上始终模棱两可，对待萨拉查（Salazar，葡萄牙独裁统治者）、佛朗哥（Franco）、墨索里尼与希特勒如此，对待殖民政权或后殖民亚非国家的威权统治更是如此。这种政治态度，加上它推动的慈善事业，教会典型的功能就

1　"从现在起，在任何议题上，说到罗马天主教的立场，都不是简单的事情。事实上，现在已经没有什么天主教伦理可言。对于原罪，我们所知其实不多……但若把已经贫乏不堪的原罪意识也抛弃，却又没有可以取代的东西。" Father Charles Curran, professor of moral theology, Catholic University of America, *Newsweek*, 1971. 10.4. 可以视为这些变迁所引起的困扰现象之一。See Garry Wills, *Bare Ruined Choirs: Doubt, Prophecy, and Radical Religion*, New York, 1972.

是让广大的信众乖乖处于昏睡状态。[1] 在宗教改革时代，这种保守反动的形象引起更多的不满，也在教会内部造成改变的压力，改革领袖中不乏枢机主教与主教。近数十年来，政治上激进的神父与修女成为政治骚动中人们熟悉的人物，在各大洲都是司空见惯的事。尽管身陷政治变迁压力的罗网之中，天主教会的危机核心仍然在于宗教问题本身。全球仍有数亿信众在信仰上依赖教会，他们从教会得到心理上最强有力的支撑，才能在自我认知上有所安顿；从这个角度来看，教会的危机所引发的认同危机不仅影响深远，结果如何也还是未知之数。

　　宗教在政治变迁过程中占有决定性的地位，另外还有两个十分不同的个案，那就是荷兰与黎巴嫩。在这两个国家，由于不同的宗教族群分立，不论正式的或非正式的政治与政府组织，设立之初均不免削足适履；时至今日，政治变迁的

1　帕斯这样描述教会在殖民地墨西哥的角色："宗教生活对大多数民众而言只是静态的参与，少数人则摇摆于相信与好奇之间，抱着一种好玩的心态，最后多以沉默、麻木告终。换言之，天主教会成为众多印第安人的避难所。征服者让他们无家可归，他们只得重返母亲的子宫。而殖民者的宗教是回到出生前的状态，被动、自生自灭。有少数人虽然希望积极投入新的世界，但不是被迫沉默就是退缩。" *Labyrinth of Solitude*, p.167.

压力对当初脆弱的安排已经成为新的考验。各个族群——荷兰有新教徒、天主教教徒与其他信徒；黎巴嫩则有马龙派基督徒（Maronite Christians）与穆斯林——对于早先建立的体制都失去了信心，相对的稳定因而跟着动摇。

在荷兰，新教徒于 17 世纪从西班牙天主教统治者手中争取到自由，改革派随即与国家建立一种特殊的分享关系。两个世纪之后，为了响应开放的压力，改革派开始向多数让步，在每个生活层面——政治、社会、教育、商会、新闻，后来又加上广播与电视——都建立一套终身照顾的制度，对不同信仰的宗教族群一视同仁，包括新教徒、天主教教徒，以及少数的异议分子、犹太教教徒与自由思想派。每个宗教族群都被视为一根"支柱"，分立而互为奥援，"把国家的顶饰支撑起来"。[1] 近年来，由于各个族群之间的内在凝聚力开始松动，各政党间在选区的权力分配上也出现了紧张。其中情况最特殊的，首推 1960 年代经过大转型的天主教会。其结果是，原本相当稳定的平衡与团结再度让位给年复一年的动荡。荷兰的经验，国外鲜少研究，但是，对于急于处理族群

1　William Petersen, "Report on Ethnic Minorities in Switzerland, Belgium, and the Netherlands", ms., October 1972.

分立问题的新政治体制，倒是可以提供极多的借鉴。

黎巴嫩1945年建国。在此之前，多少个世纪以来，在这块土地上来来往往的族群包括马龙派基督徒[1]，穆斯林什叶派与逊尼派，以及德鲁兹人（Druses）。从远古的帝国，历经奥斯曼的统治，最后落入法国之手，这些族群在这块土地上始终处于既共存又竞争的局面。新国家建立后，新宪法规定每个族群在政府中都拥有保障的代表名额，各族群间并达成谅解，形成一项非正式的协议，总统由马龙派出任，逊尼派任总理，国会议长归什叶派，政府公职则按族群比例分配。但是，族群之间的不和始终不断，武装冲突断断续续，这套体制也一直处于风雨飘摇之中。尤其严重的问题是，黎巴嫩人在历史、起源与文化认同上，歧见纷陈难以解决，基督徒在血缘与历史上认同腓尼基人，穆斯林则在文化上认同阿拉伯人与伊斯兰教，但在政治上，穆斯林之间又有泛阿拉伯主义（Pan-Arabism）与区域性阿拉伯民族主义之间的问题。在这一方面，黎巴嫩人民所承受的压力主要来自邻国叙利亚的穆斯林民族主义；叙利亚视黎巴嫩为"大叙利亚"的一省，

1　马龙派基督徒最早可以上溯到7世纪，体制上自成一系，但仍与罗马教皇维持一种特殊关系。

而所谓"大叙利亚"，在他们看来，凡与埃及、阿拉伯半岛、伊朗、土耳其接壤的整个范围均属之。在以色列与阿拉伯人的冲突中，黎巴嫩始终想要置身事外，但此一政策显然窒碍难行。逊尼派以国内的主流自居，不断扩充势力，与以色列接壤的南部地区又被巴勒斯坦游击队占领，凡此均对勉强维持稳定的政局构成严重威胁，马龙派与穆斯林之间的协议因此开始瓦解。为期不过 30 年，又一个整合不同宗教族群所组成的多元政治体系陷入了分裂。[1]

另外还有一个完全不同的族群，宗教在他们的生命经验中也占有特殊的核心地位，那就是印度教体系中的贱民。我曾经说过，在贱民的族群认同危机中，居于核心地位的是历史与起源这个要素。但是，贱民的历史显然与宗教无法切割，甚至可以这样说，他们的历史根本就是宗教塑造出来的。因为贱民之所以为贱民，是种姓制度外的弃民，完全是出于印度教经典的规定。由于贱民接受了此一信仰，又接受了这个

1　Cf. "The National Pact in Lebanon", in Donald E. Smith, ed., *Religion, Politics and Social Change in the Third World,* New York, 1971, pp. 190-193; Gordon, op. cit., pp. 99-104; Leonard Binder, ed., *Politics in Lebanon,* New York, 1966; Lliya F. Harik, "The Ethnic Revolution and Political Integration in the Middle East", *International Journal of Middle Eastern Studies,* III:3, 1972, pp. 303-323.

信仰给他们的地位，数千年来卑屈臣服，数千万人也默默地承受下来。如此众多的人数，如此漫长的历史，处于一种永无翻身之日的卑微地位，始作俑者正是印度教信仰体系势不可挡的权力压迫。更重要的是，对于这种宗教的制裁，连贱民本身都承认其为正当——虽然以别的文化眼光来看很不可思议——甚至有其不可侵犯的尊严，以致如拉姆（Jagjivan Ram），一位担任印度内阁阁员的前贱民所言，这种卑屈臣服是他们的"心理牢笼"。

关于这一方面，除了建议读者参阅我的其他作品外，[1]在此，我要追述一位婆罗门作家的回忆。这位婆罗门说，他还是个小男孩的时候，正为印度从过去的历史中解放出来而满怀激情，有一天放学，看到一位年老的贱民站在家门口，便催促老人说："进来呀！到家里来呀！"老人眼神严肃地看着他说："小主人，你可以放弃你的宗教，但我们还没有放弃我们的。"

贱民领袖阿姆倍枷尔终其一生都相信，只有印度教种姓制度完全废除，贱民的解放才能真正实现。这也正是尼赫鲁心目中自由印度的理想之一，但对甘地来说，却从来不是。

1　*India's Ex-Untouchables.*

印度争取独立成功，阿姆倍柯尔"废除"贱民入宪的愿望总算得到实现，贱民已经成为过去。但事实上，他们仍然是贱民。在废除种姓制度上，印度社会根本原地不动，改革举步维艰。对于印度教社会的改变，阿姆倍柯尔晚年不再抱任何希望，最后甚至号召追随者一同退出印度教，选择佛教作为新的宗教，并在1956年临终前，于数万信徒的簇拥下正式皈依佛门。数千万贱民当中，改宗的人约200万；但是，就如许多个世代之前的贱民，为了逃避苦难，放弃印度教，改宗伊斯兰教或基督教，到头来却发现，他们的"不洁"追着跟进了清真寺或礼拜堂，所受到的排斥和从前一样。印度为数庞大的前贱民今天仍然活在印度教种姓制度的阴影下，甚至仍然相信经书上的规定就是他们的宿命。有些人搬到城市，活在变动极为有限的条件下，极少数的人变成政治上的激进派，采取更激烈的手段，为打破他们的心理与社会牢笼继续奋斗。

在当前的族群认同冲突中，宗教是否真的扮演着核心角色，并非一件很容易确认的工作。但是，在这个到处倾轧的世界，要说它所扮演的角色只是周边的，却也未免武断。总之，放眼所见，宗教所到之处，永远是千头万绪，也是矛盾压力的来源。

在美国，虽然同属基督徒，但却由于身为黑人，与白人信徒之间的冲突仍不可免，这种情形不仅见于整个社会，甚至见于教友之间，而且不论新教或天主教都一样。在印度，印度教教徒与穆斯林兵戎相见，本身内部照样分门别派，因其他方面的歧异而相互攻伐，惨烈的程度也绝不稍逊。大部分伊斯兰教国家都结成各种联盟——例如阿拉伯联盟（Arab League）、伊斯兰外交部长会议（Islamic Conference of Foreign Ministers）——但是，碰到政治、经济与军事上的利益时，共同信仰的宗教就被摆到后面去了。在这方面，基督教世界不遑多让，甚至犹有过之。把共同的宗教大义丢到一边，各为最不基督的现实利益而相互对抗，这对基督徒可说是司空见惯。非尘世的宗教大义与尘世的现实利益之间，鸿沟如此难以跨越，其症结或许在于宣扬爱人如己的"福音"太不切实际。很明显的，宗教对行为——尤其是政治行为——的影响，大可以大到极大，小又可以小到极小，其差别完全视情况而定。

但是话说回来，当今世界上，族群之间的争权夺利触目可见，宗教在其中扮演的角色虽然不是决定性的，但始终是不可或缺的，即使只是配角而已。很重要的一点是，在造成族群分裂并引发冲突的各种歧异当中，宗教一定有份。举凡动员反对力量，号召群众响应或支持，宗教都扮演了一定的角色，而最大的作用只是拿来区别敌我而已，但效果却是惊人的。兹举数例如下：

——苏丹内战，是北部穆斯林与南部基督徒或"异端"黑人之间的战争。

——乍得内战，是北部阿拉伯支持的穆斯林，对抗南部基督徒或"异端"黑人的战争。

——在尼日利亚，1960 至 1970 年的比夫拉内战，导因于北部穆斯林豪撒族人屠杀数千名伊博族天主教教徒，实际上却是一场广涉部落、经济与区域问题的战争。

——在塞浦路斯，天主教希腊人与穆斯林土耳其人之间的冲突欲罢不能。

——在以色列与阿拉伯的冲突中，复杂的历史仇怨中充斥着宗教感情；同为犹太教、基督教与穆斯林的圣城，耶路撒冷所代表的象征是，宗教在这场土地与权力的争夺战中，虽然不是最主要的要素，但绝对是核心角色之一。

——在斯里兰卡，信佛教的锡兰人与信印度教的泰米尔人之间的社区紧张迄未解决。

——在缅甸，信佛教的缅甸人与信基督教的克伦人

(Karens)，以及其他少数族群——华人、克钦人（Kachins）、掸人（Shans）等——内战不断。

——信奉佛教的泰国，南部边界省份有穆斯林的分离运动。

——在马来西亚，政治上占优势的马来人主张以伊斯兰教为国教，导致非穆斯林的华人少数在文化与政治上产生分歧。

——在菲律宾，信天主教的菲律宾人视少数山地族群为"异端"，并与南部激进的穆斯林摩洛人（Moro）开战；摩洛人视棉兰老岛为他们的固有疆域，并在相同信仰的马来西亚协助下寻求独立，展开武装斗争。

以上所举的例子，都是不同宗教族群之间的冲突；值得注意的是，即使没有其他宗教的竞争，形形色色的宗教狂热者还是会在自己人里面搞出尖锐的冲突，例如：伊拉克的逊尼派与什叶派，以及其他地方穆斯林派系之间的冲突；[1] 基督新教与天主教在阿尔斯特以及其他地方仍然严重对立；同样

---

1 Nearly 100 persons were killed in Pakistan in May-June 1974 in a renewal of rioting between Muslims and a dissident Muslim sect known as the Ahmadis or Qadianis. Some 2 000 were killed in similar riots in 1953. *The New York Times,* July 4, 1974.

的，基督新教的宗派之间，反宗教、非宗教的各种团体之间，以及以色列犹太人信教与不信教的人之间，冲突也时有所闻。

正如上面所举的例子，在后殖民时代的非洲，宗教所扮演的角色显而易见。某些新的国家，认同与政治的重塑动辄升高成为内战，或以其他方式展开不断的斗争。殖民者在殖民时期把基督教带到非洲，但后来的发展不仅未如殖民者的本意，甚至令他们大失所望。在整个非洲大陆上，数以千计的独立教会如雨后春笋般冒出，[1] 其中不乏打着千禧盛世的旗号，对殖民当局展开反抗，后来更演变成民族主义的政治运动。到了后殖民时期，某些信心坚定的教会团体只向"上帝之国"效忠，不惜与新的政权冲突，并在自己取得权力宝座之后，大肆推行宗教色彩浓厚的政策与措施。另一方面，早期具有殖民功能的天主教会也与某些新的国家当局发生冲突，在权威的抗衡上重演教会—国家对立的老戏码。例如天主教人口约占1/3的比利时属刚果，独立为扎伊尔之后，政府领导人莫布杜上校虽为天主教教徒，却与扎伊尔教会的黑人枢机主教马慕拉（Joseph Malula）发生正面冲突。马慕拉

1　Cf. Thomas Hodgkin, *Nationalism in Colonial Africa*, London, 1956, pp. 93-114.

百般稳住教会权威之余，更力图抓紧国家的教育体系，为此不惜向莫布杜的"非洲化"政策提出严厉挑战。

　　非洲其他地方，在好几个新国家的政局中，宗教之间的竞争与对立则扮演了主要角色：传统非洲信仰、基督教与伊斯兰教，不仅在信仰上、制度上互别苗头，而且在代理国际影响力上正面交锋。在后殖民时期，随着欧洲白人的失势，基督教在非洲开始让位给伊斯兰教，其中部分原因是伊斯兰教的宣传攻势；伊斯兰教宣称，对各色人种来说，它比白人的宗教更本土也更友善。埃及强人纳赛尔（Nasser）当权时就把宗教与政治结合，设计一套巧妙的策略，争取非洲国家支持他所推动的泛伊斯兰主义（Pan-Islamism），使开罗成为阿拉伯对抗以色列的中心。纳赛尔的策略在政治上取得重大的成功，1973 年 10 月战争期间，几乎所有的非洲国家都与以色列切断关系，就是最好的证明。手法如出一辙，宗教情绪更为狂热的，则是利比亚基本教义派领袖格达费上校。1974 年 3 月，泛非洲青年会议在利比亚举行，格达费在会中致词时指控，"在黑人的非洲"，基督教"是用来灭族的工具"，并发起一项运动，由利比亚推动、出资，号召发动"圣战"，将基督教逐出非洲大陆。

对于穆斯林的攻势，基督教予以还击，大揭阿拉伯人的历史疮疤，指称早在白人来到之前，阿拉伯人已在非洲扮演侵略者、奴隶主与掠夺者的角色。1974年6月，意大利一份天主教刊物刊出一篇文章，阿比让（Abidjan）的黑人大主教对格达费展开回击，列举穆斯林在非洲的暴行，从11世纪打着"圣战"旗号消灭黑人帝国，到1960年代苏丹入侵非洲滥杀穆斯林黑人。文章写道，阿拉伯人把非洲黑人当成奴隶，"早在欧洲人来到非洲之前，而且在欧洲人改弦易辙之后依然如故"，指控好几个阿拉伯国家仍然存在奴隶。他又说："所有的人，穆斯林与基督教，都应该在历史面前谦卑。"接着直指挑起"回归非洲"原则的危险，指出"部分主张回归非洲的信徒，视伊斯兰教与基督教为外来宗教而予以否定，已经严重破坏了传统文化"。

根据基督教所做的相关调查，非洲有1亿基督徒，其中半数为天主教教徒，穆斯林约1.4亿人，其中包括北非阿拉伯人。这项统计却漏掉了既非基督徒又非穆斯林，以及仍然信奉传统信仰的非洲黑人。事实上，保存与恢复传统信仰，今天在许多非洲国家已经成为非洲民族主义的首要目标，也是他们重建本土族群认同的一部分。[1]

在流落到美洲的非洲人当中，黑人饱受压迫并追求解放的历程，宗教在其中占了极为重要的一部分。在黑人的生命经验里，宗教所提供的功能大矣哉！举凡美国黑人生活中所欠缺的，教会都发挥了一定的作用，它既是情绪的宣泄口、避难所、安慰者，面对不人道的待遇时，也是尊严、心灵与人性的保护者；教会更是教育与动员的管道，是反抗与斗争的催化剂，提供组织的领袖与核心成员——而所有这一切都与白人教会区隔，讽刺的是，两边所宣扬的教义都是兄弟之爱。

因此，丝毫不令人惊讶的是，黑人教会能够长期存在并获得成功，在本质上都是狂热的福音派。3个多世纪以来，在美国，黑人族群"得救的"远多于其他族群；从这个角度来看，黑人以后在天堂得救的机会也远大于在美国的尘世。在美国社会中，福音派狂热信仰所希望、梦想的千禧年救世

1　*The New York Times*, March 8, 1972, June 30, 1972, March 25, 1973, June 20, 1974; Marcia Wright, "African History in the 1960s : Religion", and John Ralph Wills, "The Historiography of Islam in Africa: The Last Decade（1960-1970）" in *African Studies Review*, XIV:3, December 1971.

主，多是为黑人的需要而发言，热情澎湃而且深入人心，而黑人的需要又召唤了形形色色的教派，有些依旧保留福音派的形式，有些则完全打破基督教的传统，不仅要摆脱本身的尼格罗身份以及白人社会所加诸的压迫，而且要完全卸除白人基督教加诸黑人身上的印记。有些黑人，数量虽然不多，自我认同是希伯来人，祖先则是以色列人失落的部落；今天在以色列，这个教派仍然存在，为数不过数百人，但却宣称，他们才是唯一合法的希伯来人后裔。更常见的是采纳伊斯兰教的信仰与仪式。在美国黑人当中，这类教派由来已久，近数十年最常见的是圣父教派（Father Divine），只不过信奉的仍是基督教；另外有人则干脆改宗，其中最突出的当推"黑色穆斯林"（Black Muslims）。这一派的领袖是先知以利亚·穆罕默德（Elijah Muhammad），但却以马尔科姆·X（Malcolm X）之名闻名全国。黑色穆斯林不仅与基督教分道扬镳，甚至完全与白人社会划清界限。1920 年代，马库斯·贾维创立"非洲正教"（African Orthodox Church），追随者崇拜黑色上帝、黑色圣母与黑色基督。所有这类宗教运动，不论天主教的、基督新教的、穆斯林的或其他宗教的，始终未成气候，绝大部分美国黑人仍然是虔诚的福音派基督徒，到目前为止，在美国规模最大也最成功的自由运动，终能拉倒白人至上的体制，居功厥伟的正是浸信会牧师马丁·路德·金所领导的狂热宗教力量。[1]

在金的例子中，宗教狂热固然是一股推动族群进军政治领域的强大力量，但也可能是一条退缩的道路。宗教既然是一种个人的主观经验，它所能提供的心理庇护便往往大过于现实问题的解决。正因为如此，在当前族群认同与政治变迁的互动中，又出现了另一种情形。

若说人永远都有需要，那么人类今天最需要的就是安全感，需要免于痛苦与无常，需要谜底得以揭晓，需要困惑得以解除。在一个人口将近 40 亿的世界，逃避彷徨与失落的需要，绝对大于过去那个人口少得多的世界；在一个科学与

1　See C. Eric Lincoln, ed., *The Black Experience in Religion, A Book of Readings,* New York, 1974; also his *The Black Church Since Frazier*, published in the same paperback volume with E. Franklin Frazier, *The Negro Church in America*, New York, 1974. For bibliography on Christianity, religion, and the black experience, see Elizabeth W. Miller, *The Negro in America, A Bibliography*, Cambridge, Mass., pp. 18-20; for a study of black cults, see expecially Arthur Fauset, *Black Gods of the Metropolis*, Philadelphia, 1944, and C. Eric Lincoln, *The Black Muslims in America* (1961), Boston, 1973. For a brief but pungent statement of the subject, see E. Franklin Frazier, *The Negro in the United States*, New York, 1949, Chap. XIV; also my *New World of Negro Americans*, especially pp. 122-128, 332-336, and passim.

理性如此无能为力的生存现实中，信仰与信心的承诺显然还有所指望，何况眼下或可得到一些安慰，未来在天堂也可以得个安身之所。当已知的现实崩塌，人就只能去拥抱未知的世界，例如古希腊时代，就有好多人去拥抱神谕的奥秘，又如困在隔离区的欧洲犹太人，绝望之余便耽溺于 18 世纪的哈西德思想（Hasidism）[1]，又或如过去几个世纪，走投无路的人们群起拥抱神秘主义与千禧盛世的预言。在今天这个时代，启蒙式的思想再也不能创造持久的和平，便有越来越多的人回头到不可知的世界里，去寻找内心的平安。

总之，人活在这个世界上不能只靠自己。困惑、恐惧、不安，每个人，甚至最有智慧的人，都不免退缩到上帝的跟前去。第二次世界大战时就流传着这样一句名言："散兵坑里没有无神论者。"今天，我们就是全都活在散兵坑中，于是效应出现了，尤其是在美国，也在欧洲，各种狂热的宗教如雨后春笋般冒出来，扩散出去。其中最显著的例子——虽然不一定是最重要的——莫过于年轻的中产阶级从 1960 年代的政治活跃分子，到了 1970 年代却一变而成为复兴布道会

1　波兰犹太人 1750 年成立的神秘教派。——译注

(revivalist) 的追随者，加入各种规模虽小、人数却不容忽视的小团体。这类团体如"耶稣运动"（Jesus Movement）与"校园基督十字军"（Campus Crusade for Christ），纷纷在大学校园中出现，而政治团体却一夕之间在校园中消失。还有更少数的人，一头钻入更极端的教派，如"上帝之子"（Children of God），甚至化作涓滴细流，从美国流往世界各地。另有一些人则干脆抛弃自己的传统，拥抱异国"东方的"狂热崇拜，例如国际黑天觉悟会（Hare Krishna），或膜拜追求各式各样的印度大师。更有人远从印度追随一个脸圆圆的 16 岁少年，徒步走遍美国大城小镇，发现体育馆中塞得满坑满谷的人海，个个如痴如醉，迷倒在遥远国度传来的福音之中。[1] 更重要也可能持之更久的，是基督新教的狂热教派与天主教的降灵运动又卷土重来，使教会与礼拜的改革大为走样，也令传统教友大失所望。凡此种种都有一个共同的特征：强调个人全心投入崇拜，回到信仰最原始的状态，直接与上帝接触，成就个人的得救。这种趋势的代价是，美国过去几十年来比较理

1　By mid-1974 there were said to be 5,000 religious cults registered in the U.S. as non-profit organizations claiming a membership of more than two million, *The New York Times*, Sept. 2, 1974.

性的、开明的、社会参与的教会或将随之式微。[1]

在美国，类似基督徒的发展也在犹太人当中出现。犹太人这一次是要找回"真正的犹太"，多数属于宗派性质的新运动冒出头来，成员大都是过去的激进青年，如今带领着1970年代校园中不理政治的新生代，纷纷钻进新兴的犹太研究。许多年轻人，成长于已经同化的环境或宗教信仰温和的家庭，却开始寻找自己的道路，要做个更"犹太的"犹太人，也不问这些属性是新的还是旧的。其中不乏彻底回到古老"正统"的人，以新的模式向旧的权威认同。在加州8所大学指导活动的一位哈西德派拉比说："我们交易的股票是传统，关心的是那些飘荡在政治与计算机化社会中自觉无根的年轻人。"[2]这些年轻人如果还关心政治，他们感兴趣的也只是与犹太人有关的政治，焦点则放在苏联境内受苦的犹太人或以色列的犹太人。

---

1 Dean M. Kelley, *Why Conservative Are Growing,* New York, 1972; Edward B. Fiske, "The Strong Current of Spiritual Revival", *New York Times*, Mar. 5, 1972; "The New Counter-Reformation" ,*Time*, July 8, 1974. Cf. Will Herberg, *Protestant-Catholic-Jew, an Essay in American Religious Sociology,* New York（1955）, revised edition 1960.

2 *The New York Times*, Aug. 2, 1974; see also David Singer, "Voices of Orthodoxy", *Commentary*, July 1974.

　　不论其数量多寡，社会效应多大，能维持多久，所有这些趋势都是一种逃避失序与无根的心态，想要寻找更稳定、更清楚、更整合、更有序、更权威的安全。一位宗教学教授谈到斯坦福大学的耶稣团契时说："我认为，那是一个权威结构失落的社会所产生的权威结构，具有一种权威的质朴感，很有狂热基督教派的味道，很能打动人心。"斯坦福教堂的首席牧师谈到这种逃避社会参与的运动时，很不以为然地说："耶稣团契根本不在乎去改变现状，他们在等待耶稣再临，到时候自有基督打点一切。"[1]

　　或许在等待的过程中，他们的确经历了极大的平安，而那也确实是他们所要的，但值得注意的是，不论个人在这种宗教退缩的经验中得到了多大的安慰，那仍然不是他自己一个人得来的，而是因为他属于一个团体的成员才获致的。即使是最提倡冥想的异国教派，更不用说那些狂热的千禧教派，同修与教友还是不可或缺的。因此，与其说找到的是内心的平安，不如说找到的是外在的联系，是一种归属感，是一种与自己想法相同的人分享而得到的喜悦，那些人寻寻觅觅，

1　*The New York Times*, Dec. 26, 1971.

一心想要得救，并不是独自退到深山荒漠的漫漫长夜里，而是群聚在教堂、寺庙、教派的同修当中。俄亥俄一所大学的犹太同修说："孤零零地当个犹太人很难，看着大家一同祷告，温暖就油然而生。" [1]

想要更大规模地评估这股潮流，仍然有待进一步的发展；以目前的情况来说，相关的社会意义还不够明朗——教派此生彼灭，而狂热宗教则是一向就有的——何况它们要回应的那个危机，其深度也还难以探知。正如 1920 年代威玛德国的经验，这种崩盘一旦到一定的程度，自然会找到"解决方案"，不是从宗教信仰中找到，而是在政治领域中发现，但其结果则是悲惨的。1970 年代中叶的美国，还看不出来会有类似的情况。但是，从现实退缩，等待现实会带来什么，许多美国人或许乐于他们的恐惧因而获得舒缓，失望因而退去，却也因此一脚踏进了各自的姆庇之家，退入深深的后室，在旧时的宗教中寻找往昔的温暖舒适。

最后要谈的是，在某些地方，旧时的宗教却反其道而行，

1　*The New York Times*, April 3, 1973.

扮演着挑战政治体系的角色，或者至少也是消极的反抗。在拉丁美洲部分地区与菲律宾，激进的神职人员成为游击队的同路人；但是，宗教扮演这种角色最突出的例子，可能就属苏联与其卫星国家了。

宗教在俄罗斯可说是根深蒂固，布尔什维克纵能一举摧毁其他的旧体制，对宗教却是无可奈何。在俄罗斯，无论在形式上或法律上，宗教仍是"自由的"；但是打一开始，宗教就是当局主要打击的目标，反对宗教信仰的运动如火如荼，打压礼拜与宗教教育的限制层层密布，教会通常也忍气吞声，俯首成为政权的工具。但是，俄罗斯的教堂、清真寺与犹太会堂仍然是旧信徒的避难所，是新信徒的制造工厂。作为另一种信念与道德的来源——纵使只是象征性的——宗教提供了政权所不能给予的另类选择。这种事情显然没有一种公式，倒是索尔仁尼琴在劳工营里面提供了一个例子，证明这种选择所产生的力量有多大。牧师、神父偶尔大胆利用布道的机会批评甚至抗议，也证明了教会可以成为反抗或至少是表达不满的地方。在立陶宛、拉脱维亚与爱沙尼亚，要求更大的宗教自由——名义上是宪法所保障的——在其他方面就成为争取民主自由的利器。在亚美尼亚，"亚美尼亚使徒教会"

虽然在政治上配合政府，但在后斯大林时代已经出现复兴的迹象。在这些苏联的共和国中，伊斯兰教也有着悠久的传统，虽然经过半个世纪的威权打压与控制，对共产主义强加于他们身上的模式，仍然很难接受。[1]

近几年来，最显著的例子可能要属苏联境内的犹太人。犹太人无论作为一个民族或是宗教族群，不仅因为自己顽强的自我认同，更由于俄罗斯社会顽强的反犹太情结，他们在苏联所受到的压迫远远超过其他族群。无论如何，苏联境内许多民族尚能有限保留自己的"民族文化"，这也使得犹太人每逢宗教节庆能够公开群聚会堂礼拜，但他们仍然不惜干冒风险，争取移民以色列或海外其他地方的权利。1972 至 1974 年，犹太人移民成为美苏关系的一个议题，大门一旦敞开，苏联成千上万的犹太人纷纷出走，在前往以色列的移民中，有一批相当特殊的传统犹太教派，这个教派长期避居格鲁吉亚，多数人已为当地人同化，但仍然奉持犹太教习俗，不过和知名苏联芭蕾舞者瓦列里·帕诺夫（Valery Panov）一

1　"Islam is more aggressive and reactionary than other religions," a local Communist editor in Baku complained to a visiting correspondent. "This religion teaches people to think about themselves and their Families." *The New York Times*, Dec. 13, 1971.

样的人却也不少。帕诺夫抵达以色列时，接受电视访问被问到，他的非犹太人妻子现在是否会改信犹太教，只见他满脸惊讶地回答：“不会，我太太和我都是无神论者。”[1]

正如这个回答所反映出来的现象，犹太人的宗教与族群认同不仅复杂而且矛盾，因为其间还纠缠着所谓的“民族”，关于这一点，在下一章谈到族群认同另一个要素“民族”时，还会再提到。

1　NBC, June 23, 1974.

第九章

民　族

以色列的长老都聚集起来，对撒姆耳说，求你为我们立一个王。

耶和华对撒姆耳说："百姓向你说的一切话，你只管依从；

因为他们不是厌弃你，乃是厌弃我，不要我作他们的王。"

撒姆耳将耶和华的话都传给求他立王的百姓说：

"管辖你们的王必这样行：

他必派你们的儿子为他赶车、跟马，奔走在车前；

他必取你们的女儿，也必取你们最好的田地、葡萄园，

并取你们的粮食和葡萄园所出的十分之一。

那时你们必因所选的王哀求耶和华，耶和华却不应允你们。"

百姓竟不肯听撒姆耳的话，说：

"不然！我们定要一个王治理我们，使我们像列国一样。"

耶和华对撒姆耳说："你只管依从他们的话，为他们立王。"

——节选自《圣经·撒姆耳记上》，第 8 章第 4 至 22 节

从宗教到民族只有一步之遥，历史上如此，心理上也如此。现在，当我们跨出这一步时，终于也跟"雪人"面对面、眼对眼地碰上了。因为基本群体认同不现身则已，一现身，最常见的就是一身民族的装扮，打着民族的旗号，戴着民族的徽章。在许多人为国家（nation）或民族（nationality）所下的定义中，都将两者视为基本群体认同的本身。

鲁珀特·爱默生（Rupert Emerson）写道，民族乃是"最大的共同体，每到危机迫在眉睫时，都能有效激发人民的效忠……为了完成刻不容缓的任务，它是把人变成社会动物最有效的方法，也是最能把人团结起来的终极手段"。家庭、部落、宗教等共同体虽然也具有同样的功能，但是，"当越来越多的人意识到民族的召唤优于一切时，所有这些群体虽不至于消失，却往往会在一阵激烈的挣扎之后，一点一点地把尊严都交给民族"，民族这个共同体"始终都是充分利用民脂民膏最方便的不二法门"。[1]

在人类的事务中，对民族这个概念的认同与效忠，总是充满着强烈的感情，并以不同的形式表现出来。海斯（Carlton

1　Rupert Emerson, *From Empire to Nation*, pp. 96-97.

Hayes）写道："它是与生俱来的印记，人类从历史的曙光时期就具有民族意识，那是一群人因为语言、历史与文化的特质，彼此间产生的一种同类感情，并因而跟其他族群有所区隔。"[1] 一个人对家庭与出生地的归属感，是民族感情最初的根苗；所谓"祖国"或"母国"的终极意义，无非就是一个人最初的来源。只要提到这些名词，自己的出生、自己的父母、同一故乡的每个人，以及那片共同的土地，全部投射出来，就会形成强烈的原乡情怀。Nation 这个字来自拉丁文的 nasci，意思是"出生"。人类最初的归属感与感情集中在家庭、家族或其他亲属群体，逐渐向外扩散到较大的群体，到地方、市镇、城邦、宗教等共同体乃至王爵的领域。14 世纪一位阿拉伯哲学家说，正是这些东西，唤起"一种共同的感情，愿意为彼此而战乃至牺牲性命"。

　　3 到 4 个世纪之前，在西欧，上面所提到的各种群体效忠，全都被现代的民族照单全收，而以民族作为一个政治实体的基础，国家所要求的效忠凌驾了一切。路易十四时代，一位主教在法庭上说："所有能够团结民众的东西，包括祭坛、

1　Carlton Hayes, *Essays on Nationalism*, New York, 1926, p. 26.

牺牲、光荣、和平与安全，一言以蔽之，属圣的与属人的一切事物，加总起来就是祖国之爱。"一个世纪之后，法国大革命干脆把"属圣的"拿掉，改成"民族的"，于是祭坛之建立完全归于祖国，祖国自此凌驾了上帝。从拿破仑时代至今，民族在19世纪的欧洲，在20世纪的亚洲与非洲，套上现代的概念，在各种不同的社会，在各种意识形态的大旗下，推动着民族主义的力量，主导了政治、经济与军事的形式与方向。民族主义的风起云涌，在人类的历史与生活上烙下了既深且广的印记。[1]

尽管无所不在，尽管势不可挡，摆在眼前的一个事实却是：不论是国家还是民族，都只是一团模模糊糊的东西。尤有甚者的是，它究竟是什么东西，还要看人而定。大学者们一个接着一个，一本正经地瞧上一阵子，回来各抒所见，结果却像各画所见的艺术家，笔下的形象没有两幅是完全相同的。20世纪所有的学者都不得不承认，从约翰·密尔（John Stuart Mill）、阿克顿爵士（Lord Acton）、勒南（Ernest Renan）到今天，情况依旧未变。大约50年前，海斯展开这

---

1 Ibid., pp. 26-29; Boyd C. Shafer, *Faces of Nationalism,* New York,1972, pp. 8-10; Emerson, op. cit., chap 5.

方面的研究（1926 年付梓），就已经注意到，民族"既无形体又可望不可即"，民族主义则是"模糊、难以捉摸而又变化万端的"，"它到底是什么东西，从来没有完全一致的看法"。[1] 过了 20 年，英国历史学家卡尔（E. H. Carr）领导一个研究委员会，展开一系列的探索，所得到的结论是："nation 是个无法界定、无法清楚认知的实体。"[2] 还有许多这方面望重一时的学者，包括科班、谢弗（Boyd Shafer）、科恩（Hans Kohn）、斯奈德（Louis Snyder）、爱默生，对于民族究竟长成什么德性生成哪副模样，也没有一个大家都能接受的共同看法。很明显的，由于这些人的努力，我们对这个主题已经了解了不少，但是，正如爱默生在他的大作（1960 年付梓）中所承认的，我们所不知道的"还真可以说是集无知与无识之大成"。[3]

　　民族是由哪些东西组成的，每个人都可以列出一份自己的清单。随便举个一两项，我称之为基本群体认同要素的东西一定是跑不掉的，总不外共同的文化、历史、传统、语言、

1　Hayes, op. cit., p. 89.

2　E. H. Carr, *Nationalism and After,* New York, 1945, p. 40.

3　Emerson, op, cit., p. 89.

宗教，有的还加上"种族"，以及领土、政治、经济，所有这些东西各以不同的分量组成一个实体，就是所谓的"民族"。更贴近一点去看，在这些组成民族的要素里面，硬要说哪一项是不可或缺的却又未必；当然，像密尔与勒南所提出来的共同过去与共同意志，或许是必备的，另外，在一些人所下定义中，某些基本要件或许也是不可少的。但是，爱默生爬梳过这些定义之后，得到和他们一样的结论："关于民族，我们所能提出来的最简单说法，就是一群觉得自己是一个民族的人；而且经过精密分析之后得到结论，这也可能是最终极的说法了。""我们"这个唯一重要的民族，为什么会有别于其他非我族类的"他们"，说老实话，没有人能够说得明白。[1] 有人说它是一种心灵状态，有人说是一种共同的意识，或者用勒南的说法，是一种"精神原则"，或鲍尔（Otto Bauer）所说的"命运共同体"，"民族"——这种在每个人日常生活的真实世界中如此无可否认的真实——到底是什么东西，还真把众多学者都给难倒了。狰狞的雪人，又来了。

1　Ibid., p. 102. See also Karl Deutsch, op. cit., chap 1; Leonard Doob, *Patriotism and Nationalism*, New Haven, 1964, pp. 4-9; Louis L. Snyder, *The Meaning of Nationalism*, New Brunswick, N. J., pp. 72-73.

后来的社会政治学者发现，这种含混比一片空白更令人难以忍受，乃试图把"民族"予以客观化。其中首推多伊奇所做的尝试，他把打造"民族"的技术与讯息"建材"分类，并予以具体化、数量化、可度量化。此一指标一出，精疲力竭的学术界趋之若鹜，几年下来，却只在多伊奇大量的公式、图表与表格中发现一些不成熟的东西，模糊、晦涩、主观、难以掌握，依旧如昔。他们污染了科学的无菌区，只不过他们终将因此被赶出那块净土，至少再也没有人会重视他们了。[1]如果说组成"民族"的一些成分能够像二氢一氧合成水那样予以公式化，这条公式还没有人找到。经过漫长的努力，爱默生失望之余下了一个结论："组成民族的东西难以常理分析。"[2]

"国家"与"民族"意义上的不确定反映在用法上，则是相应而生的混乱，无论官方机构、学界、辞典编著者或各

---

1 Walker Connor 检视 Deutsch 的民族主义理论，列出 10 本 1960 年代的重要著作，均为美国著名政治学者有关"民族建构"与"整合"的理论。结果发现，其中竟然"没有一篇、一章、一节，是专论族群分歧的"。在其中 6 本作品的索引中，居然连 ethnics groups、ethnicity 或 minorities 的条目都阙如。"Nation-Building or Nation-Destroying？", *World Politics*, April 24, 1972.

2 Emerson, op. cit., p.102.

种语言的一般用语都是如此。所谓名随实立，如果观点与经验不同，同一个字当然会产生不同的意义与解读。只要翻出过去几个世纪政治、外交、战争与革命的相关文献，就不难发现这些字词的相互抵触或矛盾，徒然为历史的朦胧本质平添几分隐晦。在某些文章的脉络里，"民族"这个字的使用，居然可以跟部落（tribe）、人民（people）、族群（ethnic group）、种族（race）、宗教（religion）、邦国（country）与国家（state）互换。而这些字词之间的区别也是多重的，随着规模、领土、"发展阶段"或"落后"程度、意识层次的不同，又各有各的用法，到了最后，甚至只是在跟着作者的感觉走。

无论过去或现在，事实告诉我们，一个部落（tribe）或民族是否能够变成一个"国家"，或维持"国家"的地位，主要是看它本身具备的权力条件，以及当时政治环境的状况。第一次世界大战和平协议所承诺的"民族自决"（self-determination of nations），原则上是一体通用。胜利者重新划定新地图时，却是拿战败国开刀，新"国家"从战败的中欧帝国割裂出来，其结果是，新"国家"中又混着一堆次民族（subnationality），而这些次民族却又一心希望自己能成为一个"国家"。但是，《凡尔赛和约》根本不是为这些西方列强所霸占的"民族"着想，因此当这些民族在往后几年争取自决时，立刻就遭到了大国的打压。之后又是一次世界大战，联合国继国际联盟而起，更明白地宣告了"人民自决"（self-determination of peoples）的普世权利。但是，一个"国家"或一个"民族"的组成同样没有任何依据可循，全看当时权力的环境而定。第二次世界大战之后，亚洲与非洲殖民地之能变成"国家"，完全出于殖民当局的独断，也正是这种政治环境在作祟。没有一套公式，有的只是权力与利益的特殊关系，这在在说明了 1945 年之后的情况：小国寡民如冈比亚，弹丸之岛如斐济、瑙鲁与格林纳达，可以变成"国家"，而广土众民如比夫拉则不行；巴基斯坦，一个由旁遮普人、信德人、帕坦人、俾路支人（Baluchis）等混居的地方能够成为一个"国家"，而同样由多个部落组成的那加兰邦（Nagaland）则不行；巴基斯坦的帕坦人不能有自己的"帕坦斯坦"（Pushtunistan），而孟加拉人却可以，在一次血腥屠杀之后，建立了自己的国家。小小的阿布扎比（Abu Dhabi）可以成为一个国家，但库尔德族（Kurds）到今天还在为建立自己的库尔德斯坦（Kurdistan）而奋斗。菲律宾人、印度人、缅甸人全都建立了自己的政权，但棉兰老岛的穆斯林与霍洛人（Jolo）却没份，苏门答腊的亚齐人（Achinese）下场也是一样，早在有"缅甸"之前便住在那块土地上的克钦人、掸人及其他人民也是什么都没有。

如果民族指的是文化上同构型的一群人，那么有些民族可以成为国家，有些却不行，又该如何解释。如果就像一般常见的用法，把"民族"等同于"国家"，那么那些命运多舛、具备了"民族"的条件却得不到自主权的，也就不能归之为"民族"，只能停留在"部落"或"少数民族"阶段。因此不论民族的定义是什么，这种命运其实与他们是否确实是"民族"无关，关键在于他们没有足够的力量去建立自己的"国家"；要不然就是机缘俱足，虽然弱小却还是有了自己的"国家"。民族与国家这种词意上的含混，又加上"民族国家"（nation-state）进一步的搅和，可能是造成种种混扰最常见与最重要的原因。国际联盟如此，[1] 联合国亦复如此。同样的，各种官方机构、驻外单位与组织在名称上冠上"国际"（international）一字，正如康纳（Walker Connor）所指出，他们打交道的对

1　1919 年在凡尔赛，葡萄牙代表提议，"新的组织应该称为 League of States，Lord Robert Cecil 回答，他认为 nation 与 state 两字之间没有什么差别"。Cobban, op. cit. p. 123.

象根本不是"民族"，而是由许多"民族"组成的国家。这种混扰，还不包括复合字在内，许多学者都已经注意到了，[1] 此处就不再多谈。

值得一提的是一个厘清分际的原则。这个原则就是："国家"或"民族"的界定，本质上是文化的还是政治的。基本上，这两种观点并非截然有别或分头发展，但两者穿梭来去的过程与方式却会产生不同的模式。

在现代欧洲发展的过程中，民族的文化概念可以追溯到18世纪德国诗人、哲学家赫尔德。我们在前面已经谈过，赫尔德认为，一个以共同的语言为核心所形成的民族（Volk），是共同遗产的保存者与携带者。在19世纪欧洲民族主义进一步发展的过程中，此一概念扮演一个指导性的角色——马志尼予以采纳，并宣称是万世不易的至理——而且一再出现在欧洲动荡不已的政治史中。赫尔德对于文化的关心远超过政治，他深信，如果每个民族能够成为一个国家，其人民便能够过着幸福的日子，并与其他民族和平相处。他可能做梦

1　Hayes, op. cit., pp. 4-6; Shafer, op. cit., pp. 7-18, 13-16, and especially notes thereto; Emerson, op. cit., pp. 96, 114ff., 298ff., Connor, los, cit., pp. 332-336; Cobban, op. cit., chaps. 2 and 7.

都想不到，他热烈拥抱的这则日耳曼民族神话，最后却成了希特勒第三帝国的精神动力。相信这种自决的民族力量无所不能的人，最好想一想德国与日本这两个现代的例子。

政治上的国家概念不是从任何文化或族群的模子中打造出来的，而是源自西欧后改革时代建立新国家的理念与典范。英国、美国与法国的社会转型与政治革命为这种国家的概念提供了源源活水，权力从王室转移到新兴中产阶级是其关键，而以卢梭为先驱的传统以及社会契约与全民意志（General Will）则是观念的领航。从这些理念出发，"国家"的演进不像赫尔德所言是从文化到政治，而是从政治到文化。[1] 中产阶级的崛起，现代资本主义的发展，产业革命，以主权在民为基础所建立的政府体制，全都在这些"国家"中产生了各自的新文化。以此为起点，"民族"得到了一个最广泛的意义，特别是在官方的用法中，亦即不论个人的出生地或起源，它是所持国家护照的公民身份。但在另一方面，这也象征着一种新的文化认同，在某种程度上取代了一个人所拥有的旧文化遗产，因此，不同民族的相互同化乃得以发生。这种情形

1　For useful treatments of this development see Cobban, op. cit., chap 7; J. L. Talmon, *The Unique and the Universal*, New York, 1966, chap 1.

在英、法与欧洲其他国家已普遍可见，在美国尤其如此，独具一格的"美国特色"（Americanness），在所有移民族群的身上都打下了印记，尤其是第二代与第三代的移民，印痕深深在目，但却未完全抹除故国文化起源的旧印。

另一方面，在东欧与其他地区，"民族"却还是那个老词，指的是某个特定的族群，是各自拥有的文化特质，但民族的政治地位却还是未变，仍然是某些大帝国强权体制中的固定角色，一如在过去的哈布斯堡、罗曼诺夫与奥斯曼的统治下。这些族群的界定，是根据地域、语言与宗教。在波兰，没有一个犹太人会因为拥有"国籍"而成为波兰人；在俄罗斯，没有一个乌克兰人、格鲁吉亚人、鞑靼人或日耳曼人能够成为"俄罗斯人"；在过去的土耳其，也没有一个希腊人、保加利亚人、叙利亚人或库尔德人能够成为"土耳其人"。在奥斯曼帝国，在"教区体制"（millet system）——millet 源自阿拉伯文 millah，意为"宗教社区"——之下，各个族群享有地方分治的权力，在纯属内部的民事事务上拥有极大的司法权，所依据的法律通常是宗教法典，主其事的则是宗教领袖。这种各自为政的"国中之国"终于衍生出各自的民族主义，将一个老朽不堪的帝国弄得分崩离析，进而各自分家组成新的国家。[1]土耳其人统治巴勒斯坦时所实行的"教区体制"，在英国托管的数十年间继续维持，犹太复国主义者因此得以组织并拥有自己的武装力量，最后更因此建立了以色列的政权。新国家虽然是个十足的民主国家，教区体制仍然原封不动，所有涉及公民身份的业务——出生、死亡、结婚、离婚、"犹太人"身份的认定——依旧是由一个宗教机构主管，一如奥斯曼时代，至今仍是一个争论的问题。

早期世界大部分地区，民族与宗教通常混而为一，或为单一的神权统治体系，或为宗教与世俗权力交织的某种形式。欧洲直到宗教改革运动之前也是这种情况。众所周知的是，现代欧洲"国家"的诞生，始于拥有土地的贵族权贵取代了教会的神授权贵，再由中产阶级的财富权贵取代贵族权贵，并由新兴的中产阶级以人民的主权为基础——至少理论上如此——建立政府。权利与荣耀，就是这样从上帝拣选的教会

1　Cf. Kemal Karpat, "An Inquiry into the Social Foundations of Nationalism in the Ottoman State: From Social Estates to Classes, From Millets to Nations", Center of International Studies, Woodrow Wilson School of Public and International Affairs, Princeton, July 1973, mimeo.

到上帝拣选的国王，再到上帝拣选的人民，一路走了过来。[1]

从宗教转移到民族，其间不乏"宗教式的狂热"，海斯谈到这一点时指出，正如罗马没落时期，精英中的"异端怀疑主义"带头促成皇帝的神格化，18世纪的欧洲也不遑多让，同样是宗教怀疑主义的精英，见证了"民族"提升成为"崇拜的中心"。在法国大革命期间，这种狂热尤其到了极点。祖国的祭坛四处林立，牌位上大书："公民为祖国而生、而活、而死。"新政权制定公民法庭、公民浸礼、公民婚礼，为新的国家神祇献上赞美诗、祈祷文、飨宴。此风一起，新的欧洲民族主义群起效尤。至于建立美利坚合众国的理性时代的

1　莎士比亚写活了都铎诸王统治英格兰的光辉，但是，上帝从国王手中把权力转移给人民，却是由弥尔顿（Milton）记录下来的。弥尔顿写道："上帝颁订了几个新的伟大时期。"并问道："如果他始终如一的话，他向他的仆人，以及第一次向英格兰子民彰显他自己时，他所彰显的是什么呢？"克伦威尔（Cromwell）相信，英格兰人民"乃是上帝眼中最钟爱的子民"。引自海斯（Carlton Hayes），*Nationalism: A Religion*, New York, 1961, p. 41。

自从上帝在古代拣选了希伯来人，然后又拣选了英格兰人，他显然把活儿都干完了。东尼日利亚民族主义领袖 Nnamdi Azikiwe 在 1949 年说："看来，非洲的上帝特别创造了伊博族（Ibo），带领非洲的子民脱离奴役时代。"引自爱默生（Emerson），loc. cit., p. 356。"身为黑人神职人员，我们不得不告诉我们的人民，我们都是上帝的选民，我们在战斗时，上帝与我们同在。当我们游行走上街头时，我们不得不相信，在前进的步伐中，在抗争的怒吼中，我们听到了上帝的声音。"Albert Cleage，《黑色弥赛亚》（*The Black Messiah*），New York, 1968, p.6。

信仰者，信仰的则是新国家更高的召唤、理想与使命——新美国人的"公民宗教"。[1]

这一转变堪称是人类的大事，要把过去全部抛到脑后，转向一个全新的境界，尽管其间不乏卑劣下流以及重大的挫折，仍然不失为历史上一段较为美好的时光，史家塔尔蒙（J. L. Talmon）如此说：

> 个人权利的确立，使他自己成为立法者，为了表现自己的人格，他面对挑战，为了赎回自己的罪恶，他不再匍伏于上帝或时间的旨令，为了追求地上的进步与荣耀，他不再等待天上的裁判——所有这一切扩充成为国家的集体人格。更重要的是，人的卑微渺小能够提升成为国家的伟大与强盛，一如过去把一切都归于教会的荣耀，现在他们把荣耀归于国家。[2]

宗教与俗世的价值体系重新安排，宗教与俗世的权益重

1　For a lively treatment of this history see Hayes, *Nationalism: A Religion,* New York, 1960, also his *Essays on Nationalism,* chap 7.

2　Talmon, op. cit., p. 19.

新评估，一场革命正在上演。韦伯与托尼，当然还有更尖锐的如马克思与恩格斯，早就告诉我们，高尚与下流、神意与凡心，在所有变迁时代的动荡中，都是自私自利作祟，而且永远无法消除。在这场阶级权力大规模的转移中，什么都是可能的，甚至是合理的，其间说明了整个过程就是认同的转变，认同上帝的权益就是认同新资本主义的创造者，就是认同国家权力为激烈竞争而发起的运动，也就是认同国家的权益。说到胆大妄为、卑鄙龌龊，新的强取豪夺只不过是旧时宗教的翻版。再引海斯的话，"整个过程的结果，只是民族主义者的知识神学"，而新的统治阶级则是"民族主义者的群众神话"。新的宗教综合体诞生了，继续紧抓各自的祖宗崇拜，乖乖地向"民族主义偶像与纪律的千秋大业"靠拢，膜拜国家的徽志与英雄——在早期美国的国家盛典中，华盛顿的用词就近乎神格化——全都融入传统宗教的徽志与仪式，令人不无重返历史时光隧道之感。在新兴的国家势力之下，传统宗教俯首帖耳，正如爱默生所说，"宗教全都匍伏于国家的部落诸神面前"。[1]

1　Hayes, *Essays on Nationalism*, p. 110; S. M. Lipset, *First New Nation*, New York, 1963, pp. 18-19; Emerson, op. cit., p. 169.

部落神祇显然更合"国家"的胃口，对那些开口闭口"四海之内皆兄弟"的人尤其如此。自己人之间需要兄弟之情时，面对自然的敌人，甚至跟其他部落互动时，部落神祇显然更世俗化、更实用，也更为"民族主义"。部落式的民族主义宗教，最大的一个优势就是，只要是站在自利的立场，再怎么狭隘，普世的道德规范都可以摆到一边去。上帝的信徒，通常都会要求自己的上帝永远不犯错；但在爱国主义的礼拜堂里面——民族主义宗教的最高形式——信徒可是领有执照、经过特许的，不管国家的对错，相信就对了。在此之前，即使有过部落战争、王朝战争、宗教战争，但国难当前，一切都可以搁下，就像正杀得眼红的大卫（David）与扫罗（Saul）那样。欢庆国家的节庆，以歌、以诗、以庄严的仪式，的确，不管追溯多远，杀戮、英雄、战果总是最津津乐道的，这一点，只要看看任何一首国歌的歌词就足以证明。[1]

许多个世纪以来，多少崇高的先贤，多少优秀的心灵，如若摆到"国家"与"民族"的权力面前，一定黯然失色，纵使一切都只是政治，事实也好、虚构也罢，理想也好、神话也罢。

---

1 See Martin Shaw and Henry Coleman, eds., *National Anthems of the World*, London, 1963; cf, Oliver Jensen, "Letter from the Editor", *American Heritage*, August 1974, p. 2.

　　"民族"之出现，或许有不同的大小、样式与颜色，谈到风格，那更是多变善变。但是，正如科班所说，无论怎么变，百变不离其宗，其基本的成分仍然是来自每个人的生活配方。

　　每个人，生下来就有一个"民族"的认同——生下来就共同拥有的历史与文化资产——把每个人的存在固着在某些特征上，并由此知所归属，同时也让别人知道自己的归属。归属的是一个"家"，这个家可以是一个国家、地方、邻里，也可以是一个族群的怀抱。在那儿，一个人生于斯长于斯，或者只是某种名义上的，他的身体、感情、心理都受到它的支撑与形塑，不论他怎么变，迁移到多远的地方，它总是在那儿；而且总是有源源不绝的养分，从那种基本的属性中流出，这方面只要看看那么多动人的艺术与文学就很清楚了。索尔仁尼琴1970年获得诺贝尔文学奖，在那篇不克发表的致词中，他说："即使其中最细致的部分都自有其色彩，自有出于上帝之手的一个独特刻面。"同样的，应该也是出于上帝的安排，其中有仇恨，有暴力，有血腥——当那许多色彩相碰撞时，当不同的人格结晶因彼此的歧异而面对面时，当人类的资产，不论精神的或物质的，不知要如何分配时。

　　面对一个既不安定又不保险的世界，在为个人提供安全方面——身体上的或感情上的——"民族"的支配力与影响力绝不亚于身为一个公民的身份。在自己的"国家"中，不论多么压抑、不满、疏离，最无奈的事实就是，世界上的其他地方只会更加陌生、更加疏离；除非，能够像上个世纪许多移民美国的人那样别有所获，不仅能够带着自己的民族上路，而且得到了一个比原来那个更好的新"民族"。在一个国家拥有公民身份，但却被剥夺了民族，也就无异于被抛掷到无家的荒漠，无异于处身猛兽出没的蛮荒。遭逢到这样的命运，想想看这个时代中数以百万计的难民，想想那些流亡潮与难民营，也就不难体会，在今天这个时代，民族已经成为"唯一与人性联系的识别"，汉娜·阿伦特（Hannah Arendt）笔下那个"抽象的裸人"，甚至连所谓最起码的"人权"都丧失了。[1] 属于哪一个民族，看的是出身而非公民身份，这样一来，在我们这个时代，就有数以百万计的人注定要遭到打压，至死方休。在希特勒德国，德籍犹太人自认为是德国人，但因待宰，他们就只能是犹太人。在斯大林的俄罗斯，数以百万计的乌克兰人、日耳曼人、鞑靼人与其他族群死于

1　Hannah Arendt, *The Origins of Tolalitariansim*, New York, 1958, p. 300.

流放。甚至在富兰克林·罗斯福（Franklin Roosevelt）时代的
美国，自认为是美国人的日裔美国公民，仍因他们被视为日
本人，一夕之间就沦为拘留营的阶下囚。

尽管定义各异，表征也不断在变，但不可否认的，在打
造每个人的基本族群认同上，"国家"的政治性最强烈也最
排他。麦基弗如此写道，如果"族群归属感"是人格的避风港，
那么在一个族群具有国家的形式时，那也正是这种归属感最
强烈的时候"。[1] 人世间，最能够持久的政治组织非国家莫属，
尤其是在一个已经失控、堕落而又危险的世界，情形更是如
此。因为政治——说穿了就是有权或无权的相对关系（relative
power or powerlessness）——决定了任何一个族群的命运，而
民族正是其中最关键的政治标志。

翻开过去两个世纪的政治史，"国家"或政权的生生灭
灭、往往复复可以说是司空见惯，随着战争与革命，其间的
起起落落，彼此间的关系，以及资源与权力的分配也跟着改
变。翻开这本书，也算是到世界政治的风景线走了一遭，许
多当代的特殊面向可以说都浏览过了，也就不需要在那些大

1　R. M. MacIver, *The Challenge of the Passing Years: My Encounter with Time*, New York,
　　1962, pp. 77, 79.

作品前一一驻足了。历史景观的每个面向——后殖民、后帝国、后革命，以及美国的后幻想——其实都逃不过国家、民族与民族主义的问题。所有这些问题深深影响着每个人的生存；在我们一同走过巨大的政治变迁时，它们也在我们的族群认同上套了重塑的模子。[1] 为了说明这种情形，此处可以两个个案扼要说明，其一是日本人，其二是以色列的犹太人。至于国家或民族在族群认同中所扮演的角色，犹太裔美国人与美国黑人的经验则另有所见，他们的经验连同社会中的其他族群，正在形成我们称之为"美国人"的民族，也正在打造一个新的美国族群认同。

无论从哪个角度看，日本可能都是世界上最货真价实的"民族"，而且是少数几个名副其实的"民族国家"。日本的人民，身体上与文化上的同构型都达到极高的程度，纵使把至今依然存在"部落民"这一少数阶级的事实也算进去，对

---

1 For a sharply perceptive treatment of many of the matters dealt with in this same context, see Walker Connor, "The Politics of Ethnonationalism", in *Journal of International Affairs,* 27:1, New York, 1973. This issue of the journal contains useful articles on nationality and nation-building problems in the Soviet Union, India, Canada, Czechoslovakia, Malaysia, Israel, Uganda and Tanzania.

其高同构型的本质并不构成妨害。此外，日本长期以来拥有界线清楚的岛屿领土，有悠久的历史，丰富的传统、神话、传说、文学与艺术，其中虽然部分源自邻近的中国，但早已整合成自身特有的资产。所有这些都为日本人的自觉与自尊提供了重要的支撑，也为他们打下深厚稳固的基础。直到晚近，他们才对自己产生某种不确定感，族群认同问题成为许多有识之士深以为忧的事。之所以如此，关键在于日本成为一个现代国家的历史并不长久，约一个世纪多一点。这一段历史正是日本全力模仿欧美的国家权力模式，企图赶上这些现代国家的对手；也正是这个 nation 的概念，使日本的新旧文化在过去 100 年中碰头，成为他们新的关注。

明治的转型始于 1868 年左右，产生了一个崭新的政权，另一方面，它也搬出古老的神话，继续为这个新国家的新目标服务。有计划、有系统地取得西方工业与军事技术是第一步，接下来，就是在新的军事领导下挑战西方在亚洲的霸权。下自组织严密的社会，上至高高在上的天皇，整个权威体系把国家凝结成为一体；历史悠久的王朝，天皇神话的世系，充分动员起来为统治者营造无上的神秘。不过数十年，日本变成一个现代军事强权。旧有的信念与新生的动力打造了一个效能俱足的政经体制，把既听话又有活力的民族整个动员起来。[1] 不到 50 年，交出了一张漂亮的军事成绩单。但是，在政治上，日本企图领导亚洲民族主义对抗西方列强的野心却失败了。日本之所以能够成功，在于他们的努力与活力；之所以失败，则必须归咎于他们的幻想。以军事力量来说，光是资源不足就使它绝非美国的对手，冲突一旦爆发，日本只有失败一途。另一方面，日本的侵略激发了大部分亚洲国家迟来的政治革命，而这些国家不仅未与日本携手，反而纷纷起来反抗，直到它垮台为止。

1945 年的战败，象征明治时代所建立的国家从此垮台。在美国占领之下，各个阶层的日本人民都默默等待着，想要找到能够重新把他们凝结成一个族群的力量。战前的一代，希望保留自己熟悉的体制。战时的一代，却因为信心与权威的瓦解完全瘫痪，对于自己过去深信不疑的东西居然就此崩溃，感到无所适从。战后的新生代则惶惶然寻找新的共识，以他们自己的信念与忠诚取代国家。战后数十年，日本变迁的过程中，国家的概念成为一个焦点；过去的那个国家，就

1　Cf. Kimitada Miwa, *Crossroads of Patriotism in Imperial Japan*, ms., 1971.

此放弃还是回去？改变还是重建？总之，要找些新的东西进来，至少找些不一样的东西，把战败所产生的那片巨大空白填补起来。

战后日本的激进青年，拼命寻找超国家的东西去填补这片空白，投入国际反战主义、国际共产主义，但都发现自己只是在与虎谋皮。国际反战主义的象征与热情，只是国际共产主义操控的玩物；更糟的是，在那个年代，国际共产主义自身却因各自的民族主义四分五裂，乃至迫使日本共产主义回头去寻找自己的"日本主义"，一个新的"民族共产主义"。如此一来，又导致日本左派分裂——支持俄罗斯还是倒向中国——而无论哪一边，又都使大部分日本人感到恐惧与不安。有极少数极端的激进分子转而投入国际恐怖主义，结果却变成无人理会的孤鸟。

拜美援、朝鲜战争以及1950到1960年代的冷战之赐，战后的那片空白有了着落；表现亮丽的经济重建与20年内名列世界前茅的生产与贸易，使日本重新自灰烬中站了起来。一切仿佛是在一夕之间完成。日本军国主义未能完成的，日本的产业界做到了，成为世界主要的经济强国。1960年代的重大成功，迅速地在各个层面以不同的方式重建日本的民族意识，很长一段时间被视为禁忌的"民族利益"——让人联想到日本军国主义时期——又逐渐成为公共话题，国旗与国歌再度成为民族的象征，数百万人再度涌入神道寺庙，日本对亚太地区发动的侵略战争也被自我合理化。[1] 即使没有这种恢复往日光荣的想法，基于自己的新角色与新的国际动态，日本的领导人也不得不重新审视国家在世界上的地位，尤其是 1971 年美国突然与中国恢复接触，导致世界权力斗争局面丕变之后。很明显的，不论日本的领导人准备好了没有，愿意或不愿意，能或不能，他们都必须着手去确认并呵护自己的"国家利益"，亦即过去把日本带上国际权力斗争舞台的那个"民族利益"。

但是，某些令人痛苦的老毛病马上再犯。一个世代之前日本"军国动物"的历史，一些日本的"经济动物"又开始在东南亚重演。战时"东亚共荣圈"的幽灵重现。只考虑自

1　过去数年中，在日本人寻求自我定位方面，一个蛮令人意外的现象是《日本人与犹太人》(*The Japanese and the Jews*) 一书的畅销。以笔名 Isaiah Ben Dasan 发表该书的作者，在书中把日本文化与犹太文化做了一个比较。该书对日本着墨较深，对犹太人则以圣经时期为主，并只略微提到美国犹太人的族群认同问题。该书于 1970 年在日本出版，销售超过 200 万本。英译者为 Weatherhill, Tokyo and New York，1972 年问世。我曾在 1973 年 3 月 7 日的 *The Japan Times* 写过一篇书评。

己的短期利益，丝毫不顾当地人民的需要与感受，使日本人的形象大坏。另外一个老缺点的重现更令日本人感到不安。1973 到 1974 年阿拉伯石油国家所造成的世界能源危机，仿佛当头棒喝，提醒日本，一切还是和往昔一样，日本自己的国家资源极端有限，日本仍然要从世界其他地方取得资源才能生存、成长、壮大。去而复返的国家认同问题再度困扰日本人民，尤其是知识分子，更是反复思考、忧心忡忡，几乎到了痛苦的地步，而日本的政经领导人则满腹忧心地盘算着，在一个既不稳定又充满危机的世界，日本究竟何去何从；尽管如此，国家重建之路没有选择的余地，只有铆足了劲走下去，唯一让日本人感到苦恼的是，还不知道方向在哪里。

　　同样是国家的定位与方向都不确定，但是，"什么是日本人"的问题却完全不同于"什么是犹太人"这个问题。其间的差异，因素当然很多，但基本上还是每个族群在认同上对民族的重要性、对国家的内涵，认知到什么程度。日本人最大的特色就是身体的同构型高、领土完整，以及长时期共存于一个海岛上，很像是一幅框裱工工整整的画，包装——当然包装得漂漂亮亮——在日本民族的文化与政治中。包装里面的内容，或许永远搞不清楚，但谁都不会弄错它的来源。

"什么是犹太人"的问题则完全相反，要了解这个问题，就好像要把一堆各式各样的身体与文化特征从四面八方兜拢过来，汇到一块。[1] 这样的族群认同包装，松松散散，根本不成个形状，至于内容，或许碰巧知道一些，但从外观上不容易确认它是什么东西。

犹太人的族群认同里面，历史、宗教与民族混成一团，这些四分五裂的东西如何能够生出这种结果，想要归纳一个公式来加以说明，一定难如登天。尤其困难的是，根本不知该如何着手，因为对于所谓的结果，从来没有一致的看法。这个题目不写则已，一写就没完没了，而这里面有些谜题，至今连答案都没有。在以色列，"什么是犹太人"这个问题仍然是犹太人生存的核心，犹太民族重新找到了自己的政治生命；至于在世界其他地方，犹太人仍然是犹太人，同时是别个国家的公民。一个犹太人之所以为犹太人，到底是因为犹太母亲所生、信仰的是一部由"神的律法"所指定的经典，还是因为他在一个以这部经典为中心的"民族"或"国家"历史中占有一席之地？答案既不一致也不明确。所有这些问

1　Takeo Uchida, "A Study of Concepts of the Nation in Postwar Japan", PhD thesis, Fletcher School of Law and Diplomacy, 1969.

题，反反复复，一再出现在犹太人生存的各种变体之中。在这里，并不是要解答这些问题，而是做一个简短的回顾，看看"民族"在犹太族群认同的组成中所扮演的角色。

如果单从"犹太"的意义上来说，"民族"问题成为犹太认同之谜的一部分，还是近 200 年的事，而且只限于西欧与美国地区。1500 年以前，犹太人丢掉了以色列，遭到驱散，他们拒绝被同化，逃过了被灭族的命运，总算没有从地球上消失，仍然做他们的"犹太人"，但是无论到哪里，都是一个孤鸟民族。他们之所以成为孤鸟，在于排犹世界——尤其是基督教世界——对他们始终抱着敌意，也在于他们自己在信仰上自认为与众不同，而且宁死不愿放弃。犹太法典（Talmud）以及相关的经、律、论，形成犹太的传统，使犹太人相信，他们是上帝特别拣选的，是上帝要他们来做世上的模范。然而这个世界并没有照上帝律法的方式发展，犹太人也就因此自成一格而遭到排挤，被社会禁锢在隔离区里面；有些地方，还能容忍他们自成一格，但通常把他们当成牺牲品。

直到法国大革命之后，从隔离区里面解放出来，犹太人才获得西欧国家的国籍，代价则是放弃犹太人的身份。异教

315

徒中的开明派为犹太人争取解放，认为只有犹太人先洗掉自己的犹太色彩，才能去掉他们遭到排挤的因素。也只有这样，在一个由"理性"——其实是"国家"——取代"宗教"的现代化世界里，他们才能取得一席之地。如此一来，当时犹太人的口头禅——"犹太人自成一族"的说法让步了。1789年，克莱蒙－东尼埃赫（Clermont-Tonnerre）为犹太人争取民权，提出一个原则，他说："自己做个犹太人，什么都行；犹太人自成一族，免谈。"许多犹太人欣然接受此一邀请，准备解下好几个世纪的包袱，打破令人窒息的孤立与教区限制，加入其他开明的人群中，共同追求更美好的世界。于是，这类犹太人消失在非犹太人的人群中。但是，还有一些人，他们虽然乐于跨出隔离区，成为新"国家"的公民，却不愿意停止做一个犹太人。这一类的人把旧的传统改头换面，以配合现代化的需要；有些人拥抱因而形成的"改革犹太主义"，有些人则随机应变，把犹太精神融入新的欧洲认同。尽管如此，整个19世纪，欧洲犹太人继续以不同的方式活在隔离、排斥、排挤与人为刀俎的次等地位。畸形的状态百出，正如古斯塔夫·马勒（Gustav Mahler）的描述："在奥地利人当中，他们被视为波西米亚人；在日耳曼人当中却被当成奥地利人；

在这个世界上，则是一个犹太人，永远都被排除在外。"或者如海涅（Heine）所说："犹太人放弃信仰的结果，对德国人来说，他还是犹太人；对法国人来说，他是个德国人……对他自己来说，则成了一个陌生人。"在把欧洲人性化方面，启蒙思想并不成功，不幸的反倒是，把它给成功地国家化了。解放运动并没有把所有应该被解放的人都包括在内。在"科学"与"理性"的光照之下，反犹太主义照样横行，一如处于往昔的"信"与"道"甚至是迷信与教条的阴影之下。有人说得极好，启蒙运动如果成功，就不会有犹太复国主义了。[1]

犹太人在西欧从隔离区解放出来，以及随之而来的进退维谷，从来没有扩散到东欧。19世纪的东欧，实际上仍然停留在中古世纪层出不穷的迫害，导致大量犹太人重演出埃及记，其中前往美国的占大部分。犹太人的朝不保夕——在未被解放的东欧有大屠杀，在被解放的西欧有德雷福斯（Dreyfus）事件——在政治上导致犹太复国主义的兴起，为

1　This is history placed by many writers in many settings, The interested reader new to it can find starting points in Ben Halpern, *The Idea of the Jewish State*, Cambridge, Mass., 1961; Talmon's *The Unique and the Universal*, chap 1. and his *Israel Among the Nations*, New York, 1970; N. D. Segre, *Israel: A Society in Transition*, New York, 1971, chap 2.

他们饱受欧洲同胞排挤而产生的"犹太人的问题",寻找一个国家的、领土的答案。问题最后是在德国爆发。在德国,犹太人同化得最深,天下一家的思想最成熟,但反犹太主义却也达到了最最暴力的程度,犹太人所取得的欧洲国家护照,最后证明只是一趟旅程、一条道路,走向集中营的毒气室。希特勒统治下的欧洲成为犹太人的坟场,只有少数幸免于难。世界其他地方,包括美国,没有为幸存下来的人敞开大门,在以色列重建一个犹太人的国家乃成为他们能够活下去的唯一道路,而且有如《圣经》中的奇迹一般,居然实现了。

犹太人的新国家住进了犹太人的旧国民,新的以色列"国籍"(一个国家的公民身份)成了旧的犹太"民族"——一个拥有共同信仰与文化的民族——的保护伞。但是,到以色列来的犹太人,文化上并非同质,同时以各行其是的方式奉持共同的信仰。以色列的存在虽然"解决"了所谓欧洲的"犹太人的问题",却未解答犹太人之谜。时隔 2000 年,从 70 多个国家重聚到一起,犹太人到了以色列,想要界定什么是犹太人,以及犹太人的本质是什么,却发现事情并没有变得更简单,反而更加困难。

然而,对大部分的犹太人来说,界定的困难与"国籍"

无关。从德国以及其他西欧国家来的人，没有理由再相信那些国家所提供的"国籍"能够给他们安全。还有更多的人来自德国以东的欧洲，或从摩洛哥到埃及的北非，以及也门、伊拉克等阿拉伯世界，他们从未拥有居住国的国籍。对这些犹太人来说，新的以色列国籍就是避风港，是保命符，在一个不友善而又充满敌意的世界，一个犹太国家的诞生，可让他们得以安身立命。

但是，那并非意味着问题就此解决。问题仍然存在。他们的问题是，身为犹太人，他们共同的认同必须重新界定，界定它是什么东西，说得更清楚一点，就是那些仍然保留下来的东西是什么。毫无疑问的，对大部分人来说，这是纯属个人的事情；但若撇开个人不说，就不是那么单纯了。犹太教既然是一个宗教，在以色列，宗教与国家的关系应该如何；作为以色列的国教，它与世界其他地方的犹太教应该维持什么样的关系；教会的犹太教与俗世的犹太复国主义关系该如何；正统派、改革派与自由思想派之间的关系如何；宗教的普遍价值与国民的个人价值，以及国家的当务之急之间，又该如何平衡？凡此种种全都是个人以外的问题。更重要的是，这些议题关系到存亡，更不是犹太民族本身就能够摆平的。

它必须与阿拉伯民族主义对抗、战斗，不仅仅是与环绕四周的阿拉伯国家，更有它自己土地上的巴勒斯坦阿拉伯民族主义。经过 4 次战争与始终不断的对峙，对许多以色列人来说，这已经不只是一个如何面对敌人的问题，更是一个为何而活、为何而战的问题。以色列这个国家的诞生，就是不顾一切要活下去才实现的。如今，许多以色列犹太人，尤其是危机感极大的年轻人，越来越迫切地想要了解，使犹太人有别于其他人的东西到底是什么。他们的民族是否真的是某种不可抗拒的力量赋予了特殊的意义，因此才有别于全体人类？或只是像自己的祖先要求撒姆耳为他们立一个王那样，他们也"像列国一样"，就是那样一路走下来的？正是这个问题，不仅以色列的犹太人想知道答案，世界其他地方的犹太人也念兹在兹，尤其是美国的犹太人，更想弄清楚自己的宗教与民族之间的关系，彻底找出自己最终的归属。

谈到民族，从欧洲移民美国的犹太人，别有一番特殊的经验。所有从欧洲到美国来的合法移民，都可以说是各有来处且结果各不相同；犹太人也是如此成了这个社会与国家历史的一部分。美籍犹太人的经验之所以特殊，与美国特殊的信条有关；美国的信条是：成为世界唯一以建立开放社会、组成多元"国家"为立国宗旨的社会。很显然的，政治宣言与现实之间、理想与实务之间、传说与事实之间，毕竟还隔着一条鸿沟；那些非北欧基督新教的移民，在这片高贵的新土上，并没有发现多少高贵的心灵，找到的只是无情的偏执，反天主教、反犹太、反尼格罗，以及其他反这反那的。只要涉及种族、宗教、起源与文化的差异，族群行为在美国与在其他地方并无二致。换句话说，也就是充满了憎恨、恐惧、轻蔑，支配者与被支配者层级分明。和早期其他族群与少数族群一样，犹太人好几个世代以来，在美国所受到的区隔、排斥与否定，绝不逊于他们在欧洲所受到的待遇。不同的是，这个社会的主流信条跟这种行为是对立的；它的俗世信仰崇信的是平等，它的主流宗教宣扬的是同胞之爱。比起肉体来，灵魂虽然软弱，却还是使美国的生活有别于欧洲。

　　这种差别即使尚未落实到社会底层的黑人与非白人身上，但19世纪到1920年之间大量涌入的欧洲移民，却很快就感受到了。从东欧来的犹太人发现，比起过去的牢笼，现在的藩篱宽敞得多；较之沙皇统治的东欧时代，新大陆简直就是平等的天堂，不仅免于恐惧，而且充满了机会与变动。

更重要的是，美国式的管理有别于欧洲，美国一代不同于一代的发展也异于欧洲。当犹太人在欧洲跨进集中营的大门时，犹太人在美国已经成功地踏上了融合的门槛，融合不是要让他们消失，而是让他们选择任何方式继续做个犹太人，做个犹太的美国人。[1]

　　和黑人等其他差异显著的少数族群一样，犹太人在美国对自己既是犹太人又是美国人的双重经验并不陌生，他们是两种身份的混合，其间的界线却又不是那么分明。长久以来，传统上界定两者的方式是，宗教上，他们把自己当成犹太人，"国家上"，则是美国人。但是，这种方式显然过于简单，无法一概而论。当你再怎么解释、描述自己是犹太人，别人却无法满意或同意，碰到这种情况，就只好是个美国人了。犹太特质被视为一种"民族性"，不能单以宗教来论，非宗教的犹太人还是犹太人，他们的"文化"民族仍然是犹太的。1947年，建立以色列的犹太人则创造了新的"政治"民族，要求犹太人效忠，不论他们身在何处：任何一个移民以色列的犹太人，只要宣布效忠，按以色列的法律规定，只要他愿意，

1　Cf. Jacob Neusner, *American Judaism: Adventure in Modernity*, Englewood Cliffs, N. J., 1972.

就可以成为以色列公民。

另一方面，做个美国人意味着拥有一个国籍，那就绝不只是公民身份而已。美国"民族"的"政治"特征一直是带着"文化"特征的。尽管不免小疵、大瑕与残缺，美国的"民族性"还是形成了；和其他欧洲移民族群一样，犹太人逐渐对它产生归属感，第二次世界大战之后的两个十年，美国社会动得越来越快，越来越接近它所追求的开放社会时，情况就更是如此了。

拥有美国"国籍"，也就是既具有那种民族性又拥有公民身份，既是政治的又是文化的，这种感觉不断在犹太人中间增加，一代接着一代也越来越"美国人"。尽管如此，他们还是很脆弱、很犹豫，经常有某种格格不入的感觉插进来，对于自己归属美国社会到底有多远、有多深，难免心存疑虑，对于自己与世界其他地方的犹太人是否距离越来越远，也难免犯嘀咕。于是，对于欧洲与巴勒斯坦的犹太复国主义，美国犹太人变成了主要的支持者，并积极表现在财富与政治方面。纳粹大屠杀对美国犹太人造成巨大的冲击，庆幸自己幸免于难之际，不免感同身受；罗斯福当政的美国只接纳极小量逃离希特勒的难民，对此他们深以为忧，当杜鲁门终于决定支持以色列建国时，他们又欣喜若狂，其间的心情变化，不足为外人道。美国犹太人心系以色列，他们的支持的确对以色列的生存帮了大忙。但是，这种感情上的支持却有其错综复杂、难以描述的一面，不论关系多么紧密，对犹太复国主义"归乡"的召唤，绝大多数的美国犹太人还是无动于衷，叫他们移民以色列、放弃美国国籍做个以色列人，无非是缘木求鱼。

在最初的 20 年当中，只有极少数的美国犹太人，为数约 2 万，移居以色列，在那儿落地生根。这类美国移民深陷认同的两难，我在别的地方稍微提过，[1] 这里要补充说明的是，直到 1967 年年中，有关"国籍"的问题一直是个困扰，保留美国公民身份还是做个以色列人，实质上、法律上、感情上与道德上，都是一种挣扎。只有几百人在那时候身体力行，选择了以色列国籍。其他人则以非公民身份居留，心中横亘着一片无法跨越的沙漠，彷徨于天堂与地狱之间。这种进退两难的心情终于获得了疏解——时间正好是 1967 年战争把情

1　*American Jews in Israel.*

势绷紧到高点的时候——美国最高法院裁定，凡是服务于外国军队或参加外国投票的人，不得褫夺其美国公民身份。此一裁定的结果让居留在以色列的美国人得以享有双重公民身份；就"民族"的政治意义来说，他们如今既是"美国人"也是"犹太人"了。

但在以色列，横在美国认同与犹太认同之间，还有许多更为根深蒂固的难题，并未因而获得解决。不论他们以什么方式在文化上认同自己的民族是犹太的，但已经身为美国人的事实却同样不可抹灭。正是由于这种价值与现实，对美国犹太人来说，他们可以是犹太裔美国人，却很难变成一个以色列人。所有这些问题不可避免地会触及政治的本质以及教会与国家的关系，而在这些既深层又关键的事情之外，作为一种宗教，犹太教的本质与信仰习俗，以及宗教与民族之间的联系，在他们的认知里可能就更为深层了。把自己看作犹太人，离开美国去到以色列，不论驱使他们的动力是什么，他们生于美国长于美国所养成的特质绝不可能就此抛开；这也正是他们作为美国人，从美国"民族"那边所得到的"文化"认同。正因为有这种想法，在一个狭隘的民族—宗教教权主义与另一个宽阔、丰富、开放的多元主义之间，叫他们做一个选择，无怪乎是难上加难了。

1960 与 1970 年代，当美国与以色列都身陷重大的考验与危机时，身在以色列与美国的犹太人对于这些抉择与想法都提出了质疑的检验。在这两个国家，族群认同里面那个既是"犹太的"、"美国的"，也是"以色列的""民族"，根本就是由一连串令人困惑的重大事件所形成的，而这些事件的结果如何，居然还是未知之数，一切都还要看世界强权在东地中海较劲的政策、美国社会进一步的发展，以及以、阿之间民族主义对抗的趋势而定。唯有这些局势进一步开展，做个犹太人、以色列人、美国人的意义何在，才能比较明朗化吧！

美国黑人的"民族"问题，长久蒙在疏离与排挤、模棱与双重的幕布后面，甚至比犹太人的更加模糊。从一开始，尼格罗在美国的生活就一直是错综复杂的，直到殖民体系在非洲日落西山，新的独立非洲国家出现，民族的问题才以新的方式被搅动起来。1955 年黄金海岸（Gold Coast）尚未独立成为加纳之前，一位曾经访问该地的知名学者转述他与一个非洲人的对话：

他问我是从哪个国家来的。起先，我没弄懂他的意思，后来才明白，他问我是哪个部落的人。我解释给他听，美国的尼格罗没有人会问自己出身的部落，我的国家则是美国。他说道："你看吧，说美国尼格罗跟非洲人是一样的，根本就错了。每个非洲人可都是知道自己的国家的！"[1]

这段对话令人觉得讽刺的，绝不只是语义上的混淆而已。那位非洲人身在变局之中，对于"国家"这个较大的概念，显然有待跳脱自己的部落，一个叫加纳的国家，对他来说是无从理解的。另一方面，那位美国去的黑人访客之所以回答自己是"美国人"，是因为他了解他的国家，问题是，他的国家了解他吗？

关于这种情形，杜波依斯许久以前写过一段很生动的文字，经常被人引用：

尼格罗是个天生的异种，生下来就蒙着一层纱，天

1　*New World of Negro Americans*, especially "Souls So Dead", pp. 97-101; also my "Nationalism Revisited: Group Identity and Political Change", *Survey*, 69, October 1968.

生就只能靠着二手的视觉看美国这个世界——一个没给他真正自我意识的世界，只让他通过别个世界的眼光看到自己。这还真是一种奇特的感觉，双重的意识，永远都是靠别人的眼睛在看自己，拿别人那把调侃、轻蔑、可怜的尺来度量自己。一个人可以感觉到两个自己——一个是美国人，一个是尼格罗；有两颗心灵、两种思想、两种互不协调的追求；在一个黑色的身体里面，有两个理想在交战，却又拼命地不让那个身体被扯裂掉。[1]

在美国，黑人为追求认同所做的长期奋斗，并未解决此一两个自己的问题，他摆脱不掉那个模糊的影像，无法看到一个单一完整的自己——既是一个黑人又是一个美国人。他比周遭大部分的人更早来到美国，但后到的人今天却已经是个毫无问题的"美国人"。比起那些后到的人，他的根也断得更彻底，只能靠他在美国的生活资料去塑造自己的文化与人格。而他的生活却是受主子的支配，遭到周遭社会的排斥，他的个体被否定，甚至连每个人生下来就有的基本权利——

1 　W. E. B. Du Bois, *Souls of Black Folk*（1903），New York, 1953, p. 3.

民族——也付诸阙如。为了他的身份地位，一场战争也打过了，结果之一是，身为一个美国公民，他的权利终于获得宪法的保障。但是，之后又过了 100 年，他依旧是个外人，眼睁睁看着一波又一波后到的人超过他、碾过他，不出一两个世代，就跳脱排斥和歧视，取得新的认同，在社会中一路往上，以不同的程度被社会接纳。然而，美国黑人继续不被接纳，不属于这个社会。他们落地了、生根了，但他们始终没有自己的地，又断掉了自己的根，还要遭到无情的排斥，他们的两个自己，美国人与尼格罗，使他们同时既是国民又是外邦人。

黑人在美国所要争取的，只不过是其他美国人享受到而他们却被剥夺的权利，包括法律的、政治的和社会的基本人权。经过一次又一次的失败，几乎每一代都有一些黑人彻底绝望，得出的结论是，既然身为美国人却被拒绝拥有民族，唯一的选择就是离开美国，到别的地方去寻找一个国家，并取得他们自己的民族。200 多年中间，为此而出走的尝试一再重演，只不过规模都不大也没有人注意，其中包括 1815 年保罗·库菲（Paul Cuffee）率先航海前往塞拉利昂（Sierra Leone），到 1850 年代，又有马丁·德拉尼冒险航向尼日尔（Niger）之举，以及 1920 年代，马库斯·贾维的"返回非洲"

运动。除了 1820 年的那次运动，有特别不同的人赞助支持，最后建立了利比里亚（Liberia），其他的均未吸引太多人移出美国。往后的岁月中，仍有小规模的黑人民族主义与移民主义团体活动，但均未受到广大美国黑人的重视。黑人在这个国家继续默默承受他们的命运，把自己交付给美国的生活，正如杜波依斯奋斗一生，最后力竭倒下时所强调的："像美国黑人这样货真价实的'美国制造'，可说是仅此一家了。"[1]

又经过几个世代的奋斗，两次世界大战也爆发过了，到 1950 与 1960 年代的民权革命之前，这种信念似乎终于得到了肯定。第一波改革的巨浪冲倒了合法建立的白人优先体制。但是，冲垮了大部分在南部的旧制度之后，却还要冲撞更坚固的壁垒，包括北部城市中的隔离区，以及过去长久以来经济、社会与心理上层层包覆的遗毒。1965 到 1970 年间，对融合的承诺彻底失望，黑人从期待的挫折中走出来，投入激情的暴乱与骚动，新的黑人民族主义扩散开来。他们组成小型的极端革命团体，号召黑人群众加入"第三世界"的"民族解放"武装斗争，以阿尔及利亚、古巴、中国与越南为典

1　For a fuller review of this history, with references, see *New World of Negro Americans*, "Back to Africa", pp. 114-154.

范。结果却是跟前几个世纪铤而走险的人一样，一无所获。美国黑人仍然不顾一切地把自己的根深深植入美国认同的泥土里。他们既不跟它断绝关系，也不出走，更不追随铤而走险的年轻人走上无政府主义之路。新的黑人激进派中，不时还有移民主义微弱的呼声传出，贾维的后继者仍在号召黑人大批返回非洲。但是，独立非洲对美国黑人的吸引力显然不会大过贾维时代的殖民非洲；1960 与 1970 年代的黑人激进派中，分离主义者逐渐倾向在美国本土搞分离运动，有些团体甚至采纳"黑色穆斯林"的提议，要在美国的领土上"建立一个分离的、自由的黑人独立国家"。

构想之一是成立自给自足的共同体，内部事务完全自理。有几个小团体，例如黑人民族主义的"新非洲"（New Africa），或比较保守的"去核"（ex-Core）领袖麦基西克（Floyd Mckissick）在北卡罗来纳州成立的社区建设队，都希望购买土地组成自己的社区。麦基西克所提出来的计划，是按照国家的模式，在一个类似印度尼西亚的地方，亦即在一大片海域的分散小岛上建立一个"平行的社会"。为了逗黑人听众开心，他说，美国的黑人国家可以由几个"黑人岛"组成，像是哈莱姆（Harlem）、纽瓦克（Newark）、霍亚（Hoagh）、沃茨（Watts）等等，散布在美国辽阔的白人之海上。

　　这种异想天开的事情，在没落的中部城市，都市黑人可是正经以对。如果有任何黑人民族主义真能满足这种奇想，难免不让人联想到一个班图斯坦（Bantustans）在美国出现的可怕景象，亦即南非模式的城市黑人保留区，但实行自治的整个社区却陷入政治腐败、堕落，还加上大规模的政治迫害。另一方面，不会让人去想到腐败什么的，而是美国社会的一个翻版与创新，不仅有人把它当一回事，而且确实已经箭在弦上，那又完全是另一幅景象了。随着全美各地黑人选民的不断增加，分离或独立似乎已无必要，而是鼓励黑人更积极地投入美国政治体制。到 1974 年时，各地区选举产生的黑人公职为数已达 3000 人，3 年内成长了 3 倍。108 个城市由黑人当选市长，其中包括黑人不占多数的城市如洛杉矶、底特律、亚特兰大、辛辛那提及盖瑞（Gary）。[1] 这种扩大的趋势意味着广大的黑人群众已经改弦更张，显示他们正循着爱尔兰人、意大利人、波兰人与犹太人的方式，用选票把族群团结起来，提升族群的政治动能，并借此达到族群整合一体的目的。

1　*National Roster of Black Elected Officials*, Joint Center for Political Studies, Washington, D.C., vol. 4, April 1974.

　　美国黑人改变的方向、品质与步调，没有人敢下断语。摆脱贫穷的社会与经济斗争，还有很长的路要走。能否更为融合，或至少像其他族群那样为社会接纳，问题仍不单纯，困难也以不同的样貌呈现。新开放的社会是否真的开放到足够一体包容？一切显然都还不够明朗也不够确定，相对于急速的变化脚步，高度的期望落空导致人心的支持度下降，不耐、愤怒与失望的情绪很可能化作少数激进派的动力，诉诸既不实际又不合理的政治与地理分离运动。但大体上来说，知识分子与逐渐兴起的中产阶级并不认同剧烈的改变，在这个节骨眼上，仍可能形成一股心理的、情绪的与社会的回拉力量。总之，轰轰烈烈的 1960 与 1970 年代过去了，其结果之一是，有些黑人正在重新修筑壁垒，而这些高墙却正是之前另一些黑人花了一辈子的力量所要推倒的。

　　改变的第一波效应里面，出现一种相当难以理解的现象。当数以千计的黑人男女青年涌入主流的大学院校时，第一个冲动就是退缩到自己的研究计划、自助餐厅的角落以及黑人宿舍中，仿佛这些地方从来没发生过反隔离的战争，也从来没有赢过这场战争似的。街道上，种族歧视的招牌与标志虽然拿掉了，在这个新的世界里，除了黑人学生数量大幅增加外，唯一不同的，居然是在保守白人旧的隔离心态之外又出现了新的黑人自我隔离，而黑人加诸自己的这种区隔，追根究底，竟是强烈反抗白人的偏执时，为掩饰自己的恐惧与不安所表现出来的退缩。同样的情节也表现在某些"黑人核心团队"的身上。这些权力取向的黑人，目标是要使黑人在各种社会组织与团体中自成一个利益族群；他们的策略是按兵不动——你可以称之为战略性的撤退——让他们隐伏到一个安全的避风港，一个自己人紧紧相靠的地方，共同对付外面的白种敌人；他们尽量避免摩擦、伤害，也不要求外面那个世界给他们全面的自由，以免造成沉重的压力。正因为如此，不论走到哪里，他们都随身带着自己的隔离区，而那个大体上仍然想把他们隔离起来的世界，也就依然故我地继续下去。

尽管如此，不可逆转的事情已经发生了。政治与法律上的突破都已成为事实，再也无法走回头路。在现行政治体制无可取代的情况下，过去那种非全民参政与合法隔离永远不可能死灰复燃。以此作为底线，在民族与法律上，美国黑人与境内其他公民一律平等，他们作为一个美国人的权利也获得了承认。

但是，这并不意味着杜波依斯的双重影像经此震荡已经成为一个清晰的单一体。对美国黑人来说，作为一个美国人的意义仍不完全确定，至于用新的眼光去检视做一个黑人的意义，如今还只是开始而已。在当代新"黑人"意识里面，"黑人"一词的重建才刚起步。黑人的自我肯定与自我表现，以各种方式，有形的与无形的，在许多层面爆发开来，他们重新定义"黑人"，重新检讨美国黑人与非洲故乡的关系，包括他们与现代非洲及非洲人的关系，他们与其他文化的关系，并试图去发现他们在美国文化中的特殊地位。如果他们身为美国"国家"的一分子已经不成问题，怎样才能证明这也是一个黑人的"民族"呢？答案绝不止于公民权与参政权的取得。多少个世代以来遭到的疏离与压迫，还有很多东西不断从中浮现出来。总之，这不是短期可以解决的，困难与痛苦仍然在所难免。可以确定的是：黑人到底算什么？这一代的美国黑人正在努力寻找答案，加上其他许多美国人在这方面所下的工夫，在政治与文化的民族上，身为一个美国人的意义为何，终将有澄清的一天吧！

第十章

新多元主义

1974 年，塞浦路斯停战期间，隔着尼柯西亚郊区一条小溪，

希腊裔与土耳其裔的两队士兵面对面遭遇，

双方就这样聊了起来。

当记者同一名希腊裔的军官谈话时，

"突然从土耳其裔那边传来一声长啸，

状似泰山在丛林中所发出的那种，

一名希腊裔士兵则回了一声，'这没有什么意义。'

希腊裔军官解释道：'很难讲得明白，但我们了解，

那是在说，我们无聊得要死，什么都乏善可陈。'"

——《纽约时报》，1974 年 9 月 6 日。

时下，我们的部落偶像正大行其道，各个散发着迷人的魅力与惊人的凶残，生存力量坚如花岗岩，复制能力旺盛而活跃，君临我们的祭坛；我们需要的，他们给予满足，他们需索的，我们献上牺牲。尽管有许多文化，或出于一时兴起，或出于全力施为，想要另辟蹊径，但这仍然是人类最基本的安排。世事多变，但万变不离其宗。

不离其宗，但并非静止。基本群体认同并不像一个人急就章讨论它时那样一成不变。相反的，它是动态的，永远处于蜕变的状态。我在界定并描述基本群体认同时，曾经试着把它分开来对待，一方面检视它的基本要素，弄清楚它们的强度与韧度是怎么来的，并看看每个要素如何在整个丛集中运作，尤其是在政治与社会变迁冲击之下各自扮演的角色。我曾经详细说明过，这些要素彼此绵密地混合成一个整体，是不可分割的。把它们像机器那样拆解开来，像零件那样一件一件地摆在工作台上后，抓出其中一样，说它就是基本群体认同的本质，那是根本不可能的。基本上，基本群体认同的各个要素以多种方式进行融合，而且变化多端，没有固定的模式。它们不是机器压制出来的东西，而是艺术品。把它们放在一起，尽管看起来十分神似，但实际上却没有两个是完全一样的，各自的生灭也没有一定的规则可循。观察每个要素时，不仅要看它过去发生的原因、它的来源，而且要看它演变的过程，看它今天在此时此地、在这些人、在这个环境中发生作用的原因。基本群体认同不像一块岩石，自太古时期因某种运动形成以来就一成不变地躺在那儿。它是一个活的东西，会生长、改变、茁壮或枯萎，视其本身的生命力以及所属的环境而定。它也会死亡，或者变成化石。它会消失在其他族群机体里面，但也可能与原来的某个要素重新结合而再生。观察族群认同的现象时，它不像石头那样表面是静止的，而像是一条溪流，它的表面是变动的。更重要的是，我们都是通过棱镜在观察它，而每个观察者的棱镜不仅位置不同，而且从不静止，始终在变动。

　　基本群体认同的动态模式，涵盖了民族所继承与濡化得来的东西，是过去文化与现在文化的混合体。每个族群认同，即使是最僵化的，其组成都包括从过去所得到的各种原初资产，以及在现在环境中经过调整甚至变形而产生的新东西。一个族群与其他族群互动都会导致一个结果，亦即相对的强势或弱势，造成经济上的优裕或剥夺。在不同的文化中，通常会有某个时期是静止的，好几个世纪下来，整个社会丝毫未变。这种情况即使存在，那也只发生在过去——我认为那只是观察者远距离观察所得的印象，实情并非如此——今天，几乎不可能在任何地方再出现。以现代世界社会、经济与政治变迁的速度和广度来看，不论多么静止不变的地方，也开始流动起来，就像赫拉克利特许久以前所说的，所有的一切都流向全体。

当然，这还是有程度上的差别，各以不同的量与质按程度在一个光谱上排列开来，量与质是可以测度出来的，即使无法以数字表示，至少可以用文字，譬如"很少"、"有一些"、"很多"。因此，在光谱的末端，即使到今天，或出于机缘或出于自己的选择，还是有些族群大体上静止不动，维持着过去的状态，至少别人认为它们是始终未变的。但是，像这种"活的过去"之所以能够维持，那也只是缓刑而已。现代世界挟其强大的动能无所不至，喜马拉雅山与安第斯山的深谷也难逃其影响，宾州瑞士孟诺教派信徒（Amish）恬静的农村照样未能免俗。甚至"遗落"在菲律宾哥打巴托（Cotabato）丛林中的塔萨代（Tasadays）石器时代，很不幸的，还是"被发现"了。

在这条光谱上，从中间部分到另一个末端，有一些可以辨认出来的族群，按照不同的程度可以分成曾经有根的或无根的。这里面，有些族群我们在本书中惊鸿一瞥过，他们脚下的土地在政治变迁的大地震中已经消失，也有一些族群，被巨大的震动抛掷出来，失去了原来安全的家，颠沛流离，躲进自己的"姆庇之家"避难所，或者带着祖宗牌位从废墟中逃出来，寻找一个有家的感觉的地方。

再来是另一种更为无根的人，这种人是现代世界里面被人调包的婴儿，他们是社会、经济与科技变迁的产物，是移民与文化混合的产物，他们的信仰、观念和要求完全与先人脱钩。其中或许有人还带着祖宗牌位的残片，有人则带着起源的标志，但绝大部分都已经没有姆庇之家可归。同时，他们却跟那些有姆庇之家可归的一样，需要有所归属，需要安全感。因此，他们被迫以新的方式来满足原始的需求，如果遍寻却不可得，他们就会去搭建或创造一个新的姆庇之家。他们会按照自己的需要，找些新的材料，凑成新的认同，把他们从过去继承得来的残骸，赋予新的包装与形象。在当代族群认同的经验中，像这种高度动态的形式，最为戏剧化的莫过于在美国社会中所发生的。

"美国人"是一大群不同种类、不同起源的人所组成的大杂烩。美国族群认同的问题一直存在也始终不断。新的民族、新的势力、新的环境一直在打造它，有时候——虽然并非经常——甚至尝试拿最初打造的那个模子去规范它。最初的那个模子是 18 世纪启蒙思想最崇高的版本：主权在民，人民以不同的方式追求生命、自由与幸福的权利，并受到不可剥夺的保障。但事实却全非如此，一开始，它就身罹奴隶之癌。其间历经多年的病危、缓解与复发，它仍然杌陧不安，那个政治实体虽然还没病入膏肓，但以一个开放社会的标准来看，失败是大于成功的，或许最终还会遭到致命的一击。

　　由于成分复杂多样，美国人所生活的社会，长久以来都号称是要把"多"合成"一"。但是，直到晚近，它所推动的，仅是把一部分合成"一"（以北欧基督新教的白种人为主），却部分排除其他的人（主要是非同一起源的白种人），更几乎全体排除另一些人（亦即非白种人，包括黑色、棕色、红色与黄色人种）。直到 1945 年，美国社会结构的取向仍然如此。1945 年之后的数十年，众所周知，重大的变化发生了。白人至上的体制崩溃，过程不尽平静，结果也不尽相同。但这是一个开端，这个社会所有族群的相互关系开始改写，为长期以来的社会位阶进行一次大洗牌。其间所发生的大事，重新提高了由"多"变成"一"的可能性，或者至少变成比较多个"一"，而不再是以前那种唯我独尊的"一"。在动荡不安的 1/4 个世纪中，此一过程持续进行，美国人的期望也因不同的结果而起起落落。民权革命的长期奋斗终于在法律上打破了种族隔离，至少开始拉近了理想与现实之间的差距。但是，1945 年之后已经开始整合的美国，却因为隔离区的暴乱、越战与水门事件，似乎又陷入了分崩离析；所有的期待，从种族正义、社会本质、政治体制到它在世界上所扮演的角色，全都像漏了气似的，产生了新的幻灭。甚至打破学校种族隔离在南部所获得的成功，虽然已为数十年的变化奠定了突破性的基础，从 1957 年小石城的混战到 1974 年波士顿的冲突，却使人大有今夕何夕之感。在打造美国族群认同持续进行的过程中，依旧阴魂不散的问题是：我们想要打造的，究竟是个怎样的"一"？而在打造这个"一"的过程中，"多"又何去何从？

　　这段期间的动荡，导火线是 1950 与 1960 年代黑人追求自我肯定，这是一次"族群复兴"运动，美国人民中各个族群的族群意识开始苏醒。谈到发生的原因，错综复杂，尽管相关的报道极多，却仍不失其贫乏。关于它的声音——很大声，尤其是在电视上——与它的实质，至今还没有人加以区别过。通过那些扩音管道传出来的讯息说，如果黑人、墨西哥裔、波多黎各裔或印第安裔的美国人是美的，那么爱尔兰裔、意大利裔、犹太裔、波兰裔、乌克兰裔、斯洛伐克裔、希腊裔的美国人，以及任何你与有荣焉、叫得出的族群，就应该更美。在这一波族群意识高涨的浪潮中，我们必须知道什么是"旧"的，什么是"新"的；什么是声音，什么是实质；尤其是为数众多第二代与第三代的移民，其先人主要是天主教教徒与来自中、南欧的族群，这些人都已经是东北部工业劳工人口的核心。这一大片"中间的"美国，由于种族紧张与冲突不断在社区、学校与工作场所爆发，这期间饱受经济萧条之苦，内心充满愤怒与不平。这些移民虽然保留着故国的语言与生活方式，但在特质上比他们的先人更"美国人"；他们的子女则是在典型的美国经验中成长，逐渐远离旧有的习俗，而他们的孙辈则回过头来开始寻根。在美国，早期的生活经验已经成为广泛探讨的题目，而新的生活形态则尚无人问津。[1]问题是,这些美国人在这期间面对新的环境,新的族群意识到底显著到什么程度。

在新兴的族群复兴运动中,最常听到的说法是,在美国的熔炉中,族群的歧异并未完全融合。的确,某些人今天似乎已经看出来了,[2]这个熔炉在老东北(Old Northeast)那些"黄蜂"(Wasps)的操弄下,把非"黄蜂"的纯粹品质全都煮干了,端到桌上来的只是一锅次级的"黄蜂";也就是这些东西,变成了一般美国文化的本质。正是这些次级品,占领了美国人的梦想(或是梦魇?),也正是在这片梦境,这些族群意识的重新发现者终于清醒过来,睁开惺忪的睡眼,寻找他们自己的非"黄蜂"遗产。[3]由于身世起源被别人瞧不起而造成自我否定,能够跳脱出来肯定自我,当然是值得大书特书的事。但是,今天流传的某些"族群传奇"还真叫人忍不住要引述杜鲁门总统的政治名言:只有那些受不了熔炉高温的人,

---

1 Classic works in the field are led by those of Marcus Hansen and Oscar Handlin. For fresh starting points, see Milton M. Gordon, *Assimilation in American Life,* New York, 1964; Nathan Glazer and Daniel Patrick Moynihan, *Beyond the Melting Pot,* Cambridge, Mass., 1963.

2 E.g., Michael Novak, *The Rise of the Unmeltable Ethnics,* New York,1972.

3 Andrew M. Greeley, "The Ethnic Revival", Center for the Study of American Pluralism, University of Chicago, September 1974.

才会半生不熟地爬出来。就整个现实的情况来看，所有的族群认同、所有的族群，尤其是美国所有的各色人等，似乎都是在熔炉中烧制出来的，而且从一开始就一直是如此。在美国社会这个烧制过程中生产出来的东西，并非次级的"东北佬"，而是正在形成的一种同一型号的美国人——更好也可能更糟——但同时又是别的某种东西。

这些要素如何进行融合，仍有待观察。从美国人因为某种失落感而进行的寻根活动，或许可以看出某些端倪。近年来，许多美国黑人到非洲去朝圣，犹太人前往以色列，要做个以色列人，日裔及意大利裔美国人各自返回自己的母国；从祖先的文化中，无论他们得到了些什么新的看法，无论是什么样的缺乏感与疏离感在驱使他们，在他们的追寻中有一项经验是一致的，那就是他们都感受到，自己不是非洲人、日本人或意大利人，而是另外某种完全不同的人，他们是非洲裔美国人，是日裔美国人，或是意裔美国人。一位纽约的记者，在一篇意大利返乡之旅的温馨小文中，记述了那令人动容的一刻，当他终于站在 Abruzzo 他父亲出生的故居前，这样描述他的心情：

　　我没有哭，心跳没有加速，但我来了，我很高兴。
因为这栋跟一般意大利乡镇没什么两样的房子，为我释
除了心中的疑惑。我压根不是个真正的意大利人，也不
是个流着另一种热血的美国人。我是一个意大利后裔美
国人——有自己的教养，自己的身世。[1]

　　这些人和他们那些非美国人的亲人之间虽然有相似之
处，但在他们身上，自有一套新的价值、看法与行事风格，
把他们区隔开来。身为"美国人"的特质，在他们的文化血
液中流动着，远远深刻过他们寻根认祖的所得；发现之旅的
经验总是令人困惑而又心慌。这些特质是什么，已经有不少
著作试着去界定过，应该还会有更多人继续下去。这些形形
色色、各不相干的个人，他们共同拥有的东西是什么，在这里，

1　Anthony Mancini, "Ethnic Travel: When You Find Your Roots You Eat Them", *The New York Times,* August 1, 1971. For my own glimpses of the Afro-American experience in Africa——a highly controverted subject——see my report of interviews with black Americans in West Africa in 1963, in *New World of Negro Americans,* pp. 294-322. Cf. also my *American Jews in Israel.* For Japanese-American experiences, see a novel, Dan Okimoto, *American in Disguise,* New York, 1971; also Don Nakanishi, "The Visual Panacea: Japanese Americans in the City of Smog", in Akira Iriye, ed., *Mutual Images: Essays in Japanese-American Relations,* Cambridge Mass., forthcoming in 1975.

我敢这样说，就是他们一同在打造的那个美国族群认同。

打造新美国族群认同的，既有旧的理论也有新的事实。旧的理论是，美国这个体制是色盲，不论种族、信仰或族群起源，所有人的权利都受到保障，只要不侵犯到别人相同的权利，每个公民都可以追求自己想追求的东西。很明显的，这个体制并没有做到这一点。它曾经有过奴隶；一直到今天，在各个公共领域里面，排挤的遗毒依然存在，在社会的日常生活中，偏见与偏执还是无法消除。20 年前，法律虽然终于禁止了排挤，但偏见与偏执仍然屡见不鲜。旧的理论到底有多少已经变成了新的事实，至今仍然是个问题。没错，新的事实正不断地在我们周遭开展，但如何去解读它们却众说纷纭。在新的压力与抗力之下，这个体制正被打造成新的东西，以便适应新的需求。另一方面，新的事实则制造了新的门槛、新的情势、新的冲突、新的两难。它们是否能够以及如何带领我们去打造一个新的美国多元主义，就要看我们这个时代的作为了。

例如，改善族群关系的压力，已经形成另一种压力，亦即族群与个人之间社会相对地位的修正。这个问题涉及整个美国体制的基石，亦即美国的体制是立基于个人的权利而非族群的权利。这方面的努力包括打破过去的不公平，制定新法赋予全体公民平等的地位。反歧视的斗争已经产生了禁止排挤的法律，凡是基于种族、宗教、性别或族群的歧视都属非法。在就业方面，歧视的那条界线已经撤除，以貌取人的用人作法已经为法所不容。但在法律的执行面，老规矩依然故我；不得歧视其他族群，法有明文规定，于是，只要法未明文禁止，反其道而行的却所在多有。就业、举才、入学，无论公私机构，配额的问题已经形成争议，诉诸法院裁决。此一攸关新多元体制形成的问题，司法最后的裁决将是关键。

这一类的新事实充斥于政治、教育、企业与政府。新的态度出现了。新的冲突升起了。问题居然是"一"与"多"之间的平衡出现了新的矛盾；身为一个美国公民，个人所享有的基本权利，和每个美国公民都是一样的，但身为某个族群的一分子，他又与这个族群的其他成员拥有一个共同的身份，在这两者之间，可以拿种族、宗教或族群来界定吗？以美国的理论与事实来说，做一个"美国人"的是那个个人，而非那个族群的一分子。身为美国人的个人，与他所归属的那个族群无关，而每个族群又可以凭着各自的天分与活力自由地存在、运作、绵延下去。然而，只有在广大的私人领域里面，每个人都能保有自己选择的自由，这种情形才能够成立。

在我们这个时代，对自己以及自己的族群，每个人都在形成新的认知，对于二者的相对位置，绝大部分美国人民都可以说心知肚明。但是，对某些族群的某些成员来说，这个问题却不在于个人的权益，而是事关族群的权益。拿去今不远的分离主义来说，为了在自己的土地上建立自己的国家，族群狂热分子认为，最符合他们利益的做法，就是在美国社会里面发展某种类似奥斯曼时代的教区体制，以此将族群组合起来，取得合法的承认与某种程度的自治，再不然，就是发展类似旧沙皇时代的体制、英属印度的公设选举人制度，甚至于某种程度的苏联体制，允许"民族"在某些公共事务上享有有限的自治权。所有这一类由自封为"新多元主义"[1]提出来的构想，在美国当然是此路不通，但却引发了一个问题：一旦这些族群认同的新主张具有相当分量时，在法律上、文化上、政策上，在教育体制上、双语教学的建立上，以及在其他领域、多语言主义、经济生活与社会机构上，未来何尝不会产生某些具体的影响。美国将来会成为什么样的社会，

1　See, for example, Murray Friedman, ed., *Overcoming Middle Class Rage*, Philadelphia, 1971, and my comments on it, "The New Pluralists"，*Commentary*, March 1972.

在此一塑造的过程中，美国新多元主义正急于知道这个问题的答案。

就理论而言，美国体制所提供的设计，基本上是一个包容的社会与政治架构，容许不同的种族与文化按照各自的禀赋与活力存续发展，而社会所有的原则融入同一个政治与社会体制，全都拥有平等的地位与共同的归属和自尊。此一信条始终是至高无上的。但是，在过去 25 年中所发生的种种事件，却动摇了这种信念：此一信条真的能够落实，并因此融合整个社会，建立一个美国的族群认同吗？此时此刻，我们每个人都身在其中，一路走来，所看到的景象可以说是乐观与悲观兼而有之。无论如何，大家都应该坚持，相信这是一个新的世界。即使百变不离其宗，但要相信，还是有许多事情会改变。

当然，事情总是不断在变，剧烈地在变。回顾我们开宗明义所谈到的那个两难情况，那个既在分裂又在全球化的世界：我们正被巨大的离心力抛掷出来，在社会与政治上都分崩离析，另一方面，巨大的向心力又逐年把我们压向单一的集合，世界的权力比过去更集中也更扩散。我们正面临地球资源的底限，而共同使用这个资源的人口却在逐年增加。我们已经进入了后工业时代，但世界另外的 2/3 才刚开始进入前工业时代，世界上绝大部分的人只能捡拾工业化与现代化的残屑。为了争夺硬资源、能源与其他原料，为了生产、食粮、贸易与军事力量，冲突已经日形尖锐；另一方面，族群的自我认知、评价和取向跟外在的认知、评价和取向出现落差，受到族群认同这种软材料的撩拨、塑造与滋养，冲突便更火上加油。

构成族群认同的软件——不同的肤色与其他身体特征、名字与语言、历史与起源、宗教、民族，我们都一一检视过了。这次所做的巡礼可以说是从未有过的，因为不同于艺术家、文学家和一般的老百姓，社会学者过去对这个议题顶多止于民族的层次，而且往往视之为人类事务的偶然因素。之所以如此，肇因他们受限于时代的观念以及各自的民族文化，对于人类的差异、进步与落后、优势与弱势、有权与无权，全都视之为当然。另外有些人则认为，眼前的这些差异虽然无可避免，但终将在现代化的压力下消除，或者在强势族群的善意控制下走向文明的平等。

而最天真的想法可能是，这类因差异而造成的冲突，其实都是起源于迷信与无知，终将因进步的知识与启蒙而趋于改善，又或认为，这一切都是阶级与经济剥削在作祟，终将因社会主义革命所产生的新秩序——无差等与无阶级——而打破。对社会主义来说，要改变人类的命运，"阶级"既是系铃人也是解铃人。传统的体制全都是反动的——"封建的"——中产阶级国家的政府只是资本主义资产阶级的执行委员会而已。看到社会主义把人类美好的未来建立在国际工人的团结上，部落的神祇一定满怀希望，却不知道那一切仍然是立基于"民族"与"族群"的差异上。

因此，如果我们够谦卑的话，就应该从人类长久以来的实际状况着眼，而不是像那些精英学者与斗士，一厢情愿地诉诸理想主义，以为人类的部落分裂可以到此为止。除非完全根绝，族群的差异永远无法消除，关于这一点，任何新的、更伟大的人类秩序其实都无能为力。何况有人还认为，这并不是坏事，索尔仁尼琴岂不说过，这种多元乃是人类的资产，过去的遗产是强化生命、艺术与美并提升人类精神的主要资源。现代工业社会所制造的荒芜与单调，正有待于这种多元来遏阻。这种说法当然也有人不以为然，他们宁愿相信，只要人类能够去部落化，用一套更普世化的价值来规范自己的生活，必然可以产生一个更美好的生存环境。然而，在人类的生存经验中，这显然又太过渺茫了。

另一方面，就算一切血统皆美，部落歧见与矛盾就此消失，部落之间的敌对与性命交搏也因此不再，但是，就像铜板永远都有两面，事情并未就此结束。即使族群全力奉献于人类精神的加强，它本身的独特性所能贡献的，恐怕还是在于人类生存的残酷面，而且在这方面，它所能产生的力量更胜于其他因素。长期观察基本群体认同的本质与功能，将不难发现，人我之分的情结根本就是与生俱来。族群意识不仅区别人我，而且切割人我。它为人我之别的感情因素提供价值基础，并在与别人接触的过程中形成相当程度的冷酷与暴力。在族群的特许或强制下，伴随着权力的支配——亦即谁支配谁，以及如何支配——敌对意识也就表露无遗。族群之间，只要在关联与血缘上有足够的区隔性，猜疑、恐惧、敌意与暴力便很难避免，而暴力的程度则视彼此的政治关系与利益互动而定，从漠不关心到剥削、轻视、压榨甚至屠杀，不一而足。从人类当前的情况来看，看不出有哪个民族不会重蹈这样的覆辙，尤其是他们从被宰制的一群翻身，轮到自己掌权当家的时候。唯一的"新"问题是,面对当前这种"新"

情势，该用什么样的政治制度、什么样的政策去处理。如果我们希望发挥族群独特性的正面功能，我们就必须永远面对一个问题：如何避免它那种负面的毁灭性力量。

因此，最根本的议题仍然是：人类可以活得更人性一点，果真如此的话，如何才能办得到？这个问题，答案容或很多，但长久以来却都相信，人类的族群终将基于"理性"与"信念"发现"人类一体"，并以此共组和平幸福的生活。但是，此一信念即使还没有死掉，大概也只存在于某种宗教的版本里面，而且前途不明。至于在俗世或政治的版本里面，不论启蒙思想的人道主义传统或是社会主义的唯物主义传统，这个信念几乎已经奄奄一息。但问题还是在，而且还可以进一步追问：既然差异难免，人类难道只能像以前那样互相残杀地共处下去？这个问题问到了底，终究还是权力的问题，是族群之间相对有权或无权的问题。如果说，所有的族群都要求，在社会中享有某种程度的平等，如何才能满足这个要求？什么样的新政治，什么样的新制度，什么样的新多元主义，才能满足这个需求？

当然，只有从相对的意义来说，这个问题才成其为"新"。直到目前，人类以社会阶级、统治者与被统治者、主子与臣

民、帝国与殖民地等等为基础的权力模式，大体上来说已经
"解答"过这个问题。只不过这些用刀剑所产生出来的体制，
最后总免不了相同的下场，不是四分五裂就是分崩离析，然
后又由新的统治族群用某种新的设计，重新安排旧的世界。
这种过程与复制一再重演，其结果就是今天的离心动荡；在
所谓的社会主义世界与前殖民世界，这种例子可说不胜枚举。
有些支配体系则从正面着力，设法满足广大民众的基本物质
需求，并采取现代的运作手法，产生了新的模式，毛泽东统
治下的中国即属此例，只不过还没有人敢预言其为有效或是
脆弱而已。另外一种更确定的方法，则是在尖端生物学与生
物化学的实验室里进行，未来或许可以把人类的族群认同与
行为要素凑合在一起，不再是一团混乱地混在人类的存在里
面，而是整整齐齐地放进试管里面。另外，某些大权在握的人，
手中的黑皮箱则能够将部分甚至全体人类予以摧毁；要不了
多久，日新月异的科技可能就会把同质化人类的方法交到按
按钮的人手上，到时候，人类因互不相同而产生的许多问题
还真可以"解决"不少。当然，核子战争更可以让所有的问
题一了百了。这种世界末日之说或许言之无益，也可能言之
过早，但对我而言，至少可以这样说，在创造一个更容忍的

社会方面，人类尚未建立一套新的体系之前，似乎已经在建立一套彻底控制或毁灭的机制了。

　　仍有选择的机会。目前可以说是一个混乱而混沌的过渡时期。所有旧的位阶已经打倒，或者至少是四分五裂，大可予以重新组合。在人类的各种集合中，无论归属感的认同或自尊心的满足，被剥削者多少已经分配到了一些较好的保障。选择还是有的，方向也是敞开的，新的结果尚待发现。人类彼此都能满意的生活形态，仍然可能在新多元主义的权力体系中实现。面对各种背道而驰的事实，似乎一切都无力回天，但还是有人相信，以更人性的方式处理人类的事务，可能还是值得一赌，对的事情仍有可能发生，纵使——十分可能——是出于错的理由。

推荐一

读历史，也读预言

李亦园[1]

　　《群氓之族》是一本重要的学术著作，有广泛的影响力，从部落偶像、身体、名字、语言、宗教、民族、历史起源、新多元主义，来探讨群体认同与政治变迁。作者实地采访、研究，对于方兴未艾的民族主义终将改变世界面貌，早已率先发出警讯。

　　成书迄今，已有一个世代了。但重读此书，既像是在读历史，又像是在读预言。读历史，是伊罗生 30 年前所点名的族群冲突点已经一一爆发，大幅度地重划了国际政治的地图，

1　人类学家，台湾"中央研究院"院士。

例如苏联政权瓦解，境内各民族纷纷独立；南斯拉夫分崩离析；捷克分裂成为各自为政的捷克共和国与斯洛伐克，等等。

读预言，则是伊罗生早已看到一些进行式的和未来式的族群冲突，如伊斯兰基本教义派用族群认同的奶水养大了恐怖主义，造成美国九一一事件；车臣的民族主义者使用"黑寡妇"在莫斯科制造血腥，等等。

至于今天的台湾，同样处于政治变迁的阶段，族群认同已经开始发酵，在政治竞争的催化之下隐然形成区隔的标签，埋下分离的种子。美国学者白鲁恂为本书所写的序，值得我们留意："族群意识可以建立一个国家，也可以撕裂一个国家。"

本书有助于我们从族群的基本特质来了解目前我们所面对的族群问题。

推荐二

两种时间意识

石之瑜[1]

　　所谓的现代人，其实对于自己的部落归属依旧充满眷恋，甚至可以说，越是自以为现代，就越容易因为心里的孤独，而自内产生一股自己也不能解释的驱策力，想满足某种依附的需要。《群氓之族》这本书，让这样的需要从方方面面体现出来，分别形成对某种部落渊源、语言、血缘、地缘与超自然的一元信仰。假如这一类信仰能通过象征性的事物或仪式，为我们所掌有，则我们内心因此而获得的满足，便可以对身为现代人的孤独感提供充分的治疗，并缓和社会冲突的

1　台湾大学政治系教授。

幅员与深度。然而，如果部落归属的建立指向了人群彼此的区隔，以致不得不针对具体对象，行使压制、清洗或排除的时候，现代性就沦为暴力的范畴。

由此可知，族群崇拜依照其时间意识可以大致别之为两个取向——回溯的与未来的。回溯崇拜是探索某一群人共同的渊源，一旦奠基于这个共通渊源的信念，人在追逐蕴含现代性的生活价值之同时，维持了一种关于根的想象，不至于因为在地理上或文化上已经离乡背井，而变得空虚彷徨。所以回溯崇拜有助于现代人宽忍眼前的奇风异俗或妖魔鬼怪，不担心自己会变易离散，不感觉自己面对的是某种恐怖不可知的未来。相反的，现代人的回溯崇拜足以培养出一种好奇的能力，让欣赏与尊重成为待人接物的人生态度，取代焦虑或恐惧的自卫动机。因此，现代人的回溯崇拜不同于前现代的祖宗信仰，盖后者往往让人安于现状，乏于探索，以致在接触遭逢任何自己不熟悉的事物时，或睥睨，或疑虑。

未来的族群崇拜则有着前现代的保守，乃本书批判之所在。未来崇拜具有一种迈向理想的目的意识，所追求的是一种净化的族群身份。这种目的意识虽然也奠基于各种历史传说、宗教神祇、地理疆域或祖先血缘的叙事脉络中，可是这些想象无不成为今天行动的参考标准，指挥着自以为是的当代人去扭转堕落年代中已经失落的部落，恢复光荣的集体身份。在目的论之下的族群崇拜论述，将传说当作圣经，在挖掘传说、重写圣经的过程中，展开对异族的排斥、对污染的清洗、对堕落的重整、对疆域的重划与主张，因而构成对现代性的反弹，与现代性的开展形成循环辩证的关系。故未来的族群崇拜充满了紧张与不安，四面楚歌，犹如身处一个内奸外敌的政治环境，对于现状中的我族存在状态充满自卑与怨怼。

本书对于新多元主义的期盼，介乎回溯崇拜与未来崇拜之间。作为回溯崇拜，新多元主义固然在逻辑上愿意宽忍各族渊源与信仰的差异；然而作为未来崇拜，新多元主义无形中又敦促各族群开展其自身的目的意识，因而预设了族群崇拜的多线发展。这个对于族群崇拜的认可，尽管号称多元，反而继续在增加现代人对于部落意识的需要，就好像没有族群归属的人就不能现身，不能露脸，也就不能加入通往历史目的的族群崇拜。从而所产生的压力，未必会因为提倡新多元主义而缓解。相对于此，回溯的族群崇拜并不排斥当代人所经历的混血或变异，故每个人或社群都可以是多渊源的，于是就不强求今天的同族，到明天就与旁人也同族。多元主义假定人皆有元，但多源主义则假定人不必归元。

　　一种不以历史目的为前提的族群崇拜，比之于没有族群崇拜，更能安定人心；比之于有历史目的的族群崇拜，更能缓和冲突；比之于多元主义，更能解放人性。本书揭穿了族群崇拜的黑暗面，现在寄望下一本叙说光明面的作品问世。

译后记

从"民族"到"国家"

——翻译上的一点感想与困惑

邓伯宸

　　语言是人类沟通最基本的工具，但在某些地方，可能也是一种高度不稳定的符码。对同一件东西或事情，即便使用同一语词表达出来，也可能产生不同的认知与理解。在语言所指涉的对象是人类经验时，这种情形尤其常见，甚至在力求严谨的学术领域也在所难免。关于这一点，本书作者在写作本书时，就曾感慨地指出：

　　　　科学人与知识人对自然界虽然已经有所揭露，并非

　　常精确地掌握了它的特质，但对人类经验的界定却仍然

　　是模糊的、含混的……相关的定义依旧不清不楚、各说

各话。在字典、百科全书以及触及这类主题的学术论述
中，像"部落"、"氏族"、"国家"、"民族""种族"、"族
群"、"族群性"这些字眼，至今依然难以清楚界定，每
个作者所下的定义都是各适其意、各取所需，或者各按
各的学科……

同样的，在翻译本书时，译者也碰到类似的语言上的困
扰，只不过问题不仅出在语词的定义上，而且在于中文用语
与英文的翻译上。在翻译的过程中，对一些相关的术语，译
者虽然参考了一些辞典、百科全书以及相关学术论述，但却
发现，相对于某些英文名词的原意，现行的一般中文翻译通
常两词甚至多词一译，在意义上不是失之于窄就是失之于宽，
以致落笔之际踌躇再三，深恐造成偏差，伤害了作者的本意。

举个例子来说，本书中常用到的 nation 一字，长久以来，
中文既译为"国家"也译为"民族"，比较晚近又有译成"国
族"的。但是，中文译成"国家"的英文字，除了 nation 之
外，还有 state、country 及 commonwealth，而所有这些英文
字，在定义上其实是有所区隔的，乍看起来彼此之间似乎"大
同小异"，但其"小异"却是这些字眼相互异质的关键。以

nation 与 state 来说，前者强调的是以 nationality（民族）为主体组成的政治体，而后者强调的则是由一群人组成拥有主权的政治体。二者虽然都是政治体，但 nation 基本上指的是 political community（政治共同体），state 则指 body politics（政治实体），其间差异在于：一不指涉主权，另一则包含主权。这一区分不难从 nation-state（译成"民族国家"）一词的合成上体会得到，又基于 nation-state 的概念，乃有人主张将 nation 译为"国族"。至于 country，则是 state 或 nation 的泛称，尤指一个人出生、居住或落籍的国家，而 commonwealth 在意义上更接近 republic 这个字，指的是主权在民的国家。

以上粗浅分析，如果无误的话，中文把这些英文字都翻译成"国家"，虽然不能算是错误，但显然失之于"笼统"，离"精确"还有一段距离，难免造成误解。

同样的，中文译成"民族"的英文，除了 nation 之外，还有 nationality、people 与 tribe。其中 tribe 通常译为"部落"，指的是由家族、氏族世代组成的社会群体；people 则是指基于共同需求及利益结合起来的一群人，它与 nationality 最大的区别，在于后者特别强调共同的血缘、传统与语言。由此可知，中文的"民族"一词相对于英文的原文也是失之于"笼统"。

在讨论到"民族"之为族群认同的要素之一时，本书作者又有感而发，他说：

> "国家"与"民族"意义上的不确定反映在用法上，则是相应而生的混乱，无论官方机构、学界、辞典编著者或各种语言的一般用语都是如此。所谓名随实立，如果观点与经验不同，同一个字当然会产生不同的意义与解读……在某些文章的脉络里，nation 这个字的使用，居然可以跟 tribe、people、ethnic group、race、religion、country 与 state 互换。

总而言之，这些英文字在意义的界定上，显然也会因为观点与经验的不同而产生不同用法，用中文把它们翻译过来时，出现分歧自也在所难免——台湾近来就有 nation 译为"民族"或"国族"的争议——问题是英文的好几个字转换成中文后却变成了一个单词，在学术上固然失之精确，即使在一般用语上，也因分际不清造成混乱，毕竟不妥。

翻译本书之前，译者曾经翻译一本医疗方面的书籍《时间等候区》，书中虽然充斥医学专有名词，译者在医学方面又属外行，但在翻译过程中却极少困扰，只要手边备有相关的工具书，问题通常可以迎刃而解。很显然的，自然科学的"精确"与社会科学的"笼统"明显形成对比。关于这个问题，译者能力与学养均有未逮，如果所见所感尚有参考价值，希望能够引起回响。

译名对照表

阿尔弗雷德·科班 Alfred Cobban

阿克顿爵士 Lord Acton

阿里·马兹鲁 Ali Mazrui

阿里斯托芬 Aristophanes

阿莫斯·埃伦 Amos Elon

阿姆倍枷尔 B. R. Ambedkar

阿瑟·凯斯特勒 Arthur Koestler

阿塔蒂尔克 Ataturk

埃里克松 Erik H. Erikson

艾马拉人 Aymara

爱德华·席尔斯 Edward Shils

安得拉人 Andhras

安塞姆·施特劳斯 Anselm Strauss

安汶人 Amboinese

奥塞奇族 Osage

奥斯卡·哈默斯泰因 Oscar Hammerstein

奥斯曼 Ottoman

巴布亚人 Papuans

白鲁恂 Lucian W. Pye

保罗·库菲 Paul Cuffee

保罗·麦克林 Paul McClean

保罗·席尔德 Paul Schilder

鲍尔 Otto Bauer

俾路支人 Baluchis

波利尼西亚人 Polynesians

玻利瓦尔 Simon Bolivar

柏柏尔人 Berber

布克·华盛顿 Booker T. Washington

布里多尼人 Breton

布鲁斯·马兹里西 Bruce Mazlish

查理·库利 Charles Cooley

达契亚人 Dacians

掸人 Shans

德雷福斯 Dreyfus

德鲁兹人 Druses

登贝耶 Pierre Van Den Berghe

杜波依斯 W. E. B. Du Bois

菲利浦·伦道夫 Philip Randolph

吠舍 Vaisya

佛兰德人 Flemish

佛朗哥 Franco

弗朗西斯·培根 Francis Bacon

弗罗斯特 Robert Frost

弗洛姆 Erich Fromm

弗雷德里克·道格拉斯 Frederic Douglass

弗雷泽 Franklin Frazier

盖丘亚语 Quechua

戈登·奥尔波特 Gordon Allport

格罗弗·克拉克 Grover Clark

古吉拉特 Gujarati

麦基弗 R. M. MacIver

麦基西克 Floyd Mckissick

美拉尼西亚人 Melanesians

弥尔顿 Milton

米沙鄢人 Visayan

摩洛人 Moro

莫布杜 Joseph Desiré Mobutu

那加人 Nagas

纳赛尔 Nasser

纳瓦霍 Navajo

尼瑞尔 Julius Nyrere

欧内斯特·琼斯 Ernest Jones

帕斯 Octavio Paz

帕坦人 Pathans

旁遮普人 Punjabis

婆罗门 Brahmans

普拉姆 J. H. Plumb

耆那教教徒 Jains

乔舒亚·费什曼 Joshua Fishman

乔伊斯 Joyce

乔治·华莱士 George Wallace

乔治·华盛顿·威廉斯
        George Washington Williams

汝拉人 Jurasians

萨拉查 Salazar

萨丕尔 Edward Sapir

桑戈尔 Leopold Senghor

僧伽罗人 Sinhalese

刹帝利 Kshatriya

圣多马 St. Thomas

施拉姆 Stuart Schram

首陀罗 Sudras

斯宾塞 Spencer

斯奈德 Louis Snyder

斯瓦西里语 Swahili

苏查特莫科 Soedjatmoko

苏美尔人 Sumerians

苏族 Sioux

索尔仁尼琴 Solzhenitsyn

他加禄语 Tagalog

塔尔科特·帕森斯 Talcott Parsons

塔尔蒙 J. L. Talmon

泰米尔人 Tamil

泰南迦那人 Telanganas

特恩布尔 Colin Turnbull

铁托 Tito

图拉真 Trajan

图西人 Tutsis

托马斯·福琼 Thomas Fortune

托尼 R. H. Tawney

瓦列里·帕诺夫 Valery Panov

瓦龙人 Walloon

威尔金斯 Roy Wilkins

威廉·塔夫脱 William Howard Taft

威廉·詹姆斯 William James

维克托·塞尔日 Victor Serge

沃尔特·惠特曼 Walt Whitman

沃夫 Benjamin Lee Whorf